러시아의
코뮌운동

이득재

고려대학교 노어노문학과 졸업(문학박사)
대구가톨릭대학교 러시아어학과 교수
계간지《문화/과학》편집위원
저서:『가족주의는 야만이다』등

이규환

고려대학교 노어노문학과 졸업(문학박사)
대구대학교 러시아어러시아학과 교수
저서:『러시아현대문학: 분열 이후의 새로운 모색』등

발행 | 2010년 8월 30일
지은이 | 이득재 · 이규환
펴낸이 | 홍덕률
펴낸곳 | 열린길
경북 경산시 진량읍 내리리 15
전화 053) 850-5661~3 | 팩스 053) 850-5669
http://press.daegu.ac.kr/
등록 | 2007년 4월 19일 제2007-3호
찍은곳 | 초록뱀디지털
ISBN 978-89-959583-8-4-04300
정가 | 10,000원

러시아의 코뮌운동

이득재 · 이규환 공저

•서 문

영화 〈2012년〉은 지구생태계의 변화에 따른 지구 최후의 날에 대한 재난영화다. 최근 코펜하겐 기후협약에서 한국이 개발도상국 지위를 받았다고 한다. 누구든지 기후변화와 지구온난화 이야기를 한다. 그러나 그러한 지구생태계의 변화가 자본주의의 독점 강화에서 비롯했다는 이야기는 하지 않는다. 코펜하겐의 기후협약에서 제기된 온실가스 배출량 규제 문제 뒤에는 온실가스를 둘러싸고 현재 또 다른 거대한 자본주의적 시장이 형성되고 있다는 사실이 은폐되어 있다. 녹색자본주의는 어떤 면에서 친환경이 아니라 수십 조 원에 이를 또 다른 자본주의적인 시장에 다름 아니다. 따라서 한국이 개발도상국 지위를 인정받았다는 것은 선진국이 한국의 녹색시장에서 이윤을 착취할 별도의 또 다른 공간을 마련해 주었다는 얘기일 뿐이다.

문제는 자본주의다. 자본주의적인 착취와 억압이 지속되는 한 지구생태계도 환경 변화도 되돌릴 수 없다. 그것이 2012년이 될지 그보다 훨씬 뒤의 일이 될지는 알 길이 없으나 온실가스 감축이 또 다른 시장을 만들고 국가 간의 경쟁을 촉발하는 한 자본주의는 활황과 불황 내지 공황이라는 본연의 기능을 반복해 나갈 것이다. 가정마다 기업마다 지자체마다 그리고 국가마다 개발에 열을 올리고 이윤 추구, 부의 집중, 경쟁을 계속하는 한 자본주의의 모순은 해결되지 않는다. 개인들의 소비 욕망과 화폐에 대한 집착이 소멸되지 않는 한, 노동자가 회사를 위해 공장에서 상품을 만들어내는 한 자본주의는 자본 축적 도식 M - C - M′을 반복 확장해 나갈 것이다.

주지하다시피 자본주의의 역사는 길지만 우리가 아는 바의 자본주의의 역사는 그리 길지 않다. 그런데 그 짧은 시기에 거대한 전환을 한 자본주의는 점점 더 모순을 심화시켜 왔고 2008년 금융위기를 계기로 하여 1930년대 대공황에 버금가는 위기를 세계적으로 확산시켰다. 또한 자본주의는 자본주의를 전후로 하여 무수하게 존재했던 공동체를 파괴하고 수많은 코뮌들, 협동조합 등을 흡수하는 국가의 탄생에 기여하기도 하였다. 자본, 국가는 화폐와 삼각 동맹을 이루고 사회 안에 편재해 있는 각 어소시에이션의 능력, 개인의 역량들을 물화시키고 무화시켜 버렸다.

이러한 국가와 자본에 대하여 20세기 말부터 자본주의와 일정한 대항 관계를 맺는 어소시에이션 조직들이 자발적으로 생성되기 시작하였다. 물론 코뮌, 공동체 같은 것들이 20세기 말에 들어 와서야 생겨난 것은 아니다. 19세기 말 국민국가가 형성된 이후 국가가 흡수해 버린 사회를 복원시키고자 하는 노력들이 시공간을 초월해 존재했다. 이러한 흐름은 러시아의 경우에도 예외는 아니다. 마르크스가 소우주의 공동체 국가라고 불렀던 러시아에서는 과거부터 여러 가지 형태의 어소시에이션 조직이 존재했고 이러한 현실은 러시아의 문학, 문화, 사상, 역사에 그대로 반영되어 나타났다.

본서는 파리 코뮌으로부터 시작하는 코뮌 운동의 역사가 마르크스를 중심으로 어떻게 이론화되고 실천되었는지를 살피고 그 코뮌 운동의 흐름이 러시아의 역사, 사상, 문학과 문화에 어떻게 재현되어 나타났는지 살핀 후, 이러한 유럽 및 러시아의 코뮌 운동의 역사가 현대 사회 및 한국 사회에 어떤 대안을 촉구하는지 검토하기 위한 작업이다. 어소시에이션 내지는 소비에트 코뮌에 대한 자료가 풍부하지 않아 나름대로 어려움을 겪은 바 있지만 본서가 자본주의 사회를 극복하기 위한 대안 사회의 미래에 도움이 되었으면 하는 바람을 가져본다.

·차 례

1절. 파리 코뮌

◦ 1871년 3월 18일부터 5월 28일까지 72일의 역사

· 1870년 7월 19일 프랑스의 선전 포고로 보불 전쟁 시작

· 1870년 9월 2일 나폴레옹 3세가 프로이센 군의 포로가 됨

· 1870년 9월 4일 프랑스 제국이 무너지고 공화국 임시국방정부 체제 들어섬. 파리 노동자들이 공화국 선언

· 1870년 9월 리용코뮨 시작. 가을과 겨울 마르세이유, 툴루즈, 나르본, 세뜨, 페르피냐, 리모쥐, 생테티엔, 루크뢰조 등 여러 도시들에서 봉기. 바쿠닌의 동료 알베르 리샤르가 리용봉기 주도

· 1870년 10월 31일 메츠 함락, 파리 시민들의 시위

· 1870년 11월 3일 국방정부 신임을 묻는 주민투표 실시(321373명 지지, 53585명 거부)

· 1871년 1월 프로이센군의 파리 포격

· 1871년 1월 18일 프랑스 베르사이유 궁에서 독일제국 성립 선포식

· 1871년 1월 22일 〈20구 중앙위원회〉 주장 - '일말의 애국심을 갖는 파리 시민이라면 전력을 다해 다시 해방을 찾을 것' - 에 따라 시민 봉기. 시위대와 경찰의 총격전으로 60 여 명 사상자 발생

· 1871년 1월 28일 독일과 휴전협정 체결

· 1871년 2월 12일 〈촌놈들〉의 의회인 〈국민의회〉 구성

· 1871년 2월 행정장관 티에르의 독일과의 강화 추진 승인

· 1871년 2월 24일 파리의 국민방위대는 국방정부의 방위활동을 감시하기 위해 조직되었던 〈20구 중앙위원회〉를 임시 〈중앙위원회〉로 대체

· 1871년 2월 26일 알사스 전부와 로렌 일부 영토 독일에 할양, 50억

프랑의 전쟁배상금 지불 조건으로 강화조약 비준

· 1871년 3월 1일 독일군이 프랑스 서쪽 지역 점령

· 1871년 3월 15일 파리방위군 260대대 가운데 215대대 대표가 총회를 거쳐 중앙위원회 결성, 〈국민방위군 중앙위원회〉 조직, 행정장관 티에르 국민의회를 보르도에서 베르사이유로 옮김

· 1871년 3월 17일 각료회의에서 국민방위군 중앙위원회와 20구 대표단 와해 작전 명령 하달. 대포 진지 급습 및 대포 탈환. 오후 1시 티에르 베르사이유로 군 철수 제안. 티에르 오후 4시에 베르사이유로 피신

· 1871년 3월 18일 파리봉기, 국민방위군 중앙위원회가 임시정부 역할. 새벽에 르콩트와 정부군의 토마 장군이 흥분한 군중에 의해 살해됨. 저녁 국민방위군이 '민중의 이름으로' 시청 접수. 국민방위군 중앙위원회는 '공화국의 기초를 닦자. 변절자 정부를 추방한 지금, 자신들의 임무는 선거로 코뮨을 구성, 파리와 민중의 권리를 수호하는 것'이라고 선포. 티에르 정부 주도 총살부대의 백색테러로 2만여 명 처형. 3300여 명 망명. 5천명 유배. 5만 명 체포, 1만4천 명 수감. 갈리페 장군이 코뮨 억압 주도

· 1871년 3월 21일 관보, "파리의 프롤레타리아트는 지배 계급의 실패와 반역의 와중에서 공무 집행에 개입함으로써 시국을 수습할 때가 도래하였음을 깨달았다....프롤레타리아트는 정부 권력을 장악함으로써 스스로를 자기 운명의 주관자로 간주하는 것이 자신의 절박한 과제이며 자신의 절대적 권리임을 깨달았다."

· 1871년 3월 22일 관보, "코뮨....자유로운 나라의 자유로운 도시...새로운 사회기구의 초석. 파리는 군림하는 것을 원치 않으며 자유롭고자 한다. 파리는 지방에 모범을 보이겠다는 독재 이외에는 어떠한 독재도 원하지

않는다."고 선언

· 1871년 3월 26일 국민의회 위원 선거 투표

· 1871년 3월 28일 파리 코뮨 선포. 9개의 위원회와 1개의 집행위원회로 된 회의체 기구. 법률가, 의사, 언론인, 노동자(25명) 등 64명의 코뮨의원 선출. 국민방위군 중앙위원회 위원 16명 당선. 인터내셔널파(대체로 지식인)가 거의 절반 차지. 자코뱅파, 블랑키파, 프루동파 등 참여.

· 1871년 3월 29일 사회주의자 르프랑세 코뮌에 헌법 초안 제출

· 1871년 3월 30일 징병제 폐지. 국민 자발의 국민방위군 체제 수립. '집세에 관한 법령' 발표로 1870년 10월 이래의 3개월 단위 임대료 전면적 면제조치

· 1871년 4월 2일 사설 직업소개소 폐지. 공립 직업소개소 설치 운영.

· 1871년 4월 4일 육군성 대표 직업군인 끌뤼스레가 국민방위군을 정규군으로 정비, 국민방위군 중앙위원회는 군국주의적인 조치라고 비난, 코뮨의회는 군사독재를 꿈꾸는 것으로 의혹의 시선 보냄

· 1871년 4월 12일 지불만기 채무에 이자 없는 3년간의 유예조치

· 1871년 4월 13일 야만적 무력과 거짓 영광의 상징이자 군국주의의 승인이며 국제법의 부정이고 우애에 대한 영원한 공격이라고 보는 방돔 광장 원주 파괴 결정. 프랑스 대혁명의 자코뱅 전통 복원 작업.

· 1871년 4월 16일 보궐선거로 17명의 의원 충원

· 1871년 4월 16일 〈노동위원회〉가 '작업장 법령' 공포하여 사회주의적 경영 제도화. 방기된 작업장은 어디에 어느 정도로 있는가, 작업장의 상태와 작업 환경은 어떠한가. 당해 작업장 노동자들이 〈협동조합〉을 결성 이 작업장을 신속하게 가동할 수 있는가, 노동자협동조합 건설은 어떻게 추진할 것인가, 사업주들이 돌아왔을 때 해당 작업장을 노동자조

합에 양도할 금액, 조건 따위를 결정할 중재심사위원회 설치. 노동자의 생산수단을 소유 가동하는 조직을 만들고 생산수단을 소유주로부터 유상 접수. "부르주아들이여, 부를 소유한 당신들, 안심하라. 우리들에겐 당신들의 재산을 강탈할 어떤 의도도 없다." 자본주의 사유재산제를 인정하는 일정한 한계 안에서 사회주의 실현. 협동조합들을 하나의 거대한 연합체로 조직하는 계획을 세우라고 명령.

· 1871년 4월 19일 정치 강령 〈프랑스 민중에게 고하는 선언〉. 프롤레타리아트를 예속시키고 조국을 재난과 불행에 빠트린 낡은 정부, 군국주의, 성직자, 관료주의, 착취, 독점, 특권, 투기들을 지적하며 그것들을 종식시킨다. 제국과 왕정, 의회정치를 통한 중앙집권화에 반대하며 만인의 복지, 자유, 안전을 공동의 목표로 개인들의 자유로운 자발적 협력을 철저히 추구한다. 파리는 코뮨 연합의 대표로서 중앙행정부의 기능을 맡아 다음과 같은 원칙을 회복한다. 코뮨의 예산 편성, 징세, 코뮨의 재산관리, 지역의 행정, 내부 치안 및 교육 조직의 운영 따위는 코뮨의 고유 권리이다. 모든 행정 관리는 선거나 경쟁 과정을 거쳐 선출하며 코뮨이 그들을 통제, 해임할 권리를 갖는다. 코뮨 내의 개인들은 자신의 생각을 자유롭게 표현할 수 있으며 자기 이익을 옹호할 수 있다. 질서 유지와 도시 방위를 위해 국민방위군을 조직하며 그 지휘관은 부대원들이 선출한다. 이 조치들은 공화국 강화를 기본으로 하여 실시되며 코뮨이 갖는 권리 자체로서 프랑스 전역에 절대적 가치를 갖는다. 단 코뮨 자치권은 자치권 자체로써 프랑스 통일을 유지하는 한도로 제한된다. 자코뱅파는 이 선언을 '자코뱅주의의 조사'라고 비판. 프랑스 공화국 인정. 국가운영의 연합주의이자 공화국 연합주의. '각 코뮨의 완전한 권리와 모든 프랑스인이 인간이자 시민 노동자로서 자신의 소질을 완전히

발휘하도록 보장받음으로써 프랑스의 모든 지방으로 코뮨의 절대적인 자치의 확대'(프루동)

· 1871년 4월 27일 노동자들이 져야 하는 벌과금을 임금에서 공제하는 관행 폐지

· 1871년 4월 28일 제빵소 야간노동 금지

· 1871년 4월 말 모든 위원회를 총괄하여 코뮨에 대해 책임을 지는 특별위원회의 성격을 띠는 것으로 자코뱅 파 미요가 〈공안위원회〉 구성 제안

· 1871년 4월 30일 로셀이 규율을 어긴 부대 징벌. 지휘관의 군 통솔권과 시민 병사들의 직접 민주주의 원칙 충돌. 로셀 사임.

· 1871년 5월 초 무상의무 초등교육, 직업학교 설치, 특히 소녀를 위한 직업학교 운영

· 1871년 5월 1일 찬성 45, 반대 23의 표결로 공안위원회 설치 의회 통과

· 1871년 5월 3일 루브르 무기공장이 노동자 자체관리로 문을 염

· 1871년 5월 7일 5월 12일부터 4월 23일 이전의 20프랑 이하의 저당물과 관련, 무상 차용증서와 교환 가능

· 1871년 5월 9일 이시 진지가 베르사이유 정부군에 의해 함락

· 1871년 5월 10일 들레클뤼즈가 육군성 대표로 취임. 군사 작전, 군대지휘는 육군성이 군대행정은 국민방위군 중앙위원회가 담당

· 1871년 5월 13일 시장원리에 입각한 저가격 경매구매 방식이 아니라 '노동자조직과의 수의계약을 통한 군수품 조달 방식'을 법령으로 규정

· 1871년 5월 15일 코뮨 의원 22 명이 공안위원회에 대한 반대성명 발표, 코뮨 내의 분열

· 1871년 5월 18일 〈기계공 조합회의〉가 10여 개 직종에 걸쳐 〈노동조직

및 노동실태 조사위원회〉 조직하여 노동자관리를 위한 기초 조사 작업 주도

· 1871년 5월 20일 비스마르크가 파리코뮨은 오랜 독일 도시의 자치시적 자유만을 추구한 사건으로 규정

· 1871년 5월 28일 14시 마지막 바리케이트 상실

· 1871년 5월 30일 마르크스 『프랑스 내전』 발표

· 1871년 11월 코뮈나르에 대한 합법적인 처형 시작

· 1880년 7월 11일 코뮈나르 전면 사면

· 1891년 엥겔스가 마르크스의 1871년 판 『프랑스 내전』의 서문에서 파리 코뮨을 프롤레타리아 독재로 규정[1]

파리 코뮌의 역사는 엥겔스가 파리 코뮌 20주년을 기념하기 위해 마르크스의 1871년 판 『프랑스 내전』을 위해 1891년에 쓴 서문, 마르크스가 1871년 5월에 집필한 〈1871년 프랑스 내전에 대한 국제 노동자 협회 총평의회에서 연설〉에도 나온다.[2] 여기서 엥겔스는 파리 코뮌을 프롤레타리아 독재라고 규정한다. 엥겔스는 사회의 도구였던 국가 권력이 사회로부터 독립해 나가는 예를 미국에서 보면서 국가가 코뮌으로 대체되어 가는 과정을 이야기한다. 엥겔스는 국가에 대한 미신을 비판하고 코뮌처럼 국가의 최악의 여러 측면들을 신속하게 떼어낸 측면들에

---

1 더 자세한 파리 코뮌 일지는 현 재열, 『빠리 꼬뮈나르의 정체성과 이데올로기』, 현 재열, 부산대학교 박사학위논문, 2000, 216-219 쪽 참고.

2 칼 마르크스 지음, 임 지현 · 이 종훈 옮김, 『개정판 프랑스 혁명사 3 부작』, 소나무, 1987, 281-292, 330-339, 358-375 쪽.

찬사를 보낸다. 엥겔스는 파리 코뮌을 구성하고 있던 블랑키주의자 다수파와 프루동주의자 소수파를 비판하고 국가가 사회의 종복에서 사회의 주인으로 변화하는 것에 대해 분명한 방책을 강구했다고 평가하였다. 그리고 파리 코뮌이 은행을 접수하지 않은 것이 실책이었다고 말한다.

마르크스는 1871년 3월 21일 자로 나온 〈프랑스 공화국 관보〉에 대해 "노동 계급은 단순히 기존의 국가 조직을 장악하여 이것을 자기의 목적을 위해 행사할 수 없다"고 평가하였다.[3] 파리 코뮌 자체에 대해 마르크스는 다음과 같이 이야기한다.

> 제정에 대한 직접적인 안티테제는 꼬뮌이었습니다. 빠리 프롤레타리아트에 의해 2월 혁명으로 예고되었던 "사회 공화국"의 외침은 군주형태의 계급 지배뿐 아니라 계급 지배 그 자체까지 대체하려는 공화국에 대한 어렴풋한 열망을 표현한 것뿐이었습니다. 꼬뮌은 그러한 공화국의 현실적인 형태였던 것입니다[4]

마르크스는 코뮌의 사회적 조치, 금융 법안, 농민에 대한 지지, 중간계급으로부터의 지지 등을 통해 코뮌의 의의를 다음과 같이 밝힌다.

> 국민nation의 통일성은 파괴되도록 되어 있었던 것이 아니라 오히려 꼬뮌

3 앞의 책, 340 쪽.
4 앞의 책, 343 쪽.

헌법에 의하여 조직되고 국가state 권력의 파괴를 통하여 하나의 실체가 되게끔 되어 있었습니다. 국가 권력은 국민 그 자체에 대하여 독립적이며 우월한 그 통일성의 구현임을 주장하여 왔지만 국민으로부터 비롯된 기생적인 파생물에 불과한 것이었습니다.....따라서 근대 국가 권력을 분쇄하였던 이 새로운 꼬뮌은, 처음에 바로 그 국가 권력에 선행하여 나타났다가 후에는 국가 권력의 기층이 되었던 중세 꼬뮌들의 재판으로 오인되어 왔던 것입니다 - 꼬뮌 제도는 사회의 자유로운 운동을 희생시켜 생존하고 또한 이를 방해하는 국가라는 기생충에 의하여 여태까지 흡수된 모든 힘을 사회 조직체에 복귀시켜 주었을 것입니다...꼬뮌의 바로 그 존재가 지방 행정 단위의 자유를 내포한 것이었습니다.....꼬뮌의 바로 그 존재는 군주정의 부재를 전제하였습니다...꼬뮌은 공화국에 진정으로 민주주의 제도의 기반을 제공하였던 것입니다. 그러나 돈이 덜 드는 정부도 "진정한 공화국"도 꼬뮌의 궁극적 목표는 아니었습니다.

.....즉 꼬뮌은 본질적으로 노동 계급의 정부였으며 생산 계급의 착취 계급에 대한 투쟁의 성과였으며 노동에 대한 경제적 해방이 이루어질 궁극적으로 발견된 정부 형태였던 것입니다......꼬뮌은...따라서 계급 지배의 존재에 근거한 경제적 토대를 전복하기 위한 지렛대 역할을 담당하였던 것입니다. 해방된 노동과 함께 만인이 노동자가 되고 생산적 노동은 하나의 계급적 속성이기를 멈추게 되는 것입니다.....꼬뮌은 다수의 노동을 소수의 재산으로 만드는 바로 그 계급 재산을 철폐하고자 의도하였던 것입니다. 꼬뮌은 착취자에 대한 착취를 목표로 했던 것입니다. 꼬뮌은 토지 및 자본과 현재는 주로 노동의 노예화 및 착취의 수단인 생산 수단을 단지 자유롭고 협동적인 노동의 도구로 변형시킴으로써 개인적 소유를 하나의 진실로 만들기를 원하였던 것입니다. 그러나 이것은 공산주의, 그것도 "불가능한" 공산주의라고

말합니다!......만일 협동적인 생산이 협잡이나 함정으로 남게 되지 않는다면 만일 협동 생산이 자본주의 체제를 대체하게 된다면 만일 단결된 사회들이 공동 계획에 의거하여 국민 생산을 규제하게 되고 따라서 국민 경제를 그들 스스로가 통제하게 되고 자본주의 생산의 참화인 항구적인 무정부 상태와 주기적인 변동을 종식시키게 된다면 그럴 경우에...이밖에 무엇이 공산주의 그것도 "가능한 공산주의가 되겠습니까?.....계급 지배는 더 이상 스스로를 국가적 형태 속에 숨길 수 없는 것입니다....프랑스 노동계급은 오로지 근대 프롤레타리아트의 전위대일 뿐입니다....노동자들의 빠리는 그 꼬뮌과 더불어 신사회의 영광된 선지자로서 영구히 찬양될 것입니다. 그 순교자들은 노동 계급의 위대한 마음에 고이 간직될 것입니다.[5]

이 긴 인용문을 한 문장으로 요약하는 것은 불가능에 가까운 일이지만 요약하자면 다음과 같다. 마르크스는 공산주의가 가능하다는 확신 아래 코뮌이 국가 기구의 장악이 아니라 국가 권력의 분쇄를 통해 국가 권력 아래 은닉되어 있던 계급 지배의 본질을 폭로시켰고 코뮌을 노동 계급의 정부로 만들었다고 생각한다. 물론 마르크스도 『프랑스 내전』 이후에 쓴 『고타 강령 비판』에서 자본주의 사회가 공산주의 사회로 이행하는 과도기에는 국가가 프롤레타리아트의 혁명적인 독재 외에는 어떤 것도 있을 수 없다고 말하지만 여기서는 프롤레타리아트의 독재를 코뮌국가로 대체해 사용하고 있다. 더 나아가 마르크스는 코뮌을 국가와 연관시켜 논의할 뿐만 아니라 자본(주의)의 관계에서도 그 의의를 밝힌

5 앞의 책, 345-375 쪽.

다. 즉 마르크스는 코뮌을 프롤레타리아 독재로 파악하는, 좀 더 엄밀하게 말하면 코뮌을 그저 프랑스에 존재하던 시 기구 정도로 여기는 엥겔스의 논리와 달리 파리 코뮌에서 새로운 정부 형태만이 아니라 자본주의적인 생산 양식을 대체할 가능성을 발견한다.

코뮌의 성격 여부를 놓고 여러 가지 논의들이 있다. 오 광호는 「파리 코뮨 : 민중 민주혁명」이라는 글에서 파리 코뮌이 프롤레타리아 독재로 단순화하거나 무정부사회를 추구한 연합주의 투쟁도 아닌, 〈자유 파리〉를 실현한 밑으로부터의 민중혁명으로 보고 있다.

> 이렇게 볼 때 그것은 코뮨 단위로 민중이 프랑스 역사적 전통에 입각하여 정치, 경제, 사회, 문화 등을 직접 챙기려 들었던 사건이었다....무엇보다 파리 코뮨은 공화국 조국을 방기하며 부르주아적 사회체제와 질서를 강요하는 국방정부를 부정하면서 생디칼리즘화할 사회주의 질서를 〈자유 파리〉를 통해 구현하려고 한 급진민주주의의 한 전례였다[6]

오 광호의 입장에는 "코뮨 단위로..."에서 보듯이 코뮌에 대한 마르크스의 인식이 전혀 반영되어 있지 않다. 마르크스가 파리의 신세계와 베르사이유의 구세계라고 언급하듯이 구세계에 대한 신세계의 투쟁으로 인식하고 있을 뿐이다. 코뮌을 그저 프랑스에 존재하던 교구 정도로 인식하는 것이다. 그리고 마르크스가 이야기하는 코뮌을 무정부주의자

6 오 광호, 「파리 코뮨 : 민중 민주혁명」, <인문학지> 충북대 인문과학연구소, 2003, 28 쪽.

들의 코뮌으로만 이해하여 "코뮨은 국가를 부정하는 코뮨 단위의 연합체 사회의 구현이었다"[7]고 주장하게 되는데, 이것은 마르크스의 코뮌 이론을 무정부주의적인 코뮌 이론과 혼동한데에서 비롯된 오류이다.

앞에서 인용한 마르크스의 말 중에서 핵심은 필자가 보기에 다음 구절로 보인다.

> 꼬뮌은 토지 및 자본과 현재는 주로 노동의 노예화 및 착취의 수단인 생산 수단을 단지 자유롭고 협동적인 노동의 도구로 변형시킴으로써 개인적 소유를 하나의 진실로 만들기를 원하였던 것입니다.....협동 생산이 자본주의 체제를 대체하게 된다면 만일 단결된 사회들이 공동 계획에 의거하여 국민 생산을 규제하게 되고 따라서 국민경제를 그들 스스로가 통제하게 되고 자본주의 생산의 참화인 항구적인 무정부 상태와 주기적인 변동을 종식시키게 된다면 그럴 경우에...이밖에 무엇이 공산주의 그것도 "가능한 공산주의가 되겠습니까?".....[8]

마르크스가 『프랑스 내전』을 쓰던 당시 마르크스는 이미 어소시에이

7 앞의 글, 3 쪽.

8 『개정판 프랑스 혁명사 3 부작』, 348 쪽. 우에무라 쿠니히코植村邦彦"은 본문에서 인용한 『프랑스 내전』의 해당 구절을 다음과 같이 번역해놓고 있다. "코뮌은........현재 주로 노동을 노예화하고 착취하는 수단이 되어 있는 생산수단들 즉 지주와 자본을 자유로운, 어소시에이션을 형성한 노동FREE AND ASSOCIATED LABOUR의 순연한 도구로 변화시킴으로써 개체적 소유를 하나의 진실로 만들고자 바랬다....만일 협동조합적인 생산이 기만과 덫에 머무를 수 없다고 한다면 만일 그것이 자본주의제도를 대리해야 할 것이라고 한다면 만일 모든 협동조합의 연합체UNITED CO-OPERATIVE SOCIETIES가 하나의 공동적인 계획에 바탕을 두고 전국의 생산을 조정하고 그리하여 그것을 자신의 통제 하에 두며 자본주의적인 생산의 숙명인 부단한 무정부상태와 주기적인 경련을 끝내야 할 것이라고 한다면, 여러분 이것이야말로 공산주의, 가능한 공산주의가 아니라면 무엇일 수 있는가."(マルクスを讀む, 靑土社, 2001, 117-118 쪽)

션에 대한 이론적인 입장을 갖고 있던 터였다. 1863-65년에 쓰여진 『자본론』 제 3 부 초고에서 마르크스는 어소시에이션을 자본주의적인 생산 양식으로부터 이행하는 양식으로 파악하고 있고 바로 다음 해 어소시에이션의 구체적인 모습을 토지의 국유화에서 찾는 등 어소시에이션을 이행 양식으로 보고 있다. 1866년 국제노동자협회 제 1 차 대회 보고에서 마르크스는 사회적 생산을 자유로운 협동적 노동의 거대하고 조화로운 하나의 시스템으로 전화할 것을 요구한 바 있다. 앞에 인용한 마르크스의 말 중에 나오는 '협동 생산'이나 '협동 생산이 자본주의 체제를 대체하게 된다면' 같은 단어나 구절은 그동안 마르크스가 진척시켜 온 어소시에이션 이론의 맥락에 맞닿아 있는 것이다.

마르크스는 『프랑스 내전』에서 코뮌이라는 말을 사용하면서 코뮌을 인민 자신의 정부 내지는 노동 계급의 정부라고 말한다. 반드시 『프랑스 내전』이라는 저작만이 아니더라도 마르크스는 협동 생산이라는 말이나 어소시에이션이라는 말을 사용한다. 마르크스는 1861-63년의 『경제학 비판 초고』에서 어소시에이션이라는 말을 협동으로 대체한다. 그리고 『프랑스 내전』에서는 어소시에이션이라는 말을 사용하지 않지만 앞의 인용문에서 보듯이 어소시에이션과 같은 의미를 코뮌이라는 말에 부여한다. 물론 마르크스에게 있어서 어소시에이션은 이행 양식의 개념이고 자유로운 노동자들의 어소시에이션이 협동조합적 생산양식이며 사회주의이듯이 협동 생산은 어소시에이션의 기초이며 넓게 보면 협동 생산 = 어소시에이션 = 코뮌인 것이다.

그러나 다른 한 편에서 보면 코뮌은 반드시 어소시에이션과 완벽하게 일치한다고 보기 어렵다. 왜냐하면 마르크스는 코뮌을 국가 개념과 연결시켜 생각하고 있기 때문이다. 앞에 인용한 구절에서 마르크스는

> 국민nation의 통일성은 파괴되도록 되어 있었던 것이 아니라 오히려 꼬뮌 헌법에 의하여 조직되고 국가state 권력의 파괴를 통하여 하나의 실체가 되게끔 되어 있었습니다. 국가 권력은 국민 그 자체에 대하여 독립적이며 우월한 그 통일성의 구현임을 주장하여 왔지만 국민으로부터 비롯된 기생적인 파생물에 불과한 것이었습니다.....따라서 근대 국가 권력을 분쇄하였던 이 새로운 꼬뮌은...[9]

이라고 말하고 "노동 계급은 단순히 기존의 국가 조직을 장악하여 이것을 자기의 목적을 위해 행사할 수 없다"[10]고 말하고 있다. 따라서 마르크스에게 있어서 어소시에이션이 코뮌은 아니지만 코뮌은 어소시에이션이고, 더 나아가 기존의 국가 조직의 분쇄 이후에 새롭게 나타난 인민 자신의 국가 조직인 것이다. 마르크스가 '국민nation이라는 통일성은 코뮌 헌법에 의해 조직되는 것'이라고 말하듯이 코뮌은 프랑스인을 국민이라는 통일성 안으로 묶어 내는 개념인 것이다. 또 한 가지 코뮌은 마르크스가 "대규모 국민 국가의 통일성을 몽떼스끼외와 지롱드 파의 몽상과 같은 소규모 국가 연맹으로 해체하려는 기도로 오인되어 왔다"[11]

---

9 『개정판 프랑스 혁명사 3 부작』, 345-346 쪽.

10 앞의 책, 340 쪽.

고 말하듯이 중앙입권적인 국가에 다한 분권적인 대응이 아니었다는 것이다. 현 재열은 파리 코뮌이 제 2 제정 하에서 가해진 강력한 중앙집중화에 대한 일정한 정도의 반발이긴 했지만 코뮌 반대파였던 쥘 아미그의 주장을 예로 들어가며 코뮌을 분권적인 국가 조직으로 보는 입장을 비판한다.[12] 그러나 좀 더 들여다보면 마르크스가 말하는 것은 코뮌이 분권적인 국가 조직으로 오인되어 왔던 것에 대한 지적이기 때문에 마르크스가 코뮌을 어떻게 생각했는지는 덜 분명하다. 코뮌을 국민 국가의 개념으로 이해한 것인지, 중앙집권적인 국가를 코뮌 국가로 새롭게 대체할 때 국가 권력을 코뮌의 권력으로 어떻게 환원시키겠다는 것인지 이 두 가지가 불분명하다는 말이다. '...따라서 근대 국가 권력을 분쇄하였던 이 새로운 꼬뮌'이라는 구절이 던져 주는 함의는 기존의 국가 권력 즉 기존의 국가 장치가 해체된 바로 그 '자리'에 코뮌이 들어선다고 할 때 그 코뮌은 과연 국가로 환원되는 것인가 아닌가 하는 것이다. 혹은 단순하게 기존의 국가 조직의 기능 전환이 이루어진 것을 두고 코뮌이라고 해야 하는가? 예를 들어 파리 코뮌에서 노동과 교환위원회는 기존의 국가 장치인 노동부와 그 역할이나 기능이 다르고 명칭도 다르며 부르주아적인 기존의 국가 조직도 아니지만, 그렇다고 해도 그것은 역시 국가 장치 아닌가. 아니면 그것은 국가, 국가 권력, 국가 기구 내지는 조직이라는 표현으로 포착할 수 없는, 코뮌적이고

11 앞의 책, 346 쪽.

12 『빠리 꼬뮈나르의 정체성과 이데올로기』, 19 쪽.

연합적인 결사체라는 말인가. "꼬뮌 자체가 시민들의 자발적 결사들의 결사체였다"[13]고 말하듯이 국가를 코뮌이라는 말로 대체시켜 사용하고 또 그렇게 할 수 있다고 할 때 국가의 소멸은 완수된 것인가. 또한 국가 소멸이 완수되었다는 것은 도대체 무엇을 의미하는가? 국가라는 말의 마력이 코뮌의 정의를 자꾸 지연시키는 강력한 효과가 있어서일까. 마르크스도 국민의 통일성이라는 말을 포기하지 못하고 있다면 이것이 '코뮌에 의한 국가의 대체'라는 사고에 어떤 영향을 미치는 것일까 하는 점도 함께 고려해야 할 것이다.

마르크스가 해석한 파리 코뮌은 구체적으로 어떻게 작동하는 구조를 갖추고 있었을까. 현 재열은 파리 코뮌에서 코뮌이라는 연합적인 회의체 안에 있던 국민 방위군 공화국 동맹과 중앙위원회, 클럽, 노동과 교환위원회, 여성 동맹, 미술 동맹 등 결사체를 정치적 결사와 사회적 결사, 경제적 결사 등으로 나누면서 다음과 같은 이야기를 한다.

> 국민방위군 동맹이 국민방위군으로 복무하는 시민들의 결사체로 존재했기에 연합의 중앙기구인 국민방위군 중앙위원회는 3월 19일 빠리의 권력을 장악했지만 자신의 정부로 나서지 않는 것이다[14]

내전이 격화되면서 코뮌의 군사위원회에 중앙위원회 대표를 파견하도

13 앞의 논문, 215 쪽.
14 앞의 논문, 176 쪽.

록 코뮌에 요구하기도 했지만 실제로 파리 코뮌에서는 코뮌 스스로 중앙집권적인 기구를 대표하려고 하지 않았다. 따라서 국민의 통일성을 코뮌 헌법으로 조직하긴 했지만 코뮌 스스로 국가를 대표하려고 하지 않은 것이다. 이러한 점에서 코뮌은 중앙집권적인 근대 국민 국가의 형태와 다른 정부 형태였다고 말할 수 있다. 현 재열에 따르면 혁명 클럽, 중앙 클럽 등 당시 파리 코뮌에 존재하던 클럽들[15]은 "점차 꼬뮌을 통한 정부라는 요구를 제기하였는데"[16] 여기에서도 코뮌 스스로가 직접적인 정부 형태를 드러냈다고 볼 수 없을 것이다. 마치 파리 코뮌에서는 코뮌이 국가의 잠재태처럼 존재하고 있었고 그것이 현실화되는 순간 파리의 코뮈나르들은 다시 코뮌의 국가로의 재현 가능성을 거부했던 것처럼 보인다.

현 재열에 따르면 당시 파리 코뮌에는 1868년까지 모든 직종에 걸쳐 3000명의 회원을 가진 아쏘씨아씨옹이 53개 있었다.[17] 마르크스도 파리 코뮌 당시 소유주가 버리고 간 공장들이 어소시에이션(아쏘씨아씨옹)으로 변형되었다고 말한 바 있는데 실제로 코뮌 정부는 아브리알의 제안대로 포기된 작업장을 거기에 고용되었던 노동자들의 협동조합에 넘겼다. 그 당시 노동과 교환위원회의 총서기인 베르뗑은 코뮌의 경제적 아쏘씨아씨옹이 가진 성격을 다음과 같이 규정하였다.

---

15 현 재열에 따르면 당시 파리 1, 2, 3, 4 구역 등에 있던 클럽 수는 36-50 개 정도였고 클럽은 코뮌과 밀접한 관계를 가졌다.

16 앞의 논문, 178 쪽.

17 앞의 논문, 187-188 쪽.

> [인민]에게 꼬뮌은 단순히 행정의 자치일 뿐 아니라 무엇보다도 주권과 입법권의 확인이었다. 즉 그 권리는 자치시의 집단이 스스로 자신의 법률을 설정하고 노동 해방, 독점과 특권, 관료제, 산업적이고 투기적이고 자본주의적 봉건제의 폐지, 마지막으로 자유 경쟁과 자유 통행이라는 낡은 사회질서에 의해 야기된 분쟁과 무질서를 이해와 조화와 교환에서의 정의로 대체할 경제적 질서의 창출이라는 혁명의 목적 자체를 실현할 수 있는 수단으로 자신의 정치 기구를 창출하는 완전하고 절대적인 권리다[18]

이러한 아쏘씨아씨옹 즉 어소시에이션은 여성 동맹 산하에도 여성 노동자 생산 아쏘씨아씨옹으로 조직되었다. 이 당시 어소시에이션은 9개의 위원회 중 노동과 교환 위원회로부터는 자율성을 얻기도 했지만 푸리에파인 비달이 총서기로 있던 뤽상부르 위원회나 세느 도 노동자 위원회는 어소시에이션을 통해 노동재조직을 시도하고 일종의 노동자 정부를 계획하였다. 마르크스가 말한 대로의 공동 계획을 수행하기 위함이었다. 현 재열이 이야기하는 어소시에이션이 생산 현장에서의 노동자들의 결사이고 어소시에이션이 협동조합의 연합인 것처럼 마르크스도 어소시에이션을 생산자협동조합으로 파악한 것은 동일하다. 그러나 현 재열은 파리 코뮌 당시 어소시에이션이 경제적인 목적 외에 도시 방어라는 군사적인 목적도 있었기 때문에 어소시에이션이 국가 방위라는 한계에 있었음을 지적한다.

---

18 앞의 논문, 193 쪽.

이 외에도 파리 코뮌에는 미술가 동맹, 학생 동맹 등 사회적 결사체도 있었는데 모든 어소시에이션이 경제적인 결사체로 존재했던 것은 아니다. 비록 잠재태이긴 하지만 코뮌 정부 안의 위원회가 존재하고 있었고 그 안에서 생산의 공동 계획을 추진하면서 마르크스가 말한 바의 어소시에이션 운동도 존재하고 있었다. 그 당시 파리의 주민은 1,799,980명으로서 그 중 노동자나 하층계급의 비중은 과반수를 넘었고 이들 중 봉기에 참여한 파리 코뮈나르는 5십7만 명 정도가 되며 코뮌 정부의 의원이 90명이었다. 이 사람들이 클럽에도 참여하고 어소시에이션도 만들며 협동조합 운동도 벌였던 것이다. 코뮌 정부를 구성한 위원들 안에 자코뱅 파나 블랑키파 외에 존재하던 인터파가 사회주의자였다는 점만이 파리 코뮌에 대해 마르크스와 엥겔스가 각자의 해석을 내린 동기가 된 것은 아니다. 별도의 평가가 필요한 일이겠지만, 엥겔스가 파리 코뮌에서 프롤레타리아 독재의 원형을 보고 마르크스가 파리 코뮌에서 새로운 국가 형태를 보고 자본주의적인 생산 양식의 대체 가능성을 보았던 것이 파리의 실제적인 '코뮌화 과정'과 반드시 그대로 일치할 필요는 없다.

문제는 마르크스가 이러한 파리 코뮌에서 베르사이유와 다른 새로운 세계를 보았고 '가능한 공산주의'의 원형을 보았다는 사실일 것이다. 자본주의는 생산의 무정부주의와 호황과 불황을 주기적으로 반복하는 숙명에서 벗어날 수 없는 체제다. 그에 반해 코뮌은 자본주의의 참화를 공동 계획과 국민 경제의 규제와 통제를 통해 종식시킬 수 있는 체제인 것이다. 코뮌이 자본주의적인 생산 양식의 대안이 되는 셈이다. 파리 코뮌의 실제 작동 방식이나 활동들과 마르크스의 해석은 그렇게 동떨어진 것이 아니다. 따지고 보면 우리의 경우에도 광주 민중항쟁은 시민들의 자발적인 결사체였던 셈이고 그것이 파리 코뮌처럼 정치·경제적인 연합주의적인 결사체로 전화되지 못했을 뿐이다. 그리고 우리가 살고 있는 이곳이 이미 코뮌의 잠재력을 가진 공간일지도 모른다.

2절. 어소시에이션 이론

1. 마르크스의 어소시에이션 이론

2. 마르크스와 어소시에이션

3. 어소시에이션 이론의 갈래들

4. 슐츠와 마르크스

5. 마르크스와 어소시에이션 그리고 혁명

1
마르크스의 어소시에이션 이론

1.1 일본에서 마르크스의 어소시에이션 이론

일본에서 어소시에이션 이론을 연구하기 시작한 것은 1980년대 후반이다. 처음에 어소시에이션 이론에 대한 연구는 19세기 초반 이후 초기 사회주의 사상의 기본적인 문제에 대한 관심을 확인함으로써 마르크스를 상대화하고 객관화하려는 시도였다. 그 중에서 먼저 처음으로 彬原四郎은 『어소시에이션의 상상력 - 초기 사회주의사상에 대한 새로운 시각』(1989)에서 1820년대의 생시몽 파로부터 시작하는 프랑스의 어소시에이션 이론이 사회주의의 사상적 원점이라는 것을 확인하고 그것이 변용되면서 독일과 러시아에 파급되는 과정을 명확하게 보여 주었다. 우에무라 쿠니히코植村邦彥는 이것을 받아 들여 프랑스의 어소시에이션 이론 = 사회주의 대 재산공동체론 = 공산주의 라는 대립이 1840년대 독일에서 빌헬름 슐츠 대 모제스 헤스의 논쟁이라는 형태로 재연되고 마르크스가 그 양자로부터 영향을 받으면서 양자의 총합 내지는 지양을 자기의 과제로 설정했다고 주장하였다. 이것에 관해 植村邦彦가 쓴 책이 『슐츠와 마르크스 - '근대'의 자기인식』(1990)이다.

이 흐름과 중복되는 것이긴 하지만 田畑稔은 大月書店에서 나온 『마르크스 엥겔스 전집』에 통일적인 번역어가 없다는 사실에 따라 마르크스의 어소시에이션 개념이 일본에서 사실상 말소되었다는 점을 분명히 하고 마르크스의 다양한 정황적인 발언 속에 나타나는, 이행의 모든 형태로서의 어소시에이션 이론을 정리하고자 했다. 그는 『마르크스와 어소시에이션 - 마르크스 재독의 시도』(1994)에서 모든 개인의 자유의지에 바탕을 둔 사회 형성을 나타내는 개념을, 근본적인 마르크스 상의 변혁과 사회변혁 구상의 어소시에이션론적인 전회의 근본적인 토대로 제시하였다.

廣松渉은 『마르크스와 역사의 현실』(1990)에서 붕괴한 사회주의 체제를 계속 비판해 오면서 가장 정력적인 마르크스 옹호 진영을 확장시킨 사상가였다. 그는 『마르크스의 근본사상은 무엇이었는가』(1994)에서 마르크스 사상의 적극적인 의의를 어소시에이션에서 찾았다. 그는 이 책에서 자유 평등 우애라는 시민혁명의 이념이 선행한 사회주의 공산주의 사상을 매개로 하여 마르크스에게 있어서 어떻게 지양되고 있는가라는 문제를 제기하고 그것에 대한 마르크스의 해답을 '자유인의 연합과 국가의 사멸', '평등한 참여권과 분업의 폐지', '우애적인 협동체와 민족의 해소' 세 가지로 정리했다. 마르크스의 사회변혁 구상의 중심에

'협동적 생산양식'assozierte Produktionsweise이 있다는 것을 강조한 것이다. 이 사상은 사회 변혁의 모든 문제 설정에서 중요성을 잃는 것이 아니었다는 것이다.

가라타니 코진도 『가능한 코뮈니즘』(2000)에서 '생산자 - 소비자 협동조합의 글로벌한 어소시에이션에 의해 자본과 국가를 지양하는 것'이 마르크스가 구상했던 '가능한 코뮈니즘'이고 마르크스의 코뮈니즘은 어소시에이셔니즘이라는 것을 강조한다.

그러나 田畑稔, 廣松涉, 柄谷行人처럼 어소시에이션이 마르크스 사상의 요체라고 강조해도 그 개념의 애매성이 해소되지는 않는다. 어소시에이션의 의미에는 상당한 요동이 있는데, 植村邦彦는 이 개념을 통시적으로 추적한 이후 최종적으로 이렇게 말한다. 마르크스는 자주관리적인 노동자 생산협동조합으로서의 복수적인 어소시에이션이 국민적인 규모로 하나의 협동적 사회조직으로서의 어소시에이션을 형성하고 이것에 기초하여 공동기획에 의한 생산조정이 이루어지는 상태를 상정하고 있다는 것이다. 그는 이것은 분권과 집권, 개인과 국가와의 미묘하고 위험한 균형 위에 서 있는 구상으로서, 1840년대에 사상 대립이 재정리되고 다시 문제 제기되고 있지만, 결코 해소되어 있지 않다고 말한다.

이마무라 히토시는 『현대사상의 원류』(1996)에 실린 「마르크스 - 신화적 환상을 넘어서」에서 마르크스의 유물론이 관념론에 대한 저항과 비판으로서의 소극적인 존재론인 것처럼 그의 어소시에이션론도 국가조직에 대한 비판으로서의 소극적인 공동태 이론이라고 보고, 거기서

'우友의 공동태'론의 구축 가능성을 본다. 植村邦彦는 이마무라 히토시가 말하듯이 마르크스의 사상은 어디까지나 『경제학비판』을 중핵으로 하는 '비판이론'이므로, 그런 한에서 현대사상에 있어서도 아직 마르지 않는 원류로서의 의미를 갖는다고 말한다.

1.2 어소시에이션 이론에 대한 통시적 접근

1919년 헝가리 혁명 정권에 참여한 예전의 제자인 루카치에게 보낸 편지에서 막스 베버는 "러시아와 헝가리에서 이루어진 실험들은 이후 100년에 걸쳐 사회주의의 신용을 훼손시키는 결과가 될 것이라는 것이 나의 절대적인 확신이다"라고 쓴 바 있다. 그로부터 80년이 지나 사회주의란 무엇인가, 무엇일 수 있는가 하는 것이 다시 질문 받고 있다. 사회주의의 원 모습을 묻는 것은 이 개념을 재심에 부치기 위해 불가피한 예비 작업이다. 그리고 이 개념의 원 모습을 찾아 사상의 역사를 거슬러 올라가다 보면 마주치는 것이 '어소시에이션'이라는 말이다.

어소시에이션이라는 말은 프랑스에서 1808년 샤를르 푸리에가 사용하기 시작한 것으로서 그 후 1820년대 말의 생시몽주의자들이 이 말에 사회의 조직 원리에 관한 구호로서의 큰 의의를 부여하고 널리 보급시켰다. 그들은 어소시에이션을, '이기주의, 개인적 이해, 경쟁의 원리'에 대치되는 '인간의 통일과 조화'라는 궁극적인 원리로서 구상하고 그 어소시에이션의 부단한 진보야말로 인류의 계속적인 발전에서 유일한 법칙이라고 생각했다. 1832년 생시몽주의자들의 기관지인 〈지구〉에 게재된 한 논설에서 어소시에이션이라는 말이 그 의미 내용은 그대로 둔 채 사회주의라는 말로 대체되었다. 그리하여 1832년 이후 어소시에이션이라는 말은 사회주의라는 말과 밀접하게 연관된 말로서, 말하자면 초기 사회주의의 중심적인 이념이라는 위치를 차지하기 시작한 것이다.

마르크스는 1844년에 쓴 『경철 수고』에서 처음으로 어소시에이션이라는 말을 사용한다. 『경철 수고』 제 1 초고 속의 '지대' 란에서 마르크스는 지대소유의 상품으로의 전화를 화폐귀족제의 최종적 완성으로 파악한 후 이렇게 말한다. "토지나 땅에 적용되는 어소시에이션은 국민경제적인 견지에서 본 대토지 점유의 장소를 서로 나누어 갖고, 그리고 분할이 갖고 있는 경향 즉 평등을 비로소 실현한다. 또한 어소시에이션은 이미 노예제, 영주지배, 어리석은 소유신비설에 의해 매개되지 않는 이성적인 방식으로 토지에 대한 인간의 심정적인 연결을 재건한다. 토지가 매매대상이 된 것을 멈추고 자유로운 노동과 자유로운 향수를 통해 다시 인간의 참된 인격적 소유가 되기 때문이다."

마르크스는 여기서 다수의 소유자가 공동 경제계획에 따른 더 큰 면적을 개발하기 위해 협동할 것을 주장하고 농업생산협동조합 구상을 피력했다. 마르크스가 사용하는 '화폐귀족제'라는 말은 1841년 이후 헤스가 쓰던 용어이고 이 시기에 헤스는 점유자와 점유물 사이의 내면적인 애착관계야말로 참되고 현실적인 소유의 성격을 만든 것이라고 하면서 참된 개체적 소유의 재건을 반복해서 주장했다. 여기서 보듯이 마르크스는 당시 빌헬름 슐츠의 어소시에이션론과 모제스 헤스의 어소시에이션론에 대해 사상적인 접합을 시도하고 있던 것이다.

1843년에 공산주의자인 헤스와 어소시에이션론자인 슐츠의 논쟁은 프랑스에서 시작되었다. 이것은 재산공동체라든가 어소시에이션이라든가하는 공산주의와 사회주의의 사상적 대립에 대한 독일어판이었는데 마르크스는 초기 사회주의 내부에서의 사상적인 원리에 대한 양자택일적인 대립의 첨예한 면을 절실하게 느끼지 못했다. 그러나 마르크스는 이미 푸리에나 프루동같은 사람들의 사회주의적인 다른 학설들이 공산주의에 대립해 발생하고 있다는 것을 알고 있었고 더 나아가 그 대립이 우연이 아니라 필연이라는 인식을 하고 있었다. 즉 공산주의 그 자체가 사회주의적 원리의 하나의 특수하고 일면적인 실현에 지나지 않는다고 생각한 것이다. 마르크스가 『경철 수고』 제 3 장 초고에서 '조야한 공산주의'를 비판할 때 그는 재산공동체라는 말을 긍정적인 의미로 한 번도 사용하지 않았고 공동체는 다만 노동의 공동체, 급료의 공동체에 지나지 않는다고 비판하였다. 따라서 마르크스가 현존하는 공산주의에 대해 비판적이었던 것은 분명하다.

그러나 그것을 넘어서서 구체적인 사회변혁의 구상을 어떤 개념으로 나타내고 자기의 사상을 어떻게 자기 규정 하는가 하는 문제에 대해서는 마르크스는 여전히 애매하다. 그는 인간의 자기소외로서의 사적인 소유를 적극적으로 지양하는 공산주의를 역사 운동 전체의 귀결로 규정하고 공산주의는 가장 가까운 장래의 필연적인 형태이고 에너지 넘치는 원리라고 하면서도, 다른 한 편에서는 그러나 공산주의는 그러한 것으로서 인간적 발전의 도달 목표 - 인간적인 사회의 형태 - 가 아니다 라는 한계를 두고 있고, 그것을 초월하는 것으로서 적극적인 인간의 자기의식인 '사회주의로서의 사회주의'에 대해 말하고 있기 때문이다.

종래의 공산주의와 사회주의를 어떻게 총합하고 비판적으로 넘어설 수 있을 것인가가 1844년에 이르러 마르크스가 자각한 문제의식이었다. 이 두 가지 사이에서 동요하는 과정이 그 후 마르크스의 사상적인 생애였다고 말해도 좋다. 그리고 그 동요 속에서 어소시에이션의 개념도 동요한 것이다.

1.2.1 사회변혁의 구상으로서의 어소시에이션

앞에서 본 것처럼 1844년의 『경철 초고』에 나온 어소시에이션론은 분명히 슐츠Hermann Schulz에게서 시사받은 것인데 거의 동시기에 쓰여진 『신성가족』에는 프루동의 『소유란 무엇인가』에 나오는 집합력이론이 논의되면서 단 한 차례 어소시에이션이라는 말이 나온다. 거기서 마르크스는 프루동이 평등한 노동자의 결합노동을 어소시에이션으로 부르고 있는 것을 염두에 두고 "참으로 오늘날 영국과 프랑스의 노동자들은 어소시에이션을 형성하고 있고 그 속에서 그들의 노동자로서의 직접적인 욕구만이 아니라 그들의 인간으로서의 모든 욕구가 그들이 서로 가르치는 대상이 되고 있고 그들의 협동에서 생기는 거대하고 헤아릴 수 없는 힘에 관하여 놀랄 정도로 근본적이고 포괄적인 의식을 드러내고 있다"고 말한다. 그러나 '자유로운 어소시에이션, 즉 생산수단의 평등과 교환의 등가를 유지하는데 한정된 자유야말로 그것만이 올바르고 그것만이 진실이며 가능한 사회의 유일한 형태다'라는 프루동의 주장과 어울리는 구절은 『신성가족』에 나오지 않는다. 그가 영국과 프랑스 노동자들의 어소시에이션이라고 할 때 무엇을 염두에 두고 있는지 알 수 없다.

어소시에이션론에 대한 마르크스의 지식이 가장 풍부해진 것은 1845년 이후다. 1845년 봄에 쓴 리스트 비판 초고에서 마르크스는 다음과 같이 말한다. "생시몽 파는 산업의 생산력을 열광적으로 채운다. 그들은 산업이 낳는 모든 힘과 산업을, 즉 이 힘들 전체의 오늘날의 존재 조건들을 동일시했다. 물론 우리는 생시몽주의자들과 리스트 같은 인간, 즉 독일의 속물을 동렬에 놓고 생각할 수는 없다. …생시몽주의자들은 거기서 더 나아가 교환가치, 오늘날의 사회의 조직, 사적 소유를 공격하는 쪽으로 나갔다. 그들은 경쟁을 어소시에이션으로 대체시켰다."

생시몽 파의 어소시에이션 개념은 경쟁에 대치되는 협동조직이라는 추상적인 것으로 머물렀지만, 1829년 말 생시몽 파로부터 결별하고 독자적인 당파를 형성한 필립 뷔쉐에 의해 어소시에이션은 이론으로서의, 사회조직원리로서의 협동조합 단계에서 구체적인 조직형태로서의, 노동자 처우개선의 현실적 수단으로서의 협동조직의 단계로 이행했다. 뷔쉐가 제기한 것은 직인노동자의 자발적인 결합과 자주관리에 바탕을 둔 노동자 생산협동조합association ouvriere 구상이었다.

1845년 가을부터 시작해 다음 해에 쓰여진 『독일 이데올로기』 제 3 부 '성 막스'에서 마르크스는 뷔쉐Buchez를 다룬다. 마르크스는, "우리는 거대한 국민적 통일을 위해서도 노동자 생산협동조합Arbeiterassoziation을 위해서도 모든 사람들에게 희생적인 행위를 요구한다....우리가 단결하고 늘 서로 헌신하는 것이 필요하다"는 뷔쉐의 말을, 공산주의자 에티엔느 카베가 쓴 아트리에파 비판서에서 독일어로 번역하여 그대로 인용하고, 거기에 이어 '노동자생산협동조합'이라는 말을 프랑스어 그대로 인용한 후에, 이 개념이야말로 뷔쉐 씨가 공산주의자들에게 부재한다고 비난하고 있는 것이라는 것을 지적한다. 따라서 마르크스는 노동자생산협동조합이야말로 뷔쉐 대 아트리에파와 카베 공산주의자들의 사상적인 대립의 중요한 논점 중의 하나라는 것을 1845년 가을과 1846년에 알게 되었다고 할 수 있다.

그러나 주목해야 할 것은 '성 막스'의 토지소유의 세분화와 집적에 대해 논의한 부분에서 마르크스는 대토지점유의 분쇄에 의해 비로소 '소소유자'가 된 분할지 농민에 대해 다음과 같이 말한다. "이 농민들은 자신들을 공산주의적으로 조직할 수 없었다. 왜냐하면 그들은 공산주의적인 어소시에이션의 제 1의 조건인 공동경영을 수행할 모든 수단을 갖고 있지 않았기 때문이고 또한 토지세분화라기보다는 차라리 그러한 어소시에이션에 대한 요구를 나중에야 불러 일으킨 모든 조건들 중의 하나에 지나지 않았기 때문이다."

1844년 『경철 초고』의 '토지에 적용되는 어소시에이션' 론의 전제가 된 슐츠의 농업생산협동조합은 어디까지나 공산주의적인 '재산공동체'에 대한 대안으로 제기된 것이다. 그러나 마르크스는 여기서 그것을 '공산주의적 어소시에이션'으로 표현하고 있다. 즉 그는 사회변혁의 구상을 나타내는 개념으로서, 사회주의가 이제껏 주장해 온 '어소시에이션'을 선택하면서도 거기에다가 '공산주의적'이라는 형용사를 붙인 것이다. 서로 대립하는 당사자들에게 있어서는 형용모순으로 밖에 볼 수 없는 이 언어야말로 사회주의와 공산주의의 대립을 지양하려고 하는 마르크스의 하나의 시도였다는 것이다.

그 후 1844년 혁명에 이르기까지 마르크스의 용어법에서는 어소시에이션이라는 말 자체가 사회변혁의 구상을 표현하는 것으로 확정된다. 그것을 명확하게 한 것이 1846년 말부터 집필되고 다음 해에 출판된 『철학의 빈곤』이다.

이 책에서 마르크스는 어소시에이션이라는 말의 애매성을 프루동과 생시몽 파의 대립에 연관하여 명확하게 지적한다. "경쟁과 어소시에이션은 서로 의존하는 것이다. 그것들은 서로 다른 것을 배제하기는 커녕 목적으로 달리 하는 것에 지나지 않는다.... 사회주의가 범한 가장 한탄스러운 오류는 경쟁이 사회를 전복시킬 것으로 보았다"고 하면서 생시몽 파를 비판한 프루동에 대해 마르크스는 다음과 같이 지적한다. "사실 사회라든가 어소시에이션이라든가 하는 말은 모든 사회에 즉 봉건사회에도 경쟁에 입각한 어소시에이션인 부르주아사회에도 다 적용될 수 있다. 어소시에이션이라는 하나의 언어로 경쟁을 타파할 수 있다고 생각하는 사회주의자들이 어떻게 있을 수 있는가? 또한 프루동 자신은 어소시에이션이라는 단지 하나의 언어로 경쟁을 특징지음으로써 사회주의에 대항하여 경쟁을 옹호한다는 느낌이 든다."

여기서 마르크스가 지적하는 것은 어소시에이션이라는 동일한 하나의 언어가 생시몽 파의 사회주의자들에게 있어서는 도래해야 할 사회의 조직원리를 나타내는 것에 대해 그들을 비판하는 프루동에게 있어서는 우리가 현재 그 안에서 우리의 생산력 전체를 발전시키는 하나의 사회적 관계를 지적하는 것으로 사용된다는, 양자 사이의 차이이다. 이것이 사회조직의 원리로서의 어소시에이션의 애매성이다. 그럼에도 불구하고 마르크스는 프루동이 비판하는 사회주의자와 마찬가지로 이 말을 도래해야 할 필연적이고 새로운 사회의 존재방식을 나타내는 것으로서 사용한다. 더욱이 자신 자신을 위한 노트가 아니라 당시의 가장 유명한 사회사상가 중의 한 사람인 프루동을 비판하기 위해 프랑스어로 출판된 말하자면 사상계로 데뷔한 저작에서 말이다. 따라서 마르크스는 자기의 책임에 대해 자각적으로 생시몽 파적인 어소시에이션론자다운 것을 선택한 것이다.

여기서 어소시에이션의 필연성을 논증하는 마르크스의 논리는 어떤 것이었을까. 그는 다음과 같이 말한다. "대공업이 서로 일면식도 없는 다수의 인간군을 한 자리에 모아놓는다. 경쟁이 그들의 이해관계에 있어서 그들을 분열시키지만 임금유지가 고용주들에 대항하여 그들이 갖고 있는 이 공통의 이해관계가 저항이라는 하나의 동일한 사상에 있어서 그들을 결집시킨다...그것이 단결이다...설령 최초의 저항목적이 임금의 유지에 지나지 않았다고 해도 그 다음에는 자본가 쪽이 억압이라는 사상으로 결집하는데 따라서 최초에는 고립해 있던 단결들이 집단을 형성한다. 그리고 늘 결합하고 있는 자본에 대결할 때 그들에게 있어서는 어소시에이션의 유지 쪽이 임금의 유지보다도 필요불가결한 것이 된다...종종 이 과정에 도달하자마자 어소시에이션은 정치적인 성격을 띠게 된다...노동자계급은 그 발전 과정에서 모든 계급과 그 적대적인 관계를 배제하는 하나의 어소시에이션을 갖고 낡은 시민사회로 대체될 것이다. 그리고 본래의 의미에서의 정치권력은 역시 존재하지 않게 될 것이다. 왜냐하면 참으로 정치권력이야말로 시민사회에 있어서 적대관계라는 공식의 요약이기 때문이다."

임금 유지를 위한 노동조합이 자본가와의 계급적 투쟁을 통해 정치적인 노동자의 협동조직으로 발전하고 그것이 국민적인 규모로 시민사회와 그 정치권력을 대신하는 것. '하나의 어소시에이션'이라는 말로 마르크스가 나타내고자 한 것은 바로 이 점일 것이다. 여기서 어소시에이션은 오히려 정치적 변혁의 논리를 나타내는 것이고 새로운 사회에서 경제적인 관계들(생산과 분배)의 존재 방식을 나타내는 구체적인 내용은 아직 갖고 있지 않다고 말할 수 있을 것이다.

어쨌든 이것이 1847년에 확정된 마르크스의 '어소시에이션' 개념이고 그것은 1848년의 『공산당 선언』에 거의 그대로 이어진다. 다만 그것을 위해서 공산주의자 동맹의 내부논쟁에서 승리해야 했다. 바이틀링파가 다수를 차지하고 있던 동맹은 아직 재산공동체를 실현 목표로 하고 있고 마르크스의 맹우인 엥겔스에게 있어서 조차도 재산공동체론으로부터 탈각하는 것이 쉽지 않았기 때문이다.

엥겔스는 이 때까지 마르크스는 공산주의에 대해 비판적인 태도를 갖고 있었던 시점에서 한 발 앞선 공산주의자였고 재빨리 이론적이고 실천적인 운동을 개시할 수 있었다고 평가했다. 엥겔스의 사상적인 입장은 이런 것이었다. "공산주의 즉 재산공동체에서 사회적 생활과 활동은 실현가능할 뿐만 아니라 미국의 많은 공동체나 영국에서 현재 실시되고 있다." "공산주의사회에서는…생산은 이미 각각의 사적 경영자의 손에 없고 공동체와 그 관리당국의 손에 있기 때문에 욕구에 따라 생산을 조절하는 것은 특별히 문제될 것이 없다.....공산주의사회에서 관리당국은 사회생활의 각각의 측면을 관리할 뿐만 아니라 사회생활 전체를 그 다양한 각각의 활동에 걸쳐 그 모든 측면을 관리하게 된다....국가가 스스로 총체적인 소유자라는 것을 선언하고 공공재산을 공공의 복지를 위해 관리하는 것…" 즉 그는 전형적인 중앙집권적 재산공동체론자였던 것이다.

따라서 엥겔스가 초안을 만든 것으로 추정되는 1847년 6월 동맹강령 〈공산주의자의 신조〉 초안에서 공산주의자의 목적은 사적 소유의 폐기에 의한 재산공동체의 실현에 있다는 것이 반복적으로 주장된다. 같은 해 11월 엥겔스가 새롭게 쓴 『공산주의의 원리』에서도 새로운 사회질서가 경쟁을 폐지하고 그 대신 어소시에이션을 가져올 것이라는 생시몽파적인 문구가 삽입되었고 그 구체적인 내용은 여러 가지 생산수단을 공동으로 이용하고 공동의 합의에 따라 여러 생산물을 분배하는 말하자면 재산공동체로 규정되게 된다. 즉 이 시점에서도 엥겔스에게 있어서 어소시에이션이라는 것은 재산공동체와 대립하는 자발적인 사회형태의 원리가 아니라 그 언어 위에서 말을 바꾼 것일 뿐이며 따라서 그에게 있어서 사적 소유의 폐지에 의하여 실현되는 공산주의적으로 조직된 사회야말로 바로 공산주의적 어소시에이션, 보편적인 어소시에이션에 다름 아닌 것이다.

그러나 결국 마르크스의 손에 맡겨진 『공산당선언』은 재산공동체라는 언어를 최종적으로 없애고 그 대신 『철학의 빈곤』의 결론을 재현한다. "낡은 시민사회 및 그 제 계급들과 계급 대립을 대신하여 하나의 어소시에이션이 나타나고 거기서는 각자의 자유로운 발전이 모든 사람들의 자유로운 발전의 조건이 된다." 이리하여 재상공동체가 아니라 어소시에이션이야말로 장래사회의 조직원리이자 공산주의의 목표라는 것이 처음으로 공식 선언된 것이다.

1.2.2 현재 존재하는 어소시에이션에 대한 비판 - 1850년대

1848년 혁명의 패배 후 영국으로 망명 간 마르크스의 중심 과제는 혁명의 필연성을 설파하는 논리를 근본적으로 재검토하는 것이었다. 경제학비판체계의 모색이 그 기초작업이 된 것은 나중에 보게 되겠지만 그의 당면 과제가 『공산당 선언』의 논리를 재검토하는 것이었다는 점은 두말할 나위가 없다. 어소시에이션 개념도 다시 『공산당 선언』의 언어로 말하면 "모든 생산이 어소시에이션을 형성한assoziiert 개개인의 손에 집중된다"는 그 구체적인 조직형태의 존재 방식에 따라 재구축되게 된다. 다만 그 재구축 과정은 말하자면 지지부진했고 지그재그의 걸음걸이였다.

1850년 1월부터 3개월에 걸쳐 〈신라인신문 정치경제평론〉에 실린 '프랑스에서의 계급 투쟁'에서 마르크스는 1848년 2월혁명 이후 프랑스의 프롤레타리아가 내건 '노동의 권리'라는 요구의 배후에 '생산 제 수단의 영유 즉 생산 수단들 전체를 어소시에이션을 형성한associiert 노동자계급의 지배 하에 두는 것, 따라서 임노동과 자본과 그것들의 상호관계의 폐기가 있다'고 하면서 『공산당 선언』의 전망이 올바르다는 것을 재확인했다. '제대로 온전한 회사로서 너그럽게 보였던 공업적 노동자 생산협동조합은 경제적으로는 취하기에 부족함이 없었고 정치적으로는 그것만으로 많은 프롤레타리아의 결합수단이 되었다.

그러나 다음 해에 쓰여진 「루이 보나파르트 브뤼메르 18일」에서 현실의 노동자생산협동조합에 대한 평가는 훨씬 더 엄격하게 나타난다. 2월혁명 이후의 프랑스 상황에 대해 마르크스는 다음과 같이 단정한다. "부분적으로는 프롤레타리아는 몇 가지 비현실적인 실험에 몰두한다. 즉 교환은행이나 노동자생산협동조합이라는 형태의, 따라서 낡은 세계를 그 자신의 거대한 수단 전체를 갖고 변혁시키는 것을 단념하고 오히려 사회의 배후에서 사적인 방식으로 프롤레타리아트의 제한된 생존조건들의 내부에서 프롤레타리아트의 구제를 성취시키려고 하고 따라서 필연적으로 좌절하는 운동이라는 형태의, 비현실적인 실험에 몰두한다."

이 두 개의 문장에서 마르크스는 노동조합이든 비쉐파의 노동자생산협동조합이든 현재 존재하는 어소시에이션을 정치적 변혁을 위한 노동자의 결합수단으로만 평가한다는 것을 알 수 있다. 현재 존재하는 어소시에이션은 마르크스 자신의 사회변혁의 이념으로서의 어소시에이션과는 전혀 다른 것으로 간주될 수 있다. 그는 루이 보나파르트의 정책의 모순을, 현실의 모든 노동자 어소시에이션(생산협동조합)의 해산, 그러나 미래의 어소시에이션(협동사회)라는 기적의 약속이라는 말로 비판한다. 마르크스 자신의 생각도 현재 존재하는 노동자 어소시에이션의 비판이자 미래의 어소시에이션의 약속이었다.

『프랑스의 내전』과 거의 동 시기에 나온 엥겔스와 공동으로 쓴 〈1850년 3월 공산주의자 동맹 중앙위원회의 호소〉에서도 마르크스는 우리의 이익과 우리의 임무는 많든 적든 재산을 소유하는 모든 계급들이 지배의 자리에서 쫓겨나 프롤레타리아트가 국가권력을 장악하고 프롤레타리아트의 어소시에이션이 1 국만이 아니라 세계의 모든 주요한 나라에서 진전하며 그 결과 이 나라에서 프롤레타리아의 경쟁이 중지되고 적어도 결정적인 생산력들이 어소시에이션을 형성한 프롤레타리아의 손에 집중될 때까지 혁명을 영속시키는 것이라고 말하고 있다. 그러나 어소시에이션의 구체적인 형태에 대해서는 그 이상 설명하지 않는다.

다만 농업에 대해서 그 〈호소〉는 구체적인 조직의 가능성과 그 전략적 의의를 명확하게 말하고 있다. "노동자는 몰수된 봉건적 소유를 국유재산에 머물게 하고 어소시에이션을 형성한 농촌프롤레타리아트가 대규모 농업의 모든 이점들을 갖고 경작하는 농업입식지로 사용하라고 요구해야만 한다. 그렇게 함으로써 요동치는 부르주아적 소유 한가운데에 공동체적 소유의 원리가 바로 확고한 기초를 획득하게 된다." 여기서는 '어소시에이션을 형성한 농촌프롤레타리아트'의 농업입식지의 소유형태는 국유재산Staatsgut이 된다. 이 점에서 이 구상은 미래의 사회주의적 농업어소시에이션보다는 오히려 공산주의적 재산공동체에 가깝다. 여기서도 마르크스는 사회주의와 공산주의 사이에서 동요하고 있는 것이다.

그것은 이 〈호소〉에만 나타나는 것이 아니다. 어소시에이션을 형성한 개인들에 의한 미래의 하나의 어소시에이션이라는 약속의 구체적인 내용도 그것을 실현하는 논리도 1850년대를 통해 동요하는 것을 볼 수 있고 여전히 애매한 것이었다.

예를 들어 영국의 노동자파업에 대한 1853년 신문논설에서 마르크스는 다음과 같이 말한다. "임금이 서로 상승하기도 하고 하락하기도 하는 것에서 생기는 고용주와 노동자의 끊임없는 분쟁은 현재의 산업조직 하에서는 노동자계급의 사기를 유지하고 그들을 지배계급의 침해에 반대하는 하나의 거대한 어소시에이션one great association으로 결합시키고 그들이 감상적이고 사려없는 다소 좋은 먹이를 얻는 생산도구가 되는 것을 방해하는 불가결한 수단이다.” 여기서 말하는 어소시에이션은 『공산당 선언』에 나오는 것처럼 정치변혁의 논리 안에 놓여져 있다.

그러나 다른 한 편에서 어소시에이션이라는 명사도, 어소시에이션을 형성한 이라는 형용사도, 마르크스의 자본주의적 생산양식이라는 인식이 깊어지면서 생산의 구체적인 조직형태에 관한 것으로서의 개념내용이 서서히 명확해진다. 이 과정은 1857년 이후의 경제학비판체계의 형성과정, 특히 상대적 잉여가치 생산에 관한 생산력 이론의 확립과정과 겹친다. 생산력과 생산양식의 개념이 확립되어가는 중에 어소시에이션이 자본주의적인 생산양식의 내부에 현재 존재하는 노동조직의 존재방식임과 동시에 그것에 의해 잠재적으로 형성되어 오는 새로운 생산양식이기도 하다는 것이 명확하게 인식되어간 것이다.

이것을 마르크스가 명확하게 처음 밝힌 것은 1857년부터 다음 해에 걸쳐 쓰여진 『경제학비판 요강』이다. 화폐의 성립과 본질에 대해 이야기하는 노트 1에서 마르크스는 먼저 다음과 같이 말한다. “모든 개인들의 생산물 또는 활동을 먼저 교환가치 형태로 화폐로 전화시킬 필연성 그 자체와, 그리고 모든 개인이 이러한 추상적인 형태에 있어서 처음으로 자신의 사회적인 힘을 받아들이고 그리고 증명한다는 것은, 다음 두 가지를 증명한다. 1 모든 개인들은 역시 사회를 위해서만 사회 안에서만 생산한다는 것 2. 그들의 생산은 직접적으로는 사회적이지 않다는 것, 즉 상호간에 노동을 분배하는 어소시에이션의 부산물이 아니라는 것이다.”

여기서 어소시에이션은 교환가치 및 화폐에 의해 매개되는 자본주의적인 상품경제와 대비되는 교환가치 및 화폐의 매개가 없는 직접적으로 사회적인 노동분배 = 생산 = 교환의 형태로 규정된다. 더 구체적으로 말하면 생산에서는 협동한 개인들에 의한 그들의 생산체계에 대한 통제가 교환에서는 생산수단의 공동적 영유와 통제의 기초 위에 어소시에이션을 형성한 개인들의 자유로운 교환이라고 규정된다는 것이다. 그 한에서 이 시기의 마르크스의 용어법으로부터 보면, 어소시에이션은 공동체적인 생산의 생산조직과 같다. 마르크스는 이렇게 말한다. "두번째 경우에는 전제 자체가 매개되어 있다. 즉 공동체적인 생산, 생산의 기초로서의 공동성이 전제된다. 개개인들의 노동은 처음부터 사회적 노동으로 규정된다."

여기서 말하는 어소시에이션은 물론 자본주의적인 생산양식을 초월한 미래의 새로운 생산양식이다. 그러나 그것은 이미 현재 안에 잉태되어 있다. 여기서 확인해 둘 것은 어소시에이션이 갖는 현존재성과 미래성의 이중의 의미부여이다. 마르크스는 "후자의 어소시에이션은 자의적인 것이 아니다. 즉 그것은 물질적 및 정신적인 조건들의 발전을 전제로 한 것이다"라고 말하고 나서 "만일 우리가 오늘날 있는 그대로의 사회 안에 하나의 무계급사회를 위한 물질적인 생산조건들과 그것에 조응하는 교통관계들이 은폐되어 있다는 것을 발견하지 않는다면 일체의 폭파 시도는 돈키호테적인 우행이 될 것이다"라고 말하기 때문이다. 마르크스 자신 어소시에이션의 전제가 되는 물질적 정신적인 조건들에 대해 이 장소에서는 이 이상으로 자세히 말할 수 없다 라고 말한다.

어소시에이션의 그와 같은 이중의 의미부여가, 더 명확하게 나타난 것은 1858년에 쓰여진 노트 6 안에서다. 여기서 마르크스는 이렇게 말한다. "노동자의 어소시에이션...노동의 생산성의 기본조건들로서의 협업과 분업 - 은 모든 노동의 생산력들과 마찬가지로, 즉 노동의 집약도와 따라서 그 외연적인 실현 정도를 규정하는 노동의 생산력들과 마찬가지로, 자본의 생산력으로 나타난다. 노동의 집합력Collectivkraft은 사회적 노동으로서의 노동의 성격은 그렇기 때문에 자본의 집합력이다....노동자의 협동Vereinigung은 그들의 현존재가 아니라 자본의 현존재다. 각각의 노동자에 대해서는 결합은 유연한 것으로 나타난다. 노동자는 다른 노동자와 그 자신의 결합, 다른 노동자로서의 협업에 대하여 소원한 것으로서 자본의 작용양식으로서 관계를 갖는다." 더 나아가 마르크스는 다음과 같이 말한다. "자본 하에서 노동자의 어소시에이션은 직접적인 물리적 폭력에 의해 강제되는 것이 아니고 강제노동, 부역노동, 노예노동이 아니다. 그것은 생산의 조건들이 타인의 소유이고 그리고 그 자체가 생산조건들의 축적, 집적에 동일하다. 객체적인 어소시에이션으로서 현재 존재하는 것에 의해 강제된다."

여기서 마르크스가 말하는 것은, 자본가의 조직 하에서 현재 존재하는 노동자의 협업과 분업, 노동의 집합력이야말로 어소시에이션이라는 것이다. 다만 현재 존재하는 자본주의적 생산에 포섭된 어소시에이션은 아직 잠재적이고 전도된, 소외된 어소시에이션이다. "그러나 이 전도과정은 명확하게 단순하게 역사적인 필연성이고 단순하게 일정한 역사적 출발점으로부터의, 혹은 토대로부터의, 생산력들의 발전에 있어서의 필연성이고, 결코 생산의 절대적인 필연성은 아니다. 오히려 꺼져가고 있는 필연성이고 이 과정의 내재적인 결과와 목적은 과정의 형태와 함께 이 토대 자체를 폐기하는 것이다....단순하게 개별적인 혹은 단순하게 내적으로 혹은 단순하게 외적으로만 보편적인 노동으로서의 살아있는 노동의 직접적인 성격이 폐기되면서, 즉 직접적으로 보편적인 혹은 사회적인 개인들로서의 모든 개인들의 활동이 규정되면서, 이 소외형태는 생산의 대상적인 계기들로부터 벗겨져 나온다. 생산의 대상적인 계기들은 그 안에서 개인들이 스스로를 개별자로서 그러나 사회적인 개별자로서 재생산하는 소유로서 유기적인 사회적 신체로서 규정된다... 기계가 가령 어소시에이션을 형성한 노동자의 소유가 되어도 그것이 사회적인 생산의 요인이 되지 못한다는 것을 용이하게 통찰할 수 있다."

여기에서 명확해지는 것은 마르크스가 말하는 어소시에이션은 노동자의 협동조직이지만 단순한 노동조합도 자본주의적인 생산의 외부에 등을 대고 존재하는 생산협동조합도 아니며 자본가에 의해 조직되는 자본주의적 생산양식이라는 형태규정을 받으면서 거기서 잠재적으로 형성되는 새로운 생산양식에 다름 아니라는 것이다. 즉 그것은 자본주의하에서 소외의 형태로 준비되면서 일간 그 형태를 안에서부터 벗겨냄으로써 완전한 모습을 나타내게 될 직접적으로 사회적이고 공동체적인 생산양식이고 협동조직이라는 것이다.

마르크스와 협동조합의 실제적인 관계는 1850년대에 시작한다. 마르크스는 1864년 11월 4일 차티스트 좌파인 어네스트 존스Ernest Jones가 협동조합에 관해 쓴 논문에 대해 엥겔스를 통해 보낸 편지에서 존스가 쓴 〈인민에 대한 각서〉를 언급한다.[19] 〈인민에 대한 각서〉는 존스가 1851-1852년에 발행한 팜플렛이다. 마르크스는 엥겔스에게 보낸 편지에서 존스의 이 팜플렛을 몇 권 구했다고 하면서 이것이 직접 자기의 지도 하에, 부분적으로는 자기의 협력 하에 만들어졌다고 말한다. 존스가 팜플렛에서 한 주장을 그대로 마르크스의 것으로 보는 것은 속단일지 모르지만 어쨌든 존스의 주장을 통해 협동조합에 관한 당시의 정황을 알 수 있고 협동조합에 대한 마르크스의 사상에 대한 이해를 더 깊게 할 수 있다는 점은 분명하다. 존스는 협동조합co-operation의 원리를 세 가지로 본다. 첫째 이윤추구를 파괴하는 것이다. 두 번째는 경쟁에 종지부를 찍는 것이다. 세 번째는 부의 집중을 방지하는 것이다. 존스는 당시의 협동조합 제도가 이러한 방향과는 다른 방향에서 해악을 끼치고 있다고 보고 협동조합의 이러한 원리들이 실현되려면 협동조합 활동이 전국적인 규모의 것이 되고 모든 연합조합의 활동을 통일하고 이해利害를 동일한 것으로 만들어 그것들을 전국적인 연합조합의 지부로 만들어야 한다고 생각했다. 존스가 협동조합 활동에서 방점을 두는 것은 국가권력의 강력한 지지에 의한 협동조합 활동의 육성이다. 그는 협동조합제도가 개개인의 노력에 맡겨질 경우 그 진행이 완만하고 극복하기 어려운

---

19 어네스트 존스의 이 문건은 1852년에 쓰여진 A letter to the Advocates of the Co-operative Principle, Letters on the Chartist Programmes을 가리킨다. 여기서 존스는 협동조합 활동을 전국화하라는 슬로건을 내세운다.

곤란에 직면할 수 있다고 하면서 협동조합 활동을 국가 권력에 의해 실현되는 국가 준칙state-maxim이라고 말한다. 그러나 존스가 말하는 협동조합은 국가에 의해 조성되는 것이지만 국유를 가리키는 것은 아니다. 존스의 이러한 입장은 마르크스가 1864년에 쓴 인터내셔널 〈창립선언〉, 1866년에 〈잠정적 중앙평의회 대의원에 대한 지시〉에서, 『프랑스의 내전』에서도 나타난다. 다음과 같은 구절도 마찬가지다.

> 1848년부터 1864년에 이르는 기간 동안의 경험은 다음과 같은 사실을 의심의 여지 없이 증명해 주었다. 즉 원칙에서 얼마나 우세하든 또한 실천에서 얼마나 유익하든 협동(조합)노동co-operative labour은 만일 개별 노동자가 때때로 하는 노력이라는 협의의 범위에 머무르면 독점의 기하학적인 성장에 직면해도 대중을 결코 해방시킬 수 없고 대중의 빈곤이라는 부담을 눈에 띄게 경감시킬 수 도 없다....근로대중을 구하기 위해서는 협동조합노동을 전국적인 규모에서 발전 시킬 필요가 있고 따라서 국민의 자금으로 그것을 조성하지 않으면 안된다......따라서 정치권력을 획득하는 것이 노동자계급의 거대한 의무가 되었다[20]

마르크스는 여기서 협동(조합)노동 · 연합적 노동을 전국적인 규모에서 해야 할 필요성을 강조하고 이를 위해 노동자계급에 의한 정치권력의 획득과 국민의 자금 조성이 불가결하다고 주장한다. 노동자의 생산협동

20 코분 코우國分 辛, 『デスポティズムとアソシアシオン構想』, 世界書院, 1998, 278 쪽 재인용.

조합의 설립과 육성이라는 점은 마르크스만의 주장이 아니다. 루이 블랑[21]도 『노동의 조직』에서 자주관리와 이윤분배제에 기초를 두고 공화제국가가 '사회작업장'을 설립해야 한다고 말했다. 프루동도 『19세기 혁명의 일반 이념』에서 국가 및 국민은행의 대부에 의한 자주관리와 이윤분배제를 취지로 삼는 노동자 회사 창출에 대해 말한 적이 있다. 다만 마르크스는 그 국가가 프롤레타리아의 국가라고 본 것이다.

1.2.3 새로운 생산양식으로서의 어소시에이션 - 경제학 비판 체계

1860년대에 들어 서면 어소시에이션이라는 언어의 사용법은 다시 한정된다. 『요강』에서는 자본주의적 공장 안에서의 협업과 분업이 현재 존재하는 어소시에이션이라고 인식되는데, 1861-1863년의 『경제학 비판 초고』에서는 그것에 상응하는 곳에서 어소시에이션이라는 말이 사용되지 않는다.

예를 덜어 상대적 잉여가치에 관한 장의 협업 속에서 마르크스는 다음과 같이 말한다. "노동자들은 노동과정에 들어갈 때 이미 자본에 합치되어 있고 그렇기 때문에 그들 자신의 협업은 그들 자신이 묶은 관계가 아니라 그들 상호 협동Vereinigung이 아니라 그들을 지배하는

21 루이 블랑은 노동법에 보장된 노동권을 주장한 인물로서 노동권을 국가로부터 부조를 받을 권리로 후퇴시켰다. 마르크스가 말한 노동권은 루이 블랑처럼 자본의 소유권을 존중하는 것이 아니라 자본에 대한 지배를 전제로 자본이 행사하는 소유권의 폐절을 꾀하는 권리고 자본주의의 폐절을 주장하는 노동자의 권리다. 노동권을 자기 자신에 대한 권리로 개념화한 사람은 프루동이고 마르크스는 이 개념을 받아들인다. 노동권이 자기 자신에 대한 권리라는 것은 노동권이 누구에게도 양도할 수 없는 인간의 기본적인 권리라는 뜻이다. 더 자세한 것은 강 내희, 「신자유주의 위기 시대 코뮌운동의 주체 형성」, <문화과학> 제 60호, 67-69 쪽 참고.

통일이고 그 담당자 혹은 지도자는 바로 다름 아닌 자본가이다. 노동에 있어서 그들 자신의 협동 - 협업 - 은 실제로는 그들에게는 소원한 힘이고 더 자세하게 말한다면 뿔뿔이 흩어진 노동자에 대립하는 자본의 힘이다." 기계 안의 기계제공장 안에서는 이렇게 말한다. "생산에서 활동하는 자본은 각각의 자본가에게 속해 있어도 부의 대규모적인 사회적 집적이라는 모습을 취하지만 그것은 개개인의 어떠한 노동능력과도 생활능력과도 비교할 수 없는 것이다. 마찬가지로 협동zusammenwirkend하는 노동자의 조직도 대규모의 사회적 결합(이라는 모습을 띤다)." 다음과 같은 구절도 있다. "새로운 생상양식 하에서는 즉 자본주의적 생산양식이 완수하는 생산양식에 있어서 혁명 하에서는 이 노동조건들은 모두 그 모습을 바꾼다. 이 노동조건들은 사회적으로 협동하는 노동자를 위한 조건들이 됨으로써 새로운 규정을 받게 된다."

어소시에이션이라는 말이 협동協同, 협동協働이라는 말로 대체되었다고 말할지 모르겠다. 그러나 다른 곳에서 어소시에이션은 자본에 강제당한 사실적인 노동자의 協同, 協働과 구별된다. 자본주의를 초월한 새로운 생산양식을 나타내는 언어로서 다시 한정되는 것이다. 협업이 가령 오케스트라처럼 지휘자를 필요로 하는 경우에 그것이 자본의 조건들 하에서 취하는 형태와, 그것이 그렇지 않은 경우 예를 들어 어소시에이션 하에서 취할 수 있는 형태는 전혀 다른 것이다. 후자의 경우에 지휘자가 필요로 하는 것은 다른 노동기능들과 나란히 놓인 특수한 한 가지 기능이고 노동자 자신의 통일성을 그들에게 있어서 아무 관련 없는 통일성으로서 실현하고 그들의 노동의 착취를 아무 연관 없는 힘에 의해 그들에 대해 이루어지는 착취로서 실현하는 그러한 힘으로서는 아니다."

여기서 협업 그 자체가 어소시에이션이 아니라 자본 하에서의 협업과 어소시에이션 하에서의 협업은 어느 것이든 노동자의 協同 혹은 協働이면서 노동 기능들의 편성 방식 그 자체가 다른 것으로서 명확하게 구별되고 있다는 사실에 주목해야 한다. 다른 곳에서 마르크스는 협업과 어소시에이션을 동일시하는 표현을 하고 있다. "상대적으로 약간인 사람들의 수중으로 생산수단이 집적되는 것은 애초부터 자본주의적 생산의 조건 및 전제다....그러나 다른 한 편으로 이 집적은 자본주의적 생산양식을, 그것과 동시에 사회적인 생산력을 발전시키기 위한 기술적인 조건이기도 하다. 요컨대 대규모생산을 위한 물질적인 조건인 것이다. 이 집적에 의해 공동적 노동 - 어소시에이션, 분업, 기계, 과학, 자연력의 응용이 발전한다." 어소시에이션이라는 용어가 이중 규정 안에서 동요하고 있는 것이다.

주목해야 할 것은, 『1861-1863년 초고』에서 이제까지라면 '어소시에이션을 형성한' 이라는 형용사가 사용될 거라고 예상되는 곳에 '사회화된' Vergesellschaftet이라는 형용사가 쓰인다는 것이다. "자유로운 노동은 자본주의적인 생산 내부에서는 사회적 노동으로서 발전한다. 그들이 생산조건들의 소유자라는 것은 생산조건들이 사회화된 노동자들의 것이고 이와 같은 노동자들 자신이 생산을 행하고, 그들 자신의 생산을 사회화된 것으로서 자신들 하에 포섭한다는 것이다."

다만 1863-1865년에 쓰여진 『자본론』 제 1 부 제 6 장의 초고, 말하자면 '직접적 생산과정의 결과들'에서 나타나는, "노동의 사회적 생산력들, 즉 직접적으로 사회적인, 사회화된 공동적 노동의 생산력들...이러한 개개인의 많든 적든 고립된 노동에 대비하여 사회화된 노동의 생산력의 발전 등...이것들은 모두 노동의 생산력으로서가 아니라 자본의 생산력으로 나타난다"는 표현에서 알 수 있듯이 '사회화된 노동'은 자본 하에 포섭된 노동자의 協同 및 協働과 같은 의미로 사용된다. 이러한 생각에서 살펴볼 수 있듯이 단순한 사회화와 어소시에이션 형성은 목적의식성에서 구별된다고 할 수 있다.

이러한 새로운 생산양식으로서의 어소시에이션이라는 용어법은 1863-1865년의 『자본론』 제 3 부 초고에서도 확인된다. 마르크스는 여기서 "자본주의적 생산양식으로부터 어소시에이션을 형성한 노동의 생산양식으로의 이행"에 관해 즉 "사회의 자본주의적인 형태가 폐기되고 사회가 의식적이고 계획적인 어소시에이션으로서 조직되는 것"에 관해 반복해서 말하고 있기 때문이다.

이러한 생산양식의 이행 = 어소시에이션의 실현은 구체적으로 어떠한 것이었을까. 그 제 일보 즉 어소시에이션 실현에 이르는 과도기적인 형태는 각각의 자본주의적 주식회사로부터 노동자 자신의 협동조합공장으로의 전화였다.

마르크스는 『1861-1863년 초고』에서 "협업이 예를 들어 오케스트라처럼 지휘자를 필요로 하는 경우"에도 그것이 "자본가들에 의해 행해진다는 것은 전혀 무용하다"는 것의 최량의 증거로서 노동자들 자신에 의해 설립된 협동조합공장Cooperativefabriken을 예로 들며 "이 공장들은 생산의 기능자로서의 자본가가 노동자들에게 있어서 불필요한 것으로 된 것은 마치 자본가 자신에게 있어서 지주의 기능이 부르주아적인 생산에는 불필요한 것으로 나타나는 것과 같다는 것의 증거를 제공한다"고 말한다. "자본의 품 안에서 발전한 노동의 사회적 생산력과 사회적 성격을 이 자본주의적인 형태로부터 그 모든 계기들의 소외, 대립, 모순의 형태로부터 끊어내 생각"하는 것이 중요하다. 그렇게 함으로써 '현재 존재하는' 협업 안에 잠재하는 어소시에이션의 가능성을 볼 수 있기 때문이다.

마르크스는『자본론』제 3 부 초고에서 과도기적인 형태로서의 협동조합공장에 관해 말한다. "이 자본주의적인 생산의 최고의 발전의 결과(주식회사)는, 자본이 생산자들의 소유로, 라고 해도, 역시 개별화된 생산자들의 사적 소유로서가 아니라 어소시에이션을 형성한 생산자인 그들의 소유로서의, 직접적인 사회소유로 재전화하기 의한 필연적인 통과점이다..... 노동자들 자신의 협동조합공장은 낡은 형태 내부에서의 낡은 형태의 최고의 돌파이다. 물론 그것은 어디에서도 그 현실의 조직에 있어서는 기존의 제도의 여러 가지 결함을 재생산하고 있고 또 재생산될 수 밖에 없지만. 그러나 자본과 노동의 대립은 이 내부에서는 폐기되어 있다. 설령 처음에는 아직 어소시에이션으로서의 노동자들이 자기 자신들의 자본가이고 즉 생산수단을 자기들 자신의 노동의 가치증식을 위한 수단으로 사용한다는 형태에 있어서 외에는 없다고 말할 수 있다........자본주의적인 주식회사도 협동조합공장과 마찬가지로 자본주의적인 생산양식으로부터 어소시에이션을 형성한 생산양식die associierte Produktionsweise로의 과도형태로 간주해도 좋고 다만 한 쪽에서는 대립이 소극적으로 다른 쪽에서는 적극적으로 폐기되어 있다는 것 뿐이다."

여기서 어소시에이션이라는 언어가 협동조합공장이라는 장場에 성립해 있는 협동관계 그 자체를 나타내는 것은 분명하다. 여기서 마르크스가 염두에 두고 있는 것이 영국의 오웬 파의 영향을 받은 협동조합공장이라는 것은 틀림없다. 마르크스는 이미 1860년에 랭카셔와 요크셔에서 공장의 설립과 운영을 목적으로 하는 협동조합cooperative societies 특히 롯치델의 협동조합공장에 대해 상세하게 말하고 그것을 소개하는 논설을 썼기 때문이다.

농업에 대해서도 『자본론』 제 3 부 초고에서 이렇게 말한다. "역사의 교훈은...자본주의체제는 합리적인 농업을 훼방한다는 것이다. 말을 바꿔 말하면 합리적인 농업은 자본주의체제와는 양립할 수 없고(후자는 전자의 기술적 발달을 촉진한다고 말할 수 있다) 그것은 스스로 노동하는 소농민의 손 혹은 어소시에이션을 형성한 생산자들의 통제를 필요로 한다는 것이다."

이 문장들에서 이해하는 한 적어도 과도기에는 각각의 협동조합공장이나 농업생산협동조합 그 자체가 하나의 어소시에이션이고 따라서 사회전체로부터 보면 복수의 어소시에이션이 존재하게 된다. 마르크스의 어소시에이션 개념은 여기서 점점 뷔세의 association ouvriere와 오웬 파의 co-operative society 처럼 구체적인 생산의 조직형태가 된다. 그러나 마르크스와 뷔세의 차이는 (상정되어 있는 생산력들의 발전단계의 차이는 별도로 하고) 그 앞에 있다. 마르크스는 사회 전체가 하나의 의식적이고 계획적인 어소시에이션이 된다는 생시몽 파의 이념을 결코 방기하지 않았기 때문이다. 복수의 어소시에이션으로 이루어지는 하나의 어소시에이션, 이것이 마르크스의 사회변혁의 구상이다.

이것은 1867년에 출판된『자본론』제 1 권에서도 기본적으로 변하지 않는다. 거기서 마르크스는 "공동생산수단을 갖고 노동하고 그들의 다수의 개체적인 노동력들을 자기가 의식하여 하나의 사회적 노동력으로 지출하는 자유로운 인간의 협동체ein Verein"에 관해 이야기한다. 이것이야말로 주식회사가 복수의 협동조합공장으로 전화하고 복수의 농업생산협동조합이 성립하기 전에 전망되는 하나의 어소시에이션이라고 생각해도 좋다. 모든 초고 안에서 어소시에이션이라는 외국어를 사용하는 마르크스가 독일 독자들을 향해서는 그것을 Verein이라는 고유의 독일어로 바꿔 놓고 있다는 것에 주의해야 한다. 그것은 여기서 설명되는 문맥에 따르는 한 "사람들이 그들의 노동과 노동생산물에 대해서 갖는 사회적 제 연관은 여기 생산에서도 분배에서도 역시 투명하고 단순하다"고 상정되는, 추상도가 높은 논리적인 픽션이다. 그러나 물론 그것은 논리적인 가정에 머무르지 않는 사회변혁의 구상이기도 했다.

1.2.4 어소시에이션의 실현을 위해 - 국제노동자협회

문제는, 복수의 생산협동조합이 엮어내는 사회적인 관계들이 어떻게 해서 국민적인 규모에서의 투명하고 단순한 하나의 어소시에이션을 형성하는가이다.

1864년 9월 런던에서 결성된 국제노동자협회의 창립선언은 "협동조합운동 특히 소수의 대담하게 움직이는 손이 외부의 원조를 받지 않고 자력으로 창립한 협동조합공장"에 관해 "이 위대한 사회적 실험의 가치는 어느 정도 크게 평가해도 지나치게 평가하는 것이 아니다"라고 말하고 문제의 소재를 이미 다음과 같이 명확하게 지적하고 있다. "그와 동시에 1848년부터 1864년에 이르는 기간의 경험은 다음의 것을 의심할 여지가 없을 만큼 증명했다. 즉 협동노동 cooperative labour은 원칙에서 어느 정도 뛰어나고 실천에서 어느 정도 유익하지만 만일 그것이 각각의 노동자의 가끔씩의 노력이라는 협소한 범위에 머무른다면 독점의 기하급수적인 성장을 누르는 것도 대중을 해방시키는 것도 결코 할 수 없고 대중의 빈곤의 부담을 경감시킬 수조차 없다는 것이다.........근로대중을 구하기 위해서는 협동노동을 전국적인 규모에서 발전시킬 필요가 있고 따라서 국민의 자금으로 그것을 조성하지 않으면 안된다........ 따라서 정치권력을 획득하는 것이 노동자계급의 위대한 의무가 되었다."

1866년 국제노동자협회 제 1회 대회에 보고된 〈잠정적 중앙평의회 대의원에 대한 지시〉에서도 마르크스는 다시 '현재의 전제적인 제도'를 '자유롭고 평등한 생산자들의 어소시에이션이라는 복지를 가져다 주는 공화적인 제도'로 치환할 것을 주장하면서 다음과 같이 말했다. "협동조합제도가 각각의 임금노예제의 사적인 노력에 의해 만들어지는 정도의 영세한 형태에 한정되는 한, 그것은 자본주의적인 사회를 개조하는 것은 결코 할 수 없을 것이다. 사회적 생산을 자유로운 협동적 노동의 거대하고 조화로운 하나의 시스템one large and harmonious system of free and cooperative labour으로 전화되기 위해서는 전반적인 사회적 변화, 자본가와 지주의 손으로부터 생산자 자신의 손으로 이전시키는방법 이외에는 결코 실현할 수 없다." 따라서 국가권력의 장악과 국가권력에 의한 전반적인 사회적 변화야말로 하나의 어소시에이션 실현의 불가결한 전제이다.

파리 코뮌의 절정기인 1871년 마르크스는 이렇게 말한 바 있다. "코뮌은........현재 주로 노동을 노예화하고 착취하는 수단이 되어 있는 생산수단들 즉 지주와 자본을 자유로운, 어소시에이션을 형성한 노동free and associated labour의 온전한 도구로 변화시킴으로써 개체적 소유를 하나의 진실로 만들고자 바랬다....만일 협동조합적인 생산이 기만과 덫에 머무를 수 없다고 한다면 만일 그것이 자본주의제도를 대리해야 할 것이라고 한다면 만일 모든 협동조합의 연합체united co-operative societies가 하나의 공동적인 계획에 바탕을 두고 전국의 생산을 조정하고 그리하여 그것을 자신의 통제 하에 두며 자본주의적인 생산의 숙명인 부단한 무정부상태와 주기적인 경련을 끝내야 할 것이라고 한다면, 여러분 이것이야말로 공산주의, 가능한 공산주의가 아니고 무엇일 수 있는가."[22]

1871년 파리 코뮌이 실제로 행한 것은 소유주가 도망하였기 때문에 폐쇄된 작업장과 공장을 노동자의 협동조합으로 넘겨주는 방법을 연구한 코뮌의 한 위원회를 임명했던 것에 머무른다. 그러나 그러한 자유롭고 협동한 노동자에 의한 협동조합적 생산이라는 뷔세적 혹은 오웬 파적인 사회주의를 기초로 하여 거기서부터 더 나아가 모든 협동조합들을 전국적인 연합체에 의해 계획경제로 일보 전진한 것, 이것이야말로 가능한 공산주의라고 마르크스는 말한다. 여기서 비로소 하나의 어소시에이션의 구체적인 내용이 규정된다. 그러나 그 일보는 구체적으로 어떻게 해야 가능할까. 노동자에 의해 획득된 국가권력은 구체적으로 무엇을 할까.

그것에 대한 대답은 토지 그 외의 생산수단의 국유화였다. 국제노동자협회 만체스터 지부에서 토론하고자 1872년에 쓴 초고 '토지의 국유화'에서 마르크스는 다음과 같이 말하고 있다. '토지는 전 국민만이 소유할 수 있다는 결정을 미래는 내릴 것이다. 어소시에이션을 형성한 농업노동자들의 손에 토지를 양도한다는 것은 생산자 안의 다만 한 계급에게만 사회 전체를 양도한다는 것일 뿐이다. 토지의 국유화는 노동과 자본 사이의 관계에 완전한 변화를 일으키는 것이고 결국 공업이든 농업이든 자본주의적인 생산을 완전히 폐지할 것이다. 그렇게 될 때 비로소 계급차

22 『프랑스의 내전』에서 밝힌 마르크스의 이 주장은 어네스트 존스의 주장과 유사한 것으로서, 『공산당 선언』의 주장과 현저하게 다르다는 것을 알 수 있다. 생산의 협동조합이라는 용어는 『공산당 선언』에 나타나지 않았던 말이다. 생산의 협동조합의 총 연합에 의한 계획경제란 비국영 계획경제를 마르크스가 언명한 것이다.

별과 특권은 그것을 낳은 경제적인 토대와 함께 소멸하고 사회는 자유로운 생산자들의 하나의 어소시에이션으로 변할 것이다. .....생산수단의 국민적 집중은 합리적인 공동계획에 따라 의식적으로 행동하는 자유롭고 평등한 생산자들의 어소시에이션으로 구성되는 하나의 사회의 자연적인 기초가 될 것이다."

여기서는 복수의 생산협동조합으로서의 어소시에이션이 토지와 생산수단의 국유화를 매개로 하여 국민적인 규모에서의 어소시에이션으로 조직화되어가는 골격이 명확하게 나타나 있다. 토지소유에 관해 마르크스는 『1861-1863년 초고』에서 다음과 같이 말했다. "토지소유가 인민소유VolksEigentum가 되면 비로소 자본주의적인 생산의 기초가 즉 노동조건이 노동자에게 대립하여 자립화하는 기초가 없어지게 될 것이다."

그리고 1875년 『고타강령 비판』에서 마르크스는 이 복수의 어소시에이션으로 구성되는 하나의 어소시에이션을 협동조합적Genossenschaftlich인 생산수단의 공유Gemeingut에 토대를 둔 사회라고 독일어로 말하고 그 실현조건을 다시 강조한다. "노동자들이 협동조합적 생산의 조건들을 사회적인 규모로 먼저 자국에 국민적인 규모로 만들어낸다는 것은 그들이 현재의 생산수단의 변혁을 목표로 하여 움직인다는 것이며 국가보조를 받아 협동조합Kooperativegesellschaft을 설립한다는 것은 어떠한 공통점도 없다!"

1876년에 출판되고 마르크스 자신이 개정하고 가필한 유일의 『자본론』 보급용 다이제스트 판인 요한 모스트의 『자본과 노동』 개정 제 2 판도

『자본론』 제 1 권의 결론 부분을 다음과 같이 요약하고 있다. "토지와 노동 그 자체에 의해 생산된 생산수단들을 공동으로 점유하는, 자유로운 노동자들의 협동eine Vereinigung이 성립한다........독자는 이제까지 발췌에 의해 전해져 오던 마르크스의 논술에서 가르침을 받아 자본주의적인 생산양식은 무엇보다도 하나의 과도기적인 형태에 지나지 않는다는 것, 그것은 그 자신의 생리적인 기구에 의해 더 높은 생산양식으로 협동조합적genossenschaflich 생산양식으로 즉 사회주의에 다다르지 않는다는 것은 아니라는 것을 이미 인식할 것이다."

여기서 중요한 것은, 자유로운 노동자들의 어소시에이션이 다시 협동조합적 생산양식으로 규정되고 더욱이 그것이 사회주의와 등치된다는 것이다. 모스트가 사회적gesellschaftlich 생산양식이라고 쓴 것을 협동조합적genossenschaftlich으로 바꿔 쓴 것은 마르크스 자신이고 이것이 『자본론』 제 3 부 초고에서 반복적으로 사용되었던 '어소시에이션을 형성한associiert 생산양식'이라는 외래어적인 형용사를 고유의 독일어로 다시 바꿔 썼다는 것은 다시 지적할 필요가 없을 것이다. 그리고 그것은 또한 국제노동자협회의 영어 문서들 중에서 일관되게 사용된 co-operative라는 오웬파적인 형용사에 대응하는 것이었다. 그리하여 Association이라는 외래어의 명사는 Verein 및 Vereinigung으로 associiert 혹은 co-operative라는 형용사는 genossenschaftlich로 바뀌어 졌는데 복수의 생산협동조합이 엮어내는 사회적 네트워크, 그와 같은 새로운 생산양식으로서의 하나의 어소시에이션의 실현이 사회주의이고 그리고 그것이야말로 자신들의 실현 목표다라는 마르크스의 사상은 그 후에도 변하지 않았다.

1.2.5 유토피아로서의 어소시에이션

3월 전 시기의 사회주의와 공산주의를 총합하려고 했던 마르크스의 시도는 어떠한 대답을 제출했는가. 이제까지 본 것처럼 생시몽 파적인 하나의 보편적 어소시에이션이라는 언어가 마르크스에게 있어서는 해결의 열쇠였다.

마르크스 눈 앞의 주요한 사상적 대립점은 뷔세의 노동자생산협동조합, 오웬 파의 협동조합공장이 중시하는 노동자의 자발성과 자주관리와, 헤스 = 엥겔스적인 재산공동체론이 구상하는, 국가가 스스로 총체적 소유자가 되고 관리당국이 사회생활 전체를 그 모든 면에 걸쳐 관리하는 중앙집권적인 시스템의 구상 사이에 있었다. 그리고 그것이 마르크스 자신의 동요의 폭을 규정했다.

만일 개체적 소유의 재건이 개인의 전면적이고 자유로운 발달을 보장하는 것으로서 불가결하다고 한다면 중앙집권적이고 전면적인 국유화는 개인의 자유의 억압을 낳게 될 것이다. 그러나 다른 한 편에서 설사 개개인의 협동조합이 노동자가 자주적으로 창설한 것이어도 현재의 사회와 국가가 자본주의적 생산과 자본가의 이해에 바탕을 두고 있는 한 개개의 고립적인 시도는 전반적인 사회변혁에 연결되지 않고 패배를 계속하든가 그렇지 않으면 다시 자본주의적 생산으로 역류하는 길 밖에는 없다. 그렇다면 마르크스에게 있어서 사회형성 원리는 전반적인 재산공동체가 아니라 자발적 어소시에이션이지 않으면 안되지만 다만 그것은 국가권력의 장악을 통해 국민적 규모에서의 계획적인 것으로 되지 않으면 안 되는 것이었다. 이것은 분권과 집권, 혹은 개인과 국가의 미묘하고 위험한 균형 위에 선 구상이었다.

이리하여 국가권력의 장악에 의한 현재의 생산조건들의 변혁, 토지의 국유화와 생산수단의 국민적 집중에 의한 하나의 어소시에이션의 최종적인 실현, 이것이 마르크스의 결론이었다. 따라서 만일 생시몽 파의 주장이 노동자 노동도구 생산물의 분배를 하나의 중추기구 - 노동자의 어소시에이션이 된 국가 - 에 맡겨짐으로써 생산과 소비의 계획적 균형을 낳게 되었다는 것이고 "그들의 어소시에이션은 집권적이라고 말하지 않으면 안된다"라고 하다면 마르크스도 또한 생시몽 파의 한 사람이었다고 말할 수 있지 않을까.

그러나 생시몽 파의 사상이 마르크스에게 미친 영향을 문헌적으로 실증하기는 어렵다. 생시몽 파에 대한 명시적인 평가를 마르크스가 하지 않았기 때문이다. 다만 마르크스가 루이 필립 시대에 비쉐에 의해 프랑스의 사회주의에 반대해 쓰여진 '아트리에'파의 반동적인 노동자들에 의해 채용된 처방전에 대한 비판을 반복해서 시사하고 있는 것으로부터 생각해 보면 마르크스가 국가권력의 장악을 전제로 한 보편적 = 국민적인 어소시에이션의 구상에 부여하는 입장으로부터 프랑스의 사회주의자 = 생시몽 파의 구상을 평가하고 그것에 대립하는 비쉐의 현재 존재하는 생산협동조합을 사회의 전면적인 개혁에 연결되지 않는 고립적인 시도로 비판한 것은 분명하다. 그러한 한에서 그리고 그 정도로는 마르크스는 생시몽 파의 일원이다.

마르크스와 생시몽 파 사회주의의 연관을 생각하는 경우, 빼놓을 수 없는 문제가 있다. 그것이 1850년대에 확립한 '어소시에이션을 형성한 = 직접적으로 사회적 = 공동체적인 생산'이라는 '새로운 생산양식'의 내용을 나타내는 등식이다. 이것이 바로 하나의 어소시에이션 논자다운 입장을 선택한 마르크스가 왜 스스로를 공산주의자라고 계속 불렀는가 하는 의문에 연관된 중대한 문제다.

3월 시기의 사회주의자와 공산주의자를 나누는 중요한 논점 중의 하나는 화폐의 폐기를 둘러싼 문제였다. 화폐는 인간을 일정한 양 = 숫자로 환원시키는 것이고 인간적인 본성의 소외라는 인식은 초기의 마르크스와 헤스만의 공통점이 아니었다. 사회적 분업과 그것에 바탕을 둔 상품교환사회 그 자체가 교환가치와 화폐를 낳음으로써 소외와 물상화를 필연적인 것으로 만든다면 소외와 물상화를 폐기하기 위해서는 궁극적으로 가치관계 = 상품교환 관계 그 자체를 폐기하지 않으면 안된다. 재산공동체와 중앙집권적인 계획경제의 구상도 "각 사람은 그 능력에 따라 각 사람에게는 그 필요에 따라"라는 공산주의의 구호도 모두 상품교환과 화폐의 폐기를 가능하게 하는 수단이고 그 결과였다. 화폐의 폐기는 그 당시 공산주의자의 공통의 목적이었다.

마르크스도 '사랑을 단지 사랑으로만 신뢰를 단지 신뢰로만 교환하는 것을 꿈꾸었던 1844년부터, 개인적인 노동은 이미 간접적으로가 아니라 직접적으로 총 노동의 구성부분으로서 존재하기 때문에 생산물에 투여된 노동은 이 생산물들의 가치로서 즉 그 생산물이 갖는 하나의 물상적인 속성으로서 나타나지 않아야 할 협동조합적 사회 = 공산주의 사회에 대해 말하는 1875년에 이르기까지 가치와 화폐가 필요 없게 되는 세계를 희구하는 유토피아적인 의식을 놓지 않았다. 이 의식이 바로 어소시에이션을 가치와 화폐의 매개 없는 직접적으로 사회적 = 공동체적인 생산양식 즉 공산주의와 동일시하는 것을, 말하자면, 요청한 것이다.

화폐의 폐기는 즉각 실행할 수 있고 실행해야 한다고 생각한 3월 전 시기의 공산주의자와 마르크스와의 잠정적인 차이는 스스로의 궁극적인 목표인 유토피아성에 대한 자각이었다. 달리 말하면 목표에 대한 시간적인 거리 감각이었다는 말이다. 그러나 이 '직접적으로 사회적 = 공동체적인 생산양식'의 유토피아성을 비판적으로 다시 추궁하는 일이 없으면 마르크스의 어소시에이션 론을 충분하게 평가하는 것도 아직은 할 수 없을 것이다.[23]

1.3 마르크스의 어소시에이션 이론

마르크스가 1 국 1 공장 체제론 자 였는가 아닌가 하는 점은 이견이

23 본 절 중 큰 소절 1, 2는 우에무라 쿠니히코植村邦彦의 『マルクスを讀む』(青土社 , 2001), 제 3 장의 번역에 의존하였음을 밝혀둔다.

있지만 마르크스는 인터내셔널의 '잠정적인 중앙평의회 파견원에 보내는 지시'에서 1 국 1 공장과 유사한 협동(조합)적 노동의 일대 조화로운 체계로의 전화를 목표로 내걸었다. 그러나 『자본론』 제 1 권 제 12 장 제 4 절에서는 1 국 1 공장 체제를 배제하는듯한 미묘한 논의를 전개하기도 했다. 시장경쟁을 배제한 집권적인 계획경제의 입장이 1 국 1 공장 체제를 만들고 이것은 레닌 - 스탈린주의의 근본을 이루는 것이다.

마르크스는 『프랑스의 내전』에서 '협동조합의 총 연합에 의한 계획경제' 구상을 하고 있다. 시장경쟁을 배제한 계획경제는 집권적인 경우에는 1 국 1 공장 체제로 구상되고 분권적이고 자치적인 방식으로 출발하는 경우에도 결국엔 집권화하고 동일한 체제로 수렴되는 경향을 갖는다. 시장원리에 입각한 프루동의 사회주의 체제는 다원적이고 결코 1 국 1 공장 체제가 될 수 없다. 만일 1국 1 공장 체제를 배제한다면 마르크스가 구상하는 사회주의체제도 계획경제에 바탕을 두고 있다고 말할 수 있고 비중앙집권적이고 분권적인 것이 되어서는 안 될 것이다.[24]

마르크스는 『프랑스의 내전』에서 파리 코뮌에 대해 논술하고 그것을 인민대중의 사회적 해방, 노동의 경제적 해방을 위해 결국 발견된 정치

24 분권주의, 코뮌 연합, 국가권력의 사회로의 반환을 기축으로 하는 마르크스의 이 정치적인 구상을 베른쉬타인은 프루동이 말하는 연합주의와 아주 비슷하다고 말한다. 레닌은 베른쉬타인의 이 주장에 반발하고 마르크스의 논의에는 중앙집권주의로부터의 일탈은 아무 것도 없다고 주장한다. 레닌은 『국가와 혁명』에서 이렇게 말한다. "만일 프롤레타리아와 빈농이 국가권력을 탈취하여 완전히 자유롭게 스스로를 코뮌으로 조직하고 모든 코뮌 활동을 통합하여 자본에 통격을 가하고 자본가의 반항을 타파하며 철도 공장 토지 등의 사유를 전 국민에게 전 사회에 양도하면 이것은 중앙집권주의가 아닌가. 이것은 훨씬 더 철저한 민주주의적인 중앙집권주의 더 나아가 프롤레타리아적인 중앙집권주의가 아닌가."

형태, 사회적 공화제의 적극적인 형태로 파악하고 비중앙집권적인 구상을 하고 있다. 소수이지만 중요한 기능을 담당하는 중앙정부의 존재를 인정하는 한 몽테스키외같은 소국가의 연방을 거부하지만 전국적 조직은 자치적인 각 코뮌들로 이루어지는 한 그것은 분권적인 정치적 연합uinon이다. 엥겔스는 『프랑스 내전』에 대한 1891년 서문에서 블랑키주의자들이 자기들의 교의가 명령하는 것 즉 새로운 혁명 정부의 손에 전 권력을 더 엄격하고 독재적으로 집중시키는 것과는 반대되는 것을 실행한 것을 두고 역사의 아이러니라고 지적하면서, 그러한 교의란 배반적인 행위 즉 그들이 코뮌의 선언 속에서 '프랑스의 모든 코뮌이 파리와 자유로운 연합(연방)Federation을 만들자는 호소였다는 점을 긍정적으로 평가한다. 마르크스에 따르면 코뮌 제도는 사회를 음식물로 만들어 그 자유로운 운동을 방해하는 국가기생체가 이제까지 흡수해 버렸던 모든 힘을 사회에 반환하는 것이고 사회에 의한 국가권력의 재흡수이며 따라서 국가를 지양해 버릴 수 있는 정치 형태이다. 그러나 분권적인 구상은 어디까지나 정치 형태의 차원에 한정되는 것으로서 거기에 걸 맞는 경제적 토대가 있을 때 비로소 그 현실성을 갖는 것이다. 과연 협동조합의 총연합에 의한 계획경제는 1 국 1 공장 체제로 전화되는 것을 피하고 분권적인 정치 형태에 걸 맞는 경제적인 토대를 제공할 수 있을 것인가.

1.3.1 『공산당 선언』에 나타나 이론적인 공백

프롤레타리아트는 그 정치적 지배를 이용하여 차제에 부르주아로부터 일체의 자본을 박탈하고 일체의 생산수단을 국가, 즉 지배계급으로서 조직된 프롤레타리아트의 손에 집중하고 생산력의 양을 할 수 있는 한 급속하게 증대시킬 것이다

발전이 진전됨에 따라서 계급 구별이 소멸하고 모든 생산이 연합한assoziiert 모든 개인들의 손에 집적되면 공적인 권력은 정치적 성격을 잃는다. 본래 의미의 정치권력은 어느 계급이 다른 계급을 억압하기 위해 조직된 폭력이다. 프롤레타리아트는...강제적으로 구 생산관계를 지양하지만 이 생산관계와 함께 계급대립의 계급 일반 존재조건을 따라서 계급으로서의 그 자신의 지배도 지양한다[25]

마르크스는 여기서 연합사회가 계급대립을 동반하는 부르주아사회로 대체된다고 말한다.

마르크스는 「고타 강령 비판」에서 이렇게 말한다.

자본주의 사회와 공산주의사회 사이에는 전자로부터 후자로의 혁명적 전화 시기가 있다. 이 시기에 조응하여 또한 정치상의 과도기가 있다. 이 시기의 국가는 프롤레타리아트의 혁명적인 독재 외에 어떤 것도 있을 수 없다[26]

주 25에서 보듯이 이 인용문의 전반부는 주 26이 들어간 인용문의

25 MEW Bd. 4, s. 481-482.

26 MEW Bd. 19. s. 28.

첫 문장과 그 내용이 동일하다. 주 25가 들어간 인용문의 후반부는 공산주의의 일단계인 사회주의에 관한 것이다. 주 25가 들어간 인용문에서는 사적 소유의 폐지와 더불어 국유와 생산력 증대에 대하여 이야기되고 있다. 국유에 대해 설명은 하고 있지만 국영, 국유에 대한 말이 등장하지 않는다, 『공산당 선언』 이전의 엥겔스는 국영이라는 발상을 갖고 있었다. 엥겔스는 공산주의 사회에서는 관리당국이 사회생활 전체를 그 모든 개별적인 활동에 따라 그 모든 면을 관리해야 한다고 말했지만 마르크스는 그런 말을 사용한 적이 없다. 주 25가 들어간 인용문에서 마르크스가 말하는 것은 발전의 진행에 따른 계급구별과 정치권력의 소멸, 그리고 연합사회다운 새로운 사회의 출현이다. 정치권력 즉 국가가 사멸하면 당연히 국유도 사라진다. 따라서 주 25가 들어간 인용문을 마르크스가 염두에 둔대로 다시 정리하면 '사유가 폐지되고 당분간 국유에 의한 생산력이 증대되면 그 결과 이윽고 계급구별과 국가는 없어지고 연합한 제 개인들에 의한 생산사회다운 연합사회가 출현한다'가 된다. 그러나 국가 소멸과 연합사회 출현 사이에는 논리의 비약이 있게 된다. 이것은 주 26이 들어간 인용문처럼 혁명적 전화와 공산주의 사이에 질적인 도약이 있다는 이유만으로는 설명될 수 없는 것이다.

그리하여 "...모든 생산이 연합한assoziiert 모든 개인들의 손에 집적되면..."이라고 마르크스가 이야기하더라도 그것이 도대체 어떤 사태인지, 어떻게 해서 그렇게 된다는 것인지 설명이 불충분하다. 이것은 연합한 제 개인들에 의한 생산의 구체적인 형태에 대한 언급이 없다는 뜻이다,

즉 Assoziation이 아직 추상적인 차원에 머무르거나 노동자의 생산자연합을 넘어선 구체성을 띤 형태로 사용되지 않고 있다는 뜻이다.

두 번째, 국유가 혁명에 의한 사유의 폐지에 동반되는 일시적이고 과도기적인 조치라 해도 그 비국유화의 방책과 과정에 대해 일체 언급이 없다. 계급과 국가의 소멸에 따라 저절로 실현된다는 구도로는 아무것도 설명할 수 없다. 비국유화에 의해 실현되어야 할 공유의 구체적인 형태에 대한 서술도 전혀 없다. 결국 국가 사멸을 위한 구체적인 이론이 부재한 것이다.[27] 셋째, 오로지 사적 소유와 그것에 바탕을 둔 생산관계만을 계급의 존립조건으로 만드는 대전제가 세워져 있는 것에 따르는 이론적인 공백이 있고 아시아 사회에 대한 지식이 부족한 시기에 이런 글들이 씌어졌다는 문제도 있다. 국유 국영을 사회주의의 기초로 보는 주장 기술이 없는데, 사회주의란 구체적으로 무엇인가? 자본주의의 모반[illegible]을 지연시키는 낮은 단계의 공산주의에 대해서는 그것을 어떻게 건설할 것인가 하는 아주 구체적인 내용이 없다 해도 양해할 수 있다. 그러나 높은 단계의 공산주의라는 것은 지극히 유토피아적으로 그려져 있는데 그 유토피아적인 것을 실현할 과도적인 과정, "각 사람은 그 능력에 따라 그 필요에 따라" 라는 원칙이 관철되는 사회는 어떻게

27 코분 코우國分 幸는 마르크스가 아시아사회에 대한 당시의 정보가 절대적으로 부족한데에 그 원인이 있다고 보고 사적 소유와 계급을 국가의 존립조건으로서 과대평가하고, 거꾸로 말해 사적 소유의 폐지와 공동소유를 국가와 계급의 사멸을 위한 존립조건으로서 과대평가했기 때문이라고 말한다. 즉 계급의 존립조건일 수 있는 다른 조건들(가부장제적인 착취와 억압, 정신노동의 육체노동의 착취, 도시의 농촌 지배)을 과소평가한 것이라는 말이다. 『デスポティズムとアソシアシオン構想』, 296-297 쪽.

만들 수 있는가? 그것이 계획경제라 해도 그 계획경제라는 것이 어떻게 운영되는가? 마르크스는 이러한 질문들에 대해 답변을 준비하지 않고 있다는 것이다. 그래서인지 마르크스는 1872년 『〈공산당 선언』 독일어판 서문에서 "최근의 25년 간에 정세가 지독하게 변했지만 이 〈선언〉 속에 서술되어 있는 일반적 제원칙은 대체로 오늘날에도 완전히 정당하다. 각각의 점에서는 여기저기 수정되지 않으면 안된다. 이 원칙들의 실제 적용은 〈선언〉 자신이 언명하듯이 어디에서도 또한 늘 역사상 당면하는 사정에 의할 것이다. 그러므로 제 2 장 끝에 제안되어 있는 혁명적 방책에는 전혀 특별한 무게를 두지 않는다. 이 부분은 오늘날 쓴다면 많은 점에서 틀린 것이 될 것이다"라고 이야기하고 있다. 대공장의 거대한 발전, 노동자계급의 당 조직의 발전, 2월 혁명, 파리 코뮌, 주식회사의 현저한 대두 등으로 인해 "이 강령은 여기저기 시대에 뒤떨어져 있다"고 고백하게 된 것이다.[28] 마르크스가 1872년 『〈공산당 선언』 독일어판 서문에서 "노동자계급은 적진의 국가기구를 그대로 장악해서는 자신자신의 목적을 위해 행사할 수 없다"고 말한 것도 같은 맥락에서 나온 말이다. 바쿠닌은 「반마르크스론」(1872)에서 마르크스의 입장을

28 특히 마르크스는 주식회사와 관련하여 주식회사를 협동조합기업처럼 자본주의적 생산양식으로부터 연합적 생산양식으로 이행하기 위한 과도기적인 형태로 보고 있다. 다만 전자에서는 노동과 자본의 대립이 소극적으로 지양되고 후자에서는 적극적으로 지양된다. 1858년 2월 22일 엥겔스에게 보낸 편지에서 마르크스는 주식회사를 공산주의로 비월하기 위한 가장 완성된 형태로 보았다. 주식회사에 대한 이러한 견해는 마르크스의 독자적인 구상에서 나온 것이 아니라 J. F. 브레이Bray에게까지 거슬러 올라가는 문제다. 마르크스가 밝힌 주식회사의 특징은 소유와 경영의 분리, 평등한 이윤분배제다. 마르크스가 밝힌 주식회사에서 자본가는 관리인, 지배인으로, 자본소유자자는 단순한 소유자, 단순한 화폐자본가로 전화함으로써 자본가는 회사에서 말하자면 잉여적인 존재가 된다.

국유 국영에 기반을 둔 일원적이고 집권적인 계획경제로 비판했다. 그러나 마르크스의 사상에서 그가 생각한 협동조합의 총 연합체제, 이 경제시스템은 마르크스가 『프랑스에서 계급투쟁』에서 밝힌 분권적이고 자치적이며 민주적인 정치형태 즉 '코뮌형 국가'의 하부구조를 형성하는 것이다. 여기서 협동조합의 총 연합체제는 곧 연합사회 = 어소시에이션을 가리키는데, 더 자세하게 말하면 생산자의 협동조합 및 연합조직이라는 이윤분배제의 회사들로 이루어지는 사회의 일반적인 명칭이다. 이것은 사회주의로 가기 위한 과도기적인 체제이자 이행전략으로서 이 때 총 연합체제는 주로 민영의 회사로 이루어지는 비중앙집권적인 계획원리와 시장원리로 이루어지는 혼합경제체제를 취하기 때문에 그 한에 있어서 정치와 경제에 대한 두 가지 구상 사이에는 비화해적인 대립과 심각한 모순이 존재하지 않는다. 그러나 이것과는 반대로 전면적인 계획경제체제인 사회주의 단계에 이르면 총 연합체제는 중앙집권적인 1국1공장체제로 변하기 때문에 경제적 구조와 정치적 구조 사이에 분열이 존재하게 된다. 그렇다면 중앙집권적인 1국1공장체제로서의 기존의 사회주의가 아닌 새로운 사회주의 사회는 어떻게 해야 가능할까? 그리고 엥겔스가 국가는 폐지되는 것이 아니라 사멸하는 것이라고 말한 것을 어떻게 이해해야 할까?

2

마르크스와 어소시에이션

1808년	
저　서	- 푸리에가 '어소시에이션'이라는 말 처음 사용
평　가	- 푸리에주의자가 제안한 것은 약 2000명이 어소시에이션을 만들어 산업상의 모든 작업을 경영한다. 이 성원은 자기들이 뽑은 수장의 지도 하에 각각 약 1리그평방 면적의 토지를 점유하여 협동노동을 한다. 생산물 분배 시에는 노동할 수 있는 사람이건 없는 사람이건 일정한 최소한도의 생활자료를 할당한다. 나머지 생산물은 노동 자본 능력 3요소로 분할한다

1832년	
저　서	- 생시몽 파의 기관지 〈〈지구〉〉에서 어소시에이션이란 말이 사회주의라는 말로 대체
인용문	- 어소시에이션 = 이기주의, 개인적 이해, 경쟁의 원리'에 대치되는 '인간의 통일과 조화'라는 궁극적인 원리, 어소시에이션의 부단한 진보야말로 인류의 계속적인 발전에서 유일한 법칙

1843년	
저 서	- 공산주의자 모제스 헤스Moses Hess와 어소시에이션론자 헤르만 슐츠 Hermann Schulz 논쟁
평 가	- 1842 프루동 『경제적 모순의 체계, 혹은 빈곤의 철학』, 모제스 헤스 -〉마르크스와 엥겔스

1844년	
저 서	- 『경철 수고』
인용문	- 마르크스가 처음으로 어소시에이션이라는 말 사용, 제 1 초고 「지대」란 :"토지나 땅에 적용되는 어소시에이션은 국민경제적인 견지에서 본 대토지 점유의 장소를 서로 나누어 갖고, 그리고 분할이 갖고 있는 경향 즉 평등을 비로소 실현한다. 또한 어소시에이션은 이미 노예제, 영주지배, 어리석은 소유신비설에 의해 매개되지 않는 이성적인 방식으로 토지에 대한 인간의 심정적인 연결을 재건한다. 토지가 매매대상이 된 것을 멈추고 자유로운 노동과 자유로운 향수를 통해 다시 인간의 참된 인격적 소유가 되기 때문이다." - 제 3 장 초고에서 '조야한 공산주의' 비판, 재산공동체라는 말을 긍정적으로 사용하지 않음, 공동체는 노동의 공동체, 급료의 공동체일 뿐이다, 현존 공산주의에 대해 비판적
평 가	- 지대소유가 상품으로 전화하는 것은 화폐귀족제의 최종적 완성, 1841년 모제스 헤스가 쓰던 '화폐귀족제'라는 말을 마르크스가 사용하여 모제스 헤스와 헤르만 슐츠의 사상 결합 시도, 다수의 소유자가 공동 경제계획에 따른 더 큰 면적을 개발하기 위해 협동할 것을 주장하고 농업생산협동조합 구상 피력, 헤르만 슐츠의 어소시에이션론에게서 시사받음, 공산주의=재산공동체에 대한 대안으로 슐츠의 농업생산협동조합 구상, 공산주의적 어소시에이션이라는 말 사용(사회주의가 주장한 어소시에이션이라는 말에 공산주의적이라는 형용사 첨가, 사회변혁의 구상을 나타내고 사회주의와 공산주의의 대립을 지양하려는 마르크스의 시도)

1845년	
저 서	- 『신성가족』
인용문	- "참으로 오늘날 영국과 프랑스의 노동자들은 어소시에이션을 형성하고 있고 그 속에서 그들의 노동자로서의 직접적인 욕구만이 아니라 그들의 인간으로서의 모든 욕구가 그들이 서로 가르치는 대상이 되고 있고 그들의 협동에서 생기는 거대하고 헤아릴 수 없는 힘에 관하여 놀랄 정도로 근본적이고 포괄적인 의식을 드러내고 있다"
평 가	- 프루동의 수많은 노동자의 협업에서 나오는집합력Kollektivkraft 이론, 프루동 :"자유로운 어소시에이션, 즉 생산수단의 평등과 교환의 등가를 유지하는데 한정된 자유야말로 그것만이 올바르고 그것만이 진실이며 가능한 사회의 유일한 형태다"

1845년	
저 서	- 프리드리히 리스트Friedrich List 비판 초고
인용문	- "생시몽 파는 산업의 생산력을 열광적으로 채운다. 그들은 산업이 낳는 모든 힘과 산업을, 즉 이 힘들 전체의 오늘날의 존재 조건들을 동일시했다. 물론 우리는 생시몽주의자들과 리스트 같은 인간, 즉 독일의 속물을 동렬에 놓고 생각할 수는 없다. ...생시몽주의자들은 거기서 더 나아가 교환가치, 오늘날의 사회의 조직, 사적 소유를 공격하는 쪽으로 나갔다. 그들은 경쟁을 어소시에이션으로 대체시켰다."
평 가	- 생시몽 파: 이론, 사회조직원리로서의 어소시에이션 - 뷔셰: 구체적인 조직형태이자 노동자 처우개선의 현실적 수단으로서의 협동조직

1846년	
저 서	-『독일 이데올로기』
인용문	- 제 3 부 〈성 막스〉:“우리는 거대한 국민적 통일을 위해서도 노동자 생산협동조합Arbeiterassoziation을 위해서도 모든 사람들에게 희생적인 행위를 요구한다....우리가 단결하고 늘 서로 헌신하는 것이 필요하다”고 말하는 뷔세 이야기 다룸. - 대토지점유의 분쇄에 의해 비로소 ‘소소유자’가 된 분할지 농민에 대해 : “이 농민들은 자신들을 공산주의적으로 조직할 수 없었다. 왜냐하면 그들은 공산주의적인 어소시에이션의 제 1의 조건인 공동경영을 수행할 모든 수단을 갖고 있지 않았기 때문이고 또한 토지세분화라기보다는 차라리 그러한 어소시에이션에 대한 요구를 나중에야 불러 일으킨 모든 조건들 중의 하나에 지나지 않았기 때문이다.”
평 가	- 뷔세Philipe-Joseph-Benjamin-Buchez(1796-1866)의 ‘association ouvriere’(직인노동자의 자발적인 결합과 자주관리에 바탕을 둔 노동자생산협동조합, 독일어로는 Arbeiterassoziation) 구상, 1825년 생시몽 파 회원 가입, 1829년 말 생시몽 파와 결별, 1849년 〈〈L'atelier'('Workshop')〉〉이라는 출판물의 노동자소유권 창조 도움 - 오웬cooperative society ->카베Cabet(1788-1856)의 communal society(Icaria 라는 허구적인 나라의 공동체사회) ->마르크스 : 노동자생산협동조합이 뷔세 vs 공산주의자 카베, 아트리에파의 쟁점이라는 것을 알게 됨

1847년	
저 서	-『철학의 빈곤』
인용문	- “경쟁과 어소시에이션은 서로 의존하는 것이다. 그것들은 서로 다른 것을 배제하기는 커녕 목적으로 달리 하는 것에 지나지 않는다.... 사회주의가 범한 가장 한탄스러운 오류는 경쟁이 사회

	를 전복시킬 것으로 보았다"는 것. - "사실 사회라든가 어소시에이션이라든가 하는 말은 모든 사회에 즉 봉건사회에도 경쟁에 입각한 어소시에이션인 부르주아사회에도 다 적용될 수 있다. 어소시에이션이라는 하나의 언어로 경쟁을 타파할 수 있다고 생각하는 사회주의자들이 어떻게 있을 수 있는가? 또한 프루동 자신은 어소시에이션이라는 단지 하나의 언어로 경쟁을 특징지음으로써 사회주의에 대항하여 경쟁을 옹호한다는 느낌이 든다."
평 가	- 어소시에이션이라는 말이 사회변혁적 구상을 표현하기 시작, 생시몽 파와 프루동이 어소시에이션이라는 동일한 말을 어떻게 다르게 사용하는가, 전자처럼 사회 조직원리로서의 어소시에이션인가 아니면 후자처럼 생산력 전체를 발전시키는 사회적 관계로서의 어소시에이션인가, 마르크스는 전자 입장, 여기서부터 어소시에이션이라는 말의 애매성이 나오기 시작 - '하나의 어소시에이션' 개념 : "대공업이 서로 일면식도 없는 다수의 인간군을 한 자리에 모아놓는다. 경쟁이 그들의 이해관계에 있어서 그들을 분열시키지만 임금유지가 고용주들에 대항하여 그들이 갖고 있는 이 공통의 이해관계가 저항이라는 하나의 동일한 사상에 있어서 그들을 결집시킨다…그것이 단결이다…설령 최초의 저항목적이 임금의 유지에 지나지 않았다고 해도 그 다음에는 자본가 쪽이 억압이라는 사상으로 결집하는데 따라서 최초에는 고립해 있던 단결들이 집단을 형성한다. 그리고 늘 결합하고 있는 자본에 대결할 때 그들에게 있어서는 어소시에이션의 유지 쪽이 임금의 유지보다도 필요불가결한 것이 된다…종종 이 과정에 도달하자마자 어소시에이션은 정치적인 성격을 띠게 된다…노동자계급은 그 발전 과정에서 모든 계급과 그 적대적인 관계를 배제하는 하나의 어소시에이션을 갖고 낡은시민사회로 대체될 것이다. 그리고 본래의 의미에서의 정치권력은 역시 존재하지 않게 될 것이다. 왜냐하면 참으로 정치권력이야말로 시민사회에

	있어서 적대관계라는 공식의 요약이기 때문이다." = 임금 유지를 위한 노동조합이 자본가와의 계급적 투쟁을 통해 정치적인 노동자의 협동조직으로 발전하고 그것이 국민적인 규모로 시민사회와 그 정치권력을 대신하는 것, 어소시에이션=정치변혁의 논리, 새로운 사회에서 경제적인 관계들(생산과 분배)의 존재 방식 구체화되지 않음

1848년	
저 서	-『공산당 선언』
인용문	- 마르크스 : "낡은 시민사회 및 그 제 계급들과 계급 대립을 대신하여 하나의 어소시에이션이 나타나고 거기서는 각자의 자유로운 발전이 모든 사람들의 자유로운 발전의 조건이 된다.", "모든 생산이 어소시에이션을 형성한assoziiert 개개인의 손에 집중된다." - "프롤레타리아트는 그 정치적 지배를 이용하여 차제에 부르주아로부터 일체의 자본을 박탈하고 일체의 생산수단을 국가, 즉 지배계급으로서 조직된 프롤레타리아트의 손에 집중하고 생산력의 양을 할 수 있는 한 급속하게 증대시킬 것이다. 발전이 진전됨에 따라서 계급 구별이 소멸하고 모든 생산이 연합한assoziiert 모든 개인들의 손에 집적되면 공적인 권력은 정치적 성격을 잃는다. 본래 의미의 정치권력은 어느 계급이 다른 계급을 억압하기 위해 조직된 폭력이다.프롤레타리아트는...강제적으로 구 생산관계를 지양하지만 이 생산관계와 함께 계급대립의 계급 일반 존재조건을 따라서 계급으로서의 그 자신의 지배로 지양한다" - 어소시에이션이 장래 사회의 조직원리이고 공산주의의 목표 공식 선언
평 가	- 다수파인 바이틀 링Weitling 파가 재산공동체를 목표로 하는 상황에서 공산주의자 동맹 내부 논쟁 요구됨, 엥겔스 : "공산주의 즉 재산공동체에서 사회적 생활과 활동은 실현가능할 뿐만 아니라

	미국의 많은 공동체나 영국에서 현재 실시되고 있다." "공산주의 사회에서는...생산은 이미 각각의 사적 경영자의 손에 없고 공동체와 그 관리당국의 손에 있기 때문에 욕구에 따라 생산을 조절하는 것은 특별히 문제될 것이 없다.....공산주의사회에서 관리당국은 사회생활의 각각의 측면을 관리할 뿐만 아니라 사회생활 전체를 그 다양한 각각의 활동에 걸쳐 그 모든 측면을 관리하게 된다.... 국가가 스스로 총체적인 소유자라는 것을 선언하고 공공재산을 공공의 복지를 위해 관리하는 것.."엥겔스는 전형적인 중앙집권적 재산공동체론자, 엥겔스의 『공산주의의 원리』1847, 1847년 6월 동맹 강령 〈공산주의자의 신조〉에서 어소시에이션이란 재산공동체를 가리킴.

1850년 1-3월

저 서	- 〈〈신라인신문 정치경제평론〉〉
인용문	- "1848년 2월혁명 이후 프랑스의 프롤레타리아가 내건 '노동의 권리'라는 요구의 배후에 '생산 제 수단의 영유 즉 생산 수단들 전체를 어소시에이션을 형성한associiert 노동자계급의 지배 하에 두는 것, 따라서 임노동과 자본과 그것들의 상호관계의 폐기가 있다". 『공산당 선언』의 전망 재확인

1850년 3월

저 서	- 〈공산주의자 동맹 중앙위원회 호소문〉
인용문	- "우리의 이익과 우리의 임무는 많든 적든 재산을 소유하는 모든 계급들이 지배의 자리에서 쫓겨나 프롤레타리아트가 국가권력을 장악하고 프롤레타리아트의 어소시에이션이 1 국만이 아니라 세계의 모든 주요한 나라에서 진전하며 그 결과 이 나라에서 프롤레타리아의 경쟁이 중지되고 적어도 결정적인 생산력들이 어소시에이션을 형성한 프롤레타리아의 손에 집중될 때까지 혁명

	을 영속시키는 것" - "노동자는 몰수된 봉건적 소유를 국유재산에 머물게 하고 어소시에이션을 형성한 농촌프롤레타리아트가 대규모 농업의 모든 이점들을 갖고 경작하는 농업입식지로 사용하라고 요구해야만 한다. 그렇게 함으로써 요동치는 부르주아적 소유 한가운데에 공동체적 소유의 원리가 바로 확고한 기초를 획득하게 된다."
평 가	- 미래의 사회주의적 농업어소시에이션보다는 공산주의적 재산공동체에 가까운 구상, 사회주의와 공산주의 사이의 동요, 어소시에이션의 구체적인 형태에 대한 언급 무

1851년	
저 서	-「루이 보나파르트의 브뤼메르 18일」
인용문	- "부분적으로는 프롤레타리아는 몇 가지 비현실적인 실험에 몰두한다. 즉 교환은행이나 노동자생산협동조합이라는 형태의, 따라서 낡은 세계를 그 자신의 거대한 수단 전체를 갖고 변혁시키는 것을 단념하고 오히려 사회의 배후에서 사적인 방식으로 프롤레타리아트의 제한된 생존조건들의 내부에서 프롤레타리아트의 구제를 성취시키려고 하고 따라서 필연적으로 좌절하는 운동이라는 형태의, 비현실적인 실험에 몰두한다."
평 가	- 어소시에이션을 정치적 변혁을 위한 노동자의 결합수단으로 파악, 현재 존재하는 어소시에이션과 다름 - 1853년 영국 노동자파업에 대한 논설 :"임금이 서로 상승하기도 하고 하락하기도 하는 것에서 생기는 고용주와 노동자의 끊임없는 분쟁은 현재의 산업조직 하에서는 노동자계급의 사기를 유지하고 그들을 지배계급의 침해에 반대하는 하나의 거대한 어소시에이션 one great association으로 결합시키고 그들이 감상적이고 사려없는 다소 좋은 먹이를 얻는 생산도구가 되는 것을 방해하는 불가결한 수단이다."(정치변혁논리로서의 어소시에이션)

1857-1858년	
저 서	- 『경제학비판 요강』
인용문	- "모든 개인들의 생산물 또는 활동을 먼저 교환가치 형태로 화폐로 전화시킬 필연성 그 자체와, 그리고 모든 개인이 이러한 추상적인 형태에 있어서 처음으로 자신의 사회적인 힘을 받아들이고 그리고 증명한다는 것은, 다음 두 가지를 증명한다. 1 모든 개인들은 역시 사회를 위해서만 사회 안에서만 생산한다는 것 2. 그들의 생산은 직접적으로는 사회적이지 않다는 것, 즉 상호간에 노동을 분배하는 어소시에이션의 부산물이 아니라는 것이다."(노트 1) - 어소시에이션 = 교환가치 및 화폐에 의해 매개되는 자본주의적인 상품경제와 대비되는 교환가치 및 화폐의 매개가 없는 직접적으로 사회적인 노동분배 = 생산 = 교환의 형태 = 생산에서는 협동한 개인들에 의한 그들의 생산체계에 대한 통제가 교환에서는 생산수단의 공동적 영유와 통제의 기초 위에 어소시에이션을 형성한 개인들의 자유로운 교환 = 공동체적인 생산의 생산조직 - "노동자의 어소시에이션...노동의 생산성의 기본조건들로서의 협업과 분업 - 은 모든 노동의 생산력들과 마찬가지로, 즉 노동의 집약도와 따라서 그 외연적인 실현 정도를 규정하는 노동의 생산력들과 마찬가지로, 자본의 생산력으로 나타난다. 노동의 집합력 Collectivkraft은 사회적 노동으로서의 노동의 성격은 그렇기 때문에 자본의 집합력이다....노동자의 협동Vereinigung은 그들의 현존재가 아니라 자본의 현존재다. 각각의 노동자에 대해서는 결합은 유연한 것으로 나타난다. 노동자는 다른 노동자와 그 자신의 결합, 다른 노동자로서의 협업에 대하여 소원한 것으로서 자본의 작용양식으로서 관계를 갖는다... 자본 하에서 노동자의 어소시에이션은 직접적인 물리적 폭력에 의해 강제되는 것이 아니고 강제노동 부역노동 노예노동이 아니다. 그것은 생산의 조건들이 타인의 소유이고 그리고 그 자체가 생산조건들의 축적, 집적에 동일하

	다. 객체적인 어소시에이션으로서 현재 존재하는 것에 의해 강제된다."(노트 6) - "그러나 이 전도과정은 명확하게 단순하게 역사적인 필연성이고 단순하게 일정한 역사적 출발점으로부터의, 혹은 토대로부터의, 생산력들의 발전에 있어서의 필연성이고, 결코 생산의 절대적인 필연성은 아니다. 오히려 꺼져가고 있는 필연성이고 이 과정의 내재적인 결과와 목적은 과정의 형태와 함께 이 토대 자체를 폐기하는 것이다....단순하게 개별적인 혹은 단순하게 내적으로 혹은 단순하게 외적으로만 보편적인 노동으로서의 살아있는 노동의 직접적인 성격이 폐기되면서, 즉 직접적으로 보편적인 혹은 사회적인 개인들로서의 모든 개인들의 활동이 규정되면서, 이 소외 형태는 생산의 대상적인 계기들로부터 벗겨져 나온다. 생산의 대상적인 계기들은 그 안에서 개인들이 스스로를 개별자로서 그러나 사회적인 개별자로서 재생산하는 소유로서 유기적인 사회적 신체로서 규정된다...기계가 가령 어소시에이션을 형성한 노동자의 소유가 되어도 그것이 사회적인 생산의 요인이 되지 못한다는 것을 용이하게 통찰할 수 있다."
평 가	- 자본주의적 생산양식, 상대적 잉여가치 생산에 관한 생산력 이론의 확립 과정에서 어소시에이션 이론이 심화됨, 자본주의적인 생산양식 내부에 현존하는 노동조직의 존재방식이자 다가올 새로운 생산양식이 어소시에이션이다, 현재 안에 잉태된 미래의 새로운 생산양식이 어소시에이션이다, 자본가의 조직 하에서 현재 존재하는 노동자의 협업과 분업, 노동의 집합력이 어소시에이션이다, 자본주의적 생산에 포섭된 어소시에이션은 아직 잠재적이고 전도된, 소외된 어소시에이션이다. 즉, 노동자의 협동조직이 어소시에이션이지만 단순한 노동조합이 아니고, 자본주의적 생산 외부로 등을 대고 존재하는 생산협동조합도 아니며, 자본가에 의해 조직되는 자본주의적 생산양식이라는 형태규정을 받으면서 거기서 잠재적으로 형성되는 새로운 생산양식이 어소시에이션이다.

1861-1863년	
저　서	-『경제학 비판 초고』
인용문	- "노동자들은 노동과정에 들어갈 때 이미 자본에 합치되어 있고 그렇기 때문에 그들 자신의 협업은 그들 자신이 묶은 관계가 아니라 그들 상호 협동Vereinigung이 아니라 그들을 지배하는 통일이고 그 담당자 혹은 지도자는 바로 다름 아닌 자본가이다. 노동에 있어서 그들 자신의 협동 - 협업 - 은 실제로는 그들에게는 소원한 힘이고 더 자세하게 말한다면 뿔뿔이 흩어진 노동자에 대립하는 자본의 힘이다." 기계 안의 기계제공장 안에서는 이렇게 말한다. "생산에서 활동하는 자본은 각각의 자본가에게 속해 있어도 부의 대규모적인 사회적 집적이라는 모습을 취하지만 그것은 개개인의 어떠한 노동능력과도 생활능력과도 비교할 수 없는 것이다. 마찬가지로 협동 zusammenwirkend 하는 노동자의 조직도 대규모의 사회적 결합(이라는 모습을 띤다)." 새로운 생상양식 하에서는 즉 자본주의적 생산양식이 완수하는 생산양식에 있어서 혁명 하에서는 이 노동조건들은 모두 그 모습을 바꾼다. 이 노동조건들은 사회적으로 협동하는 노동자를 위한 조건들이 됨으로써 새로운 규정을 받게 된다." "상대적으로 약간인 사람들의 수중으로 생산수단이 집적되는 것은 애초부터 자본주의적 생산의 조건 및 전제다....그러나 다른 한 편으로 이 집적은 자본주의적 생산양식을, 그것과 동시에 사회적인 생산력을 발전시키기 위한 기술적인 조건이기도 하다. 요컨대 대규모생산을 위한 물질적인 조건인 것이다. 이 집적에 의해 공동적 노동 - 어소시에이션, 분업, 기계, 과학, 자연력의 응용이 발전한다." "협업이 예를 들어 오케스트라처럼 지휘자를 필요로 하는 경우에도 그것이 자본가들에 의해 행해진다는 것은 전혀 무용하다" "Cooperativefabriken(노동자들 자신에 의해 설립된 협동조합공장) - 이 공장들은 생산의 기능자로서의 자본가가 노동자들에게 있어서 불필요한 것으로 된 것은 마치 자본가 자신에게 있어서 지주의 기능이 부르주아적

	인 생산에는 불필요한 것으로 나타나는 것과 같다는 것의 증거를 제공한다"
평　가	- 어소시에이션이라는 말이 사용되지 않음, 협업이 어소시에이션이라는 말을 대체 혹은 협업=어소시에이션 '어소시에이션을 형성한' -〉 '사회화된'Vergsellschaftet이라는 말로 대체. 자본 하에서의 협업과 어소시에이션 하에서의 협업은 노동자들의 협동이지만 노동 기능들의 편성방식 그 자체가 다르다.

1863-1865년	
저　서	-『자본론』 제 1 부 제 6 장 초고, 『자본론』 제 3 부 초고
인용문	- "노동의 사회적 생산력들, 즉 직접적으로 사회적인, 사회화된 공동적 노동의 생산력들...이러한 개개인의 많든 적든 고립된 노동에 대비하여 사회화된 노동의 생산력의 발전 등...이것들은 모두 노동의 생산력으로서가 아니라 자본의 생산력으로 나타난다" - "자본주의적 생산양식으로부터 어소시에이션을 형성한 노동의 생산양식으로의 이행" - "사회의 자본주의적인 형태가 폐기되고 사회가 의식적이고 계획적인 어소시에이션으로서 조직되는 것" - "이 자본주의적인 생산의 최고의 발전의 결과(주식회사)는, 자본이 생산자들의 소유로, 라고 해도, 역시 개별화된 생산자들의 사적 소유로서가 아니라 어소시에이션을 형성한 생산자인 그들의 소유로서의, 직접적인 사회소유로 재전화하기 의한 필연적인 통과점이다..... 노동자들 자신의 협동조합공장은 낡은 형태 내부에서의 낡은 형태의 최고의 돌파이다. 물론 그것은 어디에서도 그 현실의 조직에 있어서는 기존의 제도의 여러 가지 결함을 재생산하고 있고 또 재생산될 수 밖에 없지만. 그러나 자본과 노동의 대립은 이 내부에서는 폐기되어 있다. 설령 처음에는 아직 어소시에이션으로서의 노동자들이 자기 자신들의 자본가이

	고 즉 생산수단을 자기들 자신의 노동의 가치증식을 위한 수단으로 사용한다는 형태에 있어서 외에는 없다고 말할 수 있다........자본주의적인 주식회사도 협동조합공장과 마찬가지로 자본주의적인 생산양식으로부터 어소시에이션을 형성한 생산양식die associierte Produktions weise으로의 과도형태로 간주해도 좋고 다만 한 쪽에서는 대립이 소극적으로 다른 쪽에서는 적극적으로 폐기되어 있다는 것 뿐이다." - "역사의 교훈은...자본주의체제는 합리적인 농업을 훼방한다는 것이다. 말을 바꿔 말하면 합리적인 농업은 자본주의체제와는 양립할 수 없고(후자는 전자의 기술적 발달을 촉진한다고 말할 수 있다) 그것은 스스로 노동하는 소농민의 손 혹은 어소시에이션을 형성한 생산자들의 통제를 필요로 한다는 것이다."
평 가	- 사회화와 어소시에이션의 차이 - 어소시에이션에 이르기 전의 과도기적인 형태는 자본주의적인 주식회사로부터 노동자 자신의 협동조합공장으로의 전화 - 1867년『자본론』제 1 권 : "공동생산수단을 갖고 노동하고 그들의 다수의 개체적인 노동력들을 자기가 의식하여 하나의 사회적 노동력으로 지출하는 자유로운 인간의 협동체ein Verein"(ein Verein=Association) - 1860년 영국 랭카셔와 요크셔의 협동조합cooperative societies에 대한 논설 - 뷔셰와 오웬파의 개념에 가까워짐, 복수의 어소시에이션으로 이루어지는 하나의 어소시에이션

1864년	
저 서	- 〈국제노동자협회〉 창립 국제노동자협회 임시규약 발기문 작성
인용문	- 창립선언문 : "협동조합운동 특히 소수의 대담하게 움직이는 손이 외부의 원조를 받지 않고 자력으로 창립한 협동조합공장이라는 위대한 사회적 실험의 가치는 어느 정도 크게 평가해도 지나치

	게 평가하는 것이 아니다.", "그와 동시에 1848년부터 1864년에 이르는 기간의 경험은 다음의 것을 의심할 여지가 없을 만큼 증명했다. 즉 협동노동cooperative labour은 원칙에서 어느 정도 뛰어나고 실천에서 어느 정도 유익하지만 만일 그것이 각각의 노동자의 가끔씩의 노력이라는 협소한 범위에 머무른다면 독점의 기하급수적인 성장을 누르는 것도 대중을 해방시키는 것도 결코 할 수 없고 대중의 빈곤의 부담을 경감시킬 수조차 없다는 것이다.........근로대중을 구하기 위해서는 협동노동을 전국적인 규모에서 발전시킬 필요가 있고 따라서 국민의 자금으로 그것을 조성하지 않으면 안된다........따라서 정치권력을 획득하는 것이 노동자계급의 위대한 의무가 되었다."
평 가	- 1866년 국제노동자협회 제 1회 대회 보고서 〈잠정적 중앙평의회 대의원에 대한 지시〉 :"현재의 전제적인 제도'를 '자유롭고 평등한 생산자들의 어소시에이션이라는 복지를 가져다 주는 공화적인 제도로 치환할 것", "협동조합제도가 각각의 임금노예제의 사적인 노력에 의해 만들어지는 정도의 영세한 형태에 한정되는 한, 그것은 자본주의적인 사회를 개조하는 것은 결코 할 수 없을 것이다. 사회적 생산을 자유로운 협동적 노동의 거대하고 조화로운 하나의 시스템One Large and Harmonious System of free and cooperative labour으로 전화되기 위해서는 전반적인 사회적 변화, 자본가와 지주의 손으로부터 생산자 자신의 손으로 이전시키는 방법 이외에는 결코 실현할 수 없다." - 국가권력의 장악과 국가권력에 의한 사회적 변화가 하나의 어소시에이션을 실현하는 불가결한 전제다

1871년	
저 서	『프랑스 내전』
인용문	- "코뮌은........현재 주로 노동을 노예화하고 착취하는 수단이 되어 있는 생산수단들 즉 지주와 자본을 자유로운, 어소시에이션

	을 형성한 노동free and associated labour의 순연한 도구로 변화시킴으로써 개체적 소유를 하나의 진실로 만들고자 바랬다.... 만일 협동조합적인 생산이 기만과 덫에 머무를 수 없다고 한다면 만일 그것이 자본주의제도를 대리해야 할 것이라고 한다면 만일 모든 협동조합의 연합체united co-operative societies가 하나의 공동적인 계획에 바탕을 두고 전국의 생산을 조정하고 그리하여 그것을 자신의 통제 하에 두며 자본주의적인 생산의 숙명인 부단한 무정부상태와 주기적인 경련을 끝내야 할 것이라고 한다면, 여러분 이것이야말로 공산주의, 가능한 공산주의가 아니고 무엇일 수 있는가."
평 가	- 모든 협동조합들을 전국적인 연합체에 의해 계획경제로 일보 전진하는 것이 가능한 공산주의

1872년	
저 서	-「공산당 선언」 독일어판 서문, 「토지의 국유화」
인용문	- "토지는 전 국민만이 소유할 수 있다는 결정을 미래는 내릴 것이다. 어소시에이션을 형성한 농업노동자들의 손에 토지를 양도한다는 것은 생산자 안의 다만 한 계급에게만 사회 전체를 양도한다는 것일 뿐이다. 토지의 국유화는 노동과 자본 사이의 관계에 완전한 변화를 일으키는 것이고 결국 공업이든 농업이든 자본주의적인 생산을 완전히 폐지할 것이다. 그렇게 될 때 비로소 계급차별과 특권은 그것을 낳은 경제적인 토대와 함께 소멸하고 사회는 자유로운 생산자들의 하나의 어소시에이션으로 변할 것이다. .....생산수단의 국민적 집중은 합리적인 공동계획에 따라 의식적으로 행동하는 자유롭고 평등한 생산자들의 어소시에이션으로 구성되는 하나의 사회의 자연적인 기초가 될 것이다." - "최근의 25년 간에 정세가 지독하게 변했지만 이 『공산당 선언』 속에 서술되어 있는 일반적 제원칙은 대체로 오늘날에도 완전히 정당하다. 각각의 점에서는 여기저기 수정되지 않으면 안된다.

	이 원칙들의 실제 적용은 『공산당 선언』 자신이 언명하듯이 어디에서도 또한 늘 역사상 당면하는 사정에 의할 것이다. 그러므로 제 2 장 끝에 제안되어 있는 혁명적 방책에는 전연 특별한 무게를 두지 않는다. 이 부분은 오늘날 쓴다면 많은 점에서 틀린 것이 될 것이다" - "노동자계급은 적진의 국가기구를 그대로 장악해서는 자신자신의 목적을 위해 행사할 수 없다"
평 가	- 어소시에이션의 구체적 내용 드러남 - 복수의 생산협동조합으로서의 어소시에이션이 토지와 생산수단의 국유화를 매개로 하여 국민적인 교모에서의 어소시에이션으로 조직화되어가는 골격 드러남 - 1875 『고타강령 비판』: 복수의 어소시에이션으로 구성되는 하나의 어소시에이션 = 협동조합적genossenschaftlich생산수단의 공유Gemeingut에 토대를 둔 사회, "노동자들이 협동조합적 생산의 조건들을 사회적인 규모로 먼저 자국에 국민적인 규모로 만들어낸다는 것은 그들이 현재의 생산수단의 변혁을 목표로 하여 움직인다는 것이며 국가보조를 받아 협동조합Kooperativegesellschaft을 설립한다는 것은 어떠한 공통점도 없다!", - "자본주의 사회와 공산주의사회 사이에는 전자로부터 후자로의 혁명적 전화 시기가 있다. 이 시기에 조응하여 또한 정치상의 과도기가 있다. 이 시기의 국가는 프롤레타리아트의 혁명적인 독재 외에 어떤 것도 있을 수 없다." 바쿠닌 「반마르크스」(1872)

1876년	
저 서	- 『자본론』 보급용 다이제스트 판인 요한 모스트의 『자본과 노동』 개정 제 2판
인용문	- "토지와 노동 그 자체에 의해 생산된 생산수단들을 공동으로 점유하는, 자유로운 노동자들의 협동eine Vereinigung이 성립한다........독자는 이제까지 발췌에 의해 전해져 오던 마르크스의

	논술에서 가르침을 받아 자본주의적인 생산양식은 무엇보다도 하나의 과도기적인 형태에 지나지 않는다는 것, 그것은 그 자신의 생리적인 기구에 의해 더 높은 생산양식으로 협동조합적genossenschaflich 생산양식으로 즉 사회주의에 다다르지 않는다는 것은 아니라는 것을 이미 인식할 것이다."
평 가	- 자유로운 노동자들의 어소시에이션=협동조합적 생산양식=사회주의, 모스트가 gesellschaftlich이란 단어를 마르크스 자신이 genossenschaftlich(협동조합적)으로 바꿈 - 독일어genossenschaftlich=불어 어소시에이션을 형성한associiert = 오웬파 영어cooperative

1880년	
저 서	- 〈프랑스 사회주의 노동자당 강령〉
인용문	- 노동자에 의한 국유공장의 경영

3

어소시에이션 이론의 갈래들

마르크스는 당대의 어소시에이션 이론들과의 논쟁 속에서 자신의 어소시에이션 이론을 발전시켜 나갔다. 앞에서 본 것처럼 마르크스는 푸리에, 오웬, 생시몽, 프루동, 뷔셰, 카베, 슐츠, 모제스 헤스 등의 이론으로부터 영감과 시사를 받았다. 마르크스는 당대에 제기된 사상들과의 상호 영향 속에서 공산주의와 사회주의를 종합함과 동시에 뛰어넘고자 했다. 뷔셰의 노동자생산협동조합, 오웬 파의 협동조합공장이 중시하는 노동자의 자발성과 자주관리와, 헤스 = 엥겔스적인 재산공동체론이 구상하는, 국가가 스스로 총체적 소유자가 되고 관리당국이 사회생활 전체를 그 모든 면에 걸쳐 관리하는 중앙집권적인 시스템의 구상 사이에서 자신의 어소시에이션 이론을 구축하려던 마르크스는 그 안에서 동요하고 있었고 그 동요로부터 어소시에이션 개념의 애매성이 노출되고 있었다. 어소시에이션이 사회 변혁의 논리인가 아니면 사회 조직의 원리인가 하는 것이 그 애매성을 둘러싼 논점이었다.

이러한 어소시에이션 개념의 애매성과 더불어 마르크스의 어소시에이션 이론에서 또 다시 등장하는 애매성은 마르크스가 1국 1 공장 체제론자였는가 아닌가 하는 점으로 나타난다. 1872년 바쿠닌은 「반反 마르크스」라는 글에서 마르크스의 입장이 국유 국영에 기반을 둔 일원적이고 집권적인 계획 경제를 구상하는 것이라고 비판한다. 분코우國分 幸는 마르크스가 국영에 대해 이야기 하지만 국영론자는 아니라고 잘라 말한다. 하지만 다른 한 편에서 마르크스의 이론이 레닌에 이르러 국권주의적인 해석을 초래할 중대한 미끼가 없었다고는 잘라 말할 수 없다고 말한다.[29] 엥겔스는 『공산당 선언』을 마르크스와 함께 쓰기 전에 국영이라는 발상을 하고 있었다. 마르크스는 『프랑스 내전』에서 협동조합의 총 연합에 의한 계획 경제 구상을 하고 있었다. 그러나 마르크스가 어소시에이션을 생산양식의 이행 전략으로 내세울 때, 복수의 어소시에이션으로 이루어지는 하나의 어소시에이션에서 어소시에이션이 국민적인 규모로 형성되는 점에만 초점을 맞춘 것이 아닐까. 국민적 규모로 이루어지는 하나의 어소시에이션만을 상정하게 되면 마르크스를 국영론자, 계획 경제론자로 몰아갈 수 있겠지만 마르크스는 국유 국영이 사회주의의 기초라고 말한 적이 없었고 다만 국유가 혁명에 의한 사유의 폐지에서 나타나는 일시적이고 과도적인 형태라고만 말하였던 것이다.

이러한 마르크스의 동요를 염두에 두되, 마르크스를 둘러싸고 있던 당대의 다양한 사상가들이 시장, 경쟁, 협동조합, 국유, 어소시에이션

---

29 코분 코우國分 幸, デスポティズムとアソシアシオン構想, 世界書院, 1998, 273 쪽.

등에 대해 어떤 생각들을 하고 있었는지 살펴 보자. 최근 국내에서는 코뮌주의에 대한 관심이 생겨나면서 19세기 사회주의 혹은 소위 말하는 공상적 사회주의에 대한 새로운 해석이 제시되고 있다. 예컨대 박 주원은 오웬과 푸리에를 다루면서 이렇게 말한다.

> 나아가 국가권력의 단순한 획득이나 개선을 통해서가 아니라 독자적인 코뮌을 통해 새로운 정치를 구성하고자 했던 이들의 사상은 정치나 국가를 하나의 인위적인 권력의 실체이자 도구로 파악하는 근대적 권력정치politics를 넘어서 새로운 권력의 개념과 연대적 정치의 상Commune, Gemeinwesen, Association에 대해 보다 폭넓고 다양한 논쟁을 불러일으킬 수 있다는 점에서 새롭게 조명되어야 한다.[30]

이러한 맥락에서 박 주원은 오웬의 협동촌인 '뉴 하모니'와 푸리에의 '팔랑쥬'를 코뮌의 형태로 보고 탐구한다. 그리고 오웬의 협동노동이 마이클 앨버츠의 파레콘으로 푸리에의 즐거운 노동이 고르나 벡 등으로 이어지면서 19세기 사회주의자들의 꿈이 현대에도 지속되고 있다고 말한다.

여기서도 몇 가지 문제는 존재한다. 박 주원은 생시몽 파가 국가나 정부의 권력에 호소하였다는 점에서 자신의 코뮌 논의에서 배제시켰다고 말하는데, 그렇다면 그것은 코뮌을 국가 및 자본과 무관한 순수한

---

30 제 2회 맑스 코뮤날레 맑스 코뮤날레 조직위원회 엮음, 『맑스, 왜 희망인가?』, 메이데이, 2005, 173 쪽.

공동체로 상정하고 논의하는 것 아닌가 하는 생각이 든다. 생시몽 파의 국유 · 국영 사상을 비판하는 것이라면 별도의 논의가 필요하지만 코뮌을 상정한다면 논의를 달리 해야 할 것으로 보인다. 과연 코뮌은 국가와 무관한 것인가. 우에무라 쿠니히코植村邦彦는 마르크스가 생시몽 파의 일원이었다고 하면서 마르크스가 비판한 것은 생시몽 파가 아니라 비쉐의 현재 존재하는 생산협동조합을 사회의 전면적 개혁에 연결되지 않는 고립적인 시도로 비판했다고 말한다.[31] 코뮌은 국가 및 자본과 무관한 고립적인 공동체가 아니다. 뒤에서 나오게 될 뤽상부르 파[32]이자 프루동과 논쟁을 벌인 루이 블랑Louis Blanc은 1866년 코뮌이라는 말의 근원에 있는 것은 결사association라고 하면서 다음과 같이 말한 바 있다.

> 코뮌은 국가와 마찬가지로 통일의 사상 전체를 표현한다. 코뮌, 그것은 결사의 원칙principe d'association이다. 국가, 그것은 국민성의 원칙principe d'nationalite이다. 국가, 그것은 건물ediface의 전체이다. 그러나 코뮌, 그것은 그 건물의 토대base다.[33]

루이 블랑의 표현대로 코뮌과 국가는 밀접한 관계를 갖고 있다. 만일 코뮌이 국가와 다른 것이라고 한다면 그것은 블랑의 표현대로 원칙의

---

31 우에무라 쿠니히코, マルクスを讀む, 青土社, 2001, 122 쪽.

32 1848년 2월 혁명 이후 설립된 뤽상부르Luxembourg 위원회 소속 이론가들. 서기 국장은 『노동에 의해 살자』를 쓴 프랑수아 비달이었다. 비달은 뤽상부르 위원회가 구상한 국립작업장이 빈민부조 역할로 끝난 것을 비판한 바 있다.

33 현 재열, 빠리 꼬뮈나르의 정체성과 이데올로기, 부산대학교 박사논문, 2000, 167 쪽. 본문에는 '꼬뮌'으로 되어 있으나 편의상 '코뮌'으로 통일한다.

차이이고 코뮌은 국가로 다 환원되지 않는 것 뿐이지 국가 공동체와 별도로 존재하는 섬은 아니다. 여기에서도 코뮌과 국가, 국가와 어소시에이션의 관계만이 아니라 코뮌, 평의회, 소비에트, 어소시에이션의 상호관계를 다루는 문제가 남았는데 이 점은 레닌을 다루는 절에서 언급하기로 하고 마르크스 당대의 사상가들의 다양한 의견들을 검토하기로 한다.

분코우國分 幸는 마르크스 당대의 사상들을 중앙집권적인 계획 경제와 다원적인 체제로 나누고 전자를 다시 국유 · 국영, 공유 · 실질적 국영, 사유 · 실질적 국영으로 나누며 후자를 공유 · 자주관리를 원칙으로 하되 분권주의적인 계획경제인가 경쟁에 바탕을 둔 시장경제인가에 따라 두 가지로 나눈다.[34]

분코우가 이렇게 당대의 사상들을 나누는 데에는 레닌이 국유와 공유를 동일시하고 마르크스와 엥겔스의 주장을 견강부회하고 있다는 비판이 깔려 있다. 廣西元信의 주장에 따르면 마르크스는 제 1 인터내셔널 이후 국유화 노선을 폐기했기 때문이다.[35] 레닌은 프롤레타리아 국가의 정치체제를 민주적인 중앙집권주의라고 부르고 그것의 구체적인 모습을 '1 사무소 · 1 공장', 즉 1 국 · 1 공장의 체제에서 찾는다. 국가에 의해 노동자로 고용된 시민은 1 사무소 · 1 공장 체제 안에서 평등하게 일하고 평등하게 임금을 받는다는 것이다. 그러나 레닌은 『국가와 혁명』에서 "제정에 정반대되는 것이 코뮌"이라는 마르크스의

34 國分 幸, 227-300 쪽.
35 앞의 책, 211 쪽.

말을 인용하면서도,[36] 그것을 군주제에서 공화제로의 이행으로만 보았을 뿐, 중앙집권적인 국가권력과 반대되는 것이 코뮌이라는 마르크스의 주장을 제대로 받아들이지 못한 것으로 보인다.

어쨌든 최근 세계 정세는 고삐 풀린 금융자본주의 탓에 은행 국유화 주장이 나오고 있는 신자유주의 시대다. 국가독점적인 국유 · 국영체제가 폐지되는 것이 문제인가, 공기업이 민영화되는 것이 문제인가 하는 것들이 쟁점으로 성립될 수 있고 국유 · 공유 · 사유 사이에 3 항의 관계가 성립할 수 있다는 점을 염두에 두면서 마르크스 당대의 다양한 사상의 흐름들을 살펴보기로 하자.[37] 먼저 논의의 흐름을 알기 쉽게 다음 도표로 정리해 둔다.

<table>
<tr><td rowspan="3">중앙집권적</td><td>국유 국영</td><td>생시몽 파 카베 바이틀링</td></tr>
<tr><td>공유 실질적 국영</td><td>블랑 블랑키 브레이</td></tr>
<tr><td>사유 실질적 국영</td><td>푸리에</td></tr>
<tr><td rowspan="2">다원적 · 자주관리</td><td>분권적 계획경제</td><td>오웬</td></tr>
<tr><td>시장 경제</td><td>프루동</td></tr>
</table>

36 V. I. 레닌/김 영철 옮김, 『국가와 혁명』, 논장, 1988, 176 쪽.
37 이하 내용은 코분 코우國分 幸의 책 제 9 장 부분번역에 기초해 재구성한 것임을 밝혀 둔다.

3.1 1국 · 1공장체제 = 집권적 계획경제의 구상

3.1.1 국유 · 국영 방식

: **생시몽**1760~1825 **파, 카베**Etienne Cabet, **바이틀링**Wilhelm Weitling

직접적이고 조야한 형태의 인간 착취인 노예제는 소유자와 노동자, 주인과 임노동자의 관계에서 매우 높은 정도로 계속되고 있다. 종래의 혁명은 인간에 의한 인간의 착취를 점차 약해지게 한 과정이지만 오늘날 존재할 수 있는 혁명은 단지 하나, 즉 토대 그 자체가 부도덕하게 된 이 착취를 완전히 그리고 여러 형태에서 근절시키는 혁명이다. 그들은 이 혁명을 위해 생산의 근본을 국가에 의해 상속하고 오늘날 하나의 가족 안에 갇혀 있는 상속권을 노동자의 어소시에이션이 된 국가로 이전하자고 말한다. 그렇게 되면 사적 소유는 폐지되고 그 대신에 보관자가 등장하며 국가가 소유자로서 등장하게 된다.

생시몽 파는 자유경쟁에 동반되는 생산의 무정부상태를 극복하는 것을 목표로 한다. 그들은 소비수요와 생산자원에 대한 전반적인 전망이 결여되어 있는 것이야말로 이러한 생산의 위기의 원인으로 지적한다. 따라서 그 위기를 극복하려면 산업작업장의 모든 부분을 동시에 멀리 넓게 바라보는 것을 가능하게 만드는 총체적인 관점을 갖추고 전반적으로 앞서서 보는 것에 따라 조직하고 지도하는 것이 요구된다. 이 요구를 충족시키는 것은 '전반적인 은행제도'라고 불리는 회사제도이고 그것은 생산을 지도하고 생산과 소비를 조화시키며 노동도구를 더 걸맞은 생산자에게 맡기는 것이다. 이렇게 생시몽 파는 국영의 사상을 드러내고 있다.

그들이 말하는 장래의 사회제도인 전반적인 은행제도란 회사 전체의 이익을 위해 특히 평화적이고 산업적인 노동자의 이익을 위해 산업 전체를 관리하는 단일하고 지도적인 은행 즉 정부에 상당하는 중앙은행으로 집권화된, 위계제도적인 조직을 뜻한다. 그것은 평화적 노동자의 군대조직의 장래 제도라는 표현에서 알 수 있듯이 단순히 좁은 의미에서의 은행제도에 한정된 것이 아니라 오히려 산업조직 전체를 의미하는 것이다.

전반적인 은행제도의 위계적인 성격은 협의의 은행제도에만 한정되지 않는다. 왜냐하면 이 제도에서는 분업을 위해 각 사람은 자기 능력에 따라 계급 구분되고 여러 가지 직무, 직업은 능력에 따라 할당되기 때문이다. 이렇게 미래사회에서는 '그 재능에 따라 위계적으로 조직된 산업의 백작들과 남작들'이 존재하게 되고 그들은 거대한 사회체의 일부인 각 산업체의 장長으로서 각 사람들은 시비가 있을지라도 차지해야 할 지위를 지시하게 된다.

생시몽 파가 말하는 어소시에이션이란 중앙집권적이고 위계제적인 국유 · 국영의 계획경제 체제이다. 이것은 레닌이 말하는 1 사무소 1 공장 체제와 본질적으로 동일한 것이다. 보편적인 연합사회, 지구상에 나누어져 있는 여러 국민이 공통의 법 아래에서 동일한 운명을 성취하려고 애쓰고 하나의 거대한 작업장의 회원으로서만 나타나야 할 상태',

'이 원리(보편적 연합association)만이 세계와 인류를 막연하게 혼동시키는 것이 아니라 하나의 계획, 조화로운 것으로서 표현된 하나의 의지 - 이 의지가 인간에게 의무를, 그것을 달성하는 것이 인간의 행복이라는 의무를 부과하는 - 의 수행으로서 우리에게 나타난다고 그들은 주장한다. 이것은 '인간의 궁극적인 목적'이어야 할 보편적인 연합사회에 관해 말한 것으로서 노동자의 연합사회 이어야 할 각 나라에도 타당한 것이다.

카베1788-1856는 공동사회communal society를 구상한 인물로 1840년에 허구적인 나라 이카리아Icaria를 상상하고 『이카리아에서 윌리엄 카리스달 경의 여행과 모험』을 썼고 마르크스에게도 일정 정도 영향을 주었다. 그는 불평등이야말로 개개인과 모든 국민을 괴롭게 만드는 모든 악의 원인이므로 그것을 근절시키려면 사회를 민주주의에 따라 즉 평등과 우애에 바탕을 두고 조직해야 하고 재산의 공동이 필요하다고 말한다. 이러한 공동으로 전환하는 것은 강제와 폭력이 아니라 설득과 확신에 의해 계속적이고 점진적으로 일어날 수 있고 이렇게 할 수 있는 공화국은 오로지 공공의 이익에 바탕을 두고 통치되는 국가를 뜻하며 정부의 형태로서는 입헌군주제도 있을 수 있다. 이 공화국은 재산과 화폐를 갖지 않는다. 따라서 상품교환도 하지 않고 문자 그대로 국유 · 국영의 국가계획경제 사회다. 민중의 식량, 의료, 거주, 가구를 구비하고자 생산 혹은 제조할 필요가 있는 여러 물품이 매년 공화국 혹은 공동체에 의해 확보된다. 그리고 공화국이, 공화국만이 이 물품들을 스스로의 노동자에게 스스로의 시설에서 제조하게 만든다. 왜냐하면 산업과 공장은 국유이고 모든 노동자가 국가에 귀속하기 때문이다.

바이틀링1808-1871은 마르크스가 존경했던 독일의 아나키스트이다. 공산주의의 기원을 초기 기독교에서 찾았다. 그가 쓴 『조화와 자유의 보증』은 포이에르바흐 등의 찬사를 받았고 1846년 마르크스와 결별했다. 1830년대 후반부터 파리, 스위스, 런던 등에서 비밀 직인결사, 의인동맹을 조직하여 혁명운동을 전개했다. 1848년 혁명 이후 미국으로 영구 이주했다. 미국의 뉴욕을 근거로 〈〈노동자공화국〉〉을 발행하고 북부자본가의 경제력에 대항하여 노동자의 산업교환은행 설립을 계획했다. 그는 초기에 비밀결사와 노동자봉기에 의한 무력혁명을 꿈꾸었으나 후기에 노동자협동기업(대륙횡단철도)과 교환은행(이자 없는 노동자은행)에 의한 경제 혁명을 꿈꿨다. 장래 사회에 대해 그는 재산공동체 Guetereigentum가 협동사회Assoziation로 변할 것으로 보았다. 1848년 이후 프랑스에서는 어소시에이션에 관한 프루동의 논의가 주목을 끌고 있었는데 바이틀링은 독일인이 많은 시카고 등지에서 새로운 사회를 조직하려는 노력을 했다. 19세기 초 푸리에나 프루동 등 프랑스 사회주의로부터 영향을 받은 미국은 바이틀링이 보기에 어소시에이션이 가능한 나라로 여겨졌다. 그는 인류 구제의 수단으로서 '화폐제도 없는 재산공동체'를 수립하고 그것을 인류 전체의 하나의 보편적인 가족동맹으로 만들자고 말한다. 공동체가 소유의 주체이므로 이 공동체에서는 대의원 안에서 선출된 대가족동맹의 최고의 입법부인 원로원과 각 산업부문에서 선출된 최고의 행정부인 내각이 있다. 원로원은 100만 명마다 1인의 감사를 두고 구성원 전체의 필수품의 양과 질을 정확하게 알고 거기에 바탕을 두고 구성원 전체에게 주어야 할 일Arbeit의 명세표를 작성하며 이것을 내각에 양도한다. 내각은 일을 더 세분하고 각 부문의 의장이 그 부문의 일을 떠맡는다. 원로원은 각 직업부문으로부터 선출된 자를 통하여 모든 일을 관리한다. 바이틀링의 경우에는 한 공동체가 산업 전체를 소유하고 그것을 공동체의 관리중추가 생산계획에 바탕을 두고 경영하기 때문에 이 경제체제는 국유 국영계획 경제의 1국 1공장 체제와 형식적으로는 유사하다. 그러나 그가 공동체의 통치형태를 '지의 통치'라고 부를 때 그 유사성은 형식적으로만이 아니라 실질적으로까지 이루어져야 한다. 바이틀링이 말하듯이 재능 있는 자와 천재를 관리기관의 지도자로 해야 한다면 현재의 선거제도는 맞지 않고 지능과 재능에 따라 선거할 필요가 있게 된다.

3.1.2 공유 · 실질적 국영 방식

: 루이 블랑Louis Blanc, 블랑키Louis Auguste Blanqui, 브레이J. F. Bray

루이 블랑1811-1882은 프랑스의 정치가이자 역사가이다. 『노동의 조직』, 『프랑스사』등의 저작이 있고 각자 자기의 능력에 따라 에서부터 각자 자기의 요구에 따르는' 공통재에 대한 관심이 많았다. 그는 파리 코뮌에 공감하지 않았고 1871년 2월에 의원으로 선출된다. 그는 사회에 피해를 입히는 모든 악이 경쟁의 압력에 있다고 본다. 그의 사고의 핵심은 '경쟁'이다. 자유경쟁에 동반되는 노동자 상호간, 그리고 자본가 상호간 그리고 노자간의 제 문제를 해결하고자 이윤 배분제에 바탕을 둔 자주관리적인 사회 작업장을 정부 출자로 설립하자고 제안한다. 이 출자는 대부로 여겨지고 자본가에 의한 출자도 인정되므로 이 작업장은 국유라고 할 수 없다. 정부는 생산에 관한 최고의 조정자로 간주되고 그 임무를 수행하기 위해 큰 힘을 투여한다. 이 임무는 경쟁을 근절시키기 위해 경쟁 그 자체를 무기로 사용한다. 정부는 공채를 만들고 그 매상만 국민 산업의 더 중요한 부문에서 사회 작업장을 만드는데 충당된다. 그리하여 정부가 개인에 대해 선전포고하는 산업경쟁이 개시되는데, 이 전쟁은 사회 작업장이 개인 작업장을 계속적이고 평화적으로 흡수하는 형태로 수행되는, 말하자면 평화혁명이다. 그 결과 사회 작업장이 설립된 모든 산업 분야에서 그것이 조합원에게 가져다주는 편익 덕분에 노동자와 자본가가 이 작업장에 마구 참여하는 모습을 볼 수 있고 이 시스템 안에서 국가는 서서히 산업의 주인이 되고 독점 대신에 우리는 성공의 결과인 경쟁의 패배, 즉 연합(조합)association을 획득하게 된다. 사회 작업장의 경영 형태는 정부가 직계제를 결정한 창설초의 연도는 그대로 넘어 가지만 다음해 이후에는 직계제는 선거로 형성되므로 노동자에 의한 경영, 자주관리가 보증된다고 말할 수 있다. 국가가 산업의 주인이 된다고 해도 제 5 판 이후에는 국유 국영이 아니라는 것이 명확해지기 때문에 정부의 역할은 동일 분야에서의 모든 중추간 관계의 유지를 감독하기도 하고 공통정관의 원칙에 대한 위반을 방지하는 것에 한정된다. 루이 블랑의 생각은, 국가가 결연하게 산업의 선두에 설 것을 요구하는 것이고 그를 위해 지배자로서의 국가를 종복으로서의 국가로 변혁시킬 필요가 있으며 이 변혁은 보통 선거에 바탕을 둔 공화제국가의 수립에 의해 실현된다. 그런데 연합조합 시스템은 동업단체 사이에도 형성되기 때문에 경쟁이 소멸한 단계에서의 산업의 조직 구조는 각각의 산업 분야마다 동일한 분야에 속하는 모든 작업장이 결집한 몇 가지 생산중추로 이루어지는 본사 지사 체제를 갖게 되고 계획적인 생산도 가능하게 된다. 그러나 이 체제는 논리적으로 1국 1 공장과 동일한 체제로서 각 분야의 본사를 지사로 하는, 말하자면 총 본사 체제로 가게 된다. 루이 블랑은 생시몽 파의 국유 · 국영을 비난하는데, 루이 블랑이 생각하는 시스템도 중앙집권적인 국영과 거의 구별되지 않고 그의 논리에서는 자주관리나 비국유도 유명무실해진다.

블랑키1805-1881는 비타협적 공산주의를 뜻하는 블랑키주의로 유명한 프랑스 정치 활동가다. 그는 도래할 공산주의적 공동체를 문명의 필연적인 완성으로 본다. 그에 따르면 인류는 고립, 절대적 개인주의에서 출발하여 일련의 긴 성장기간을 거쳐 최후에는 공동체에 다다를 수밖에 없고 모든 진보는 공동체를 목표로 하는 길 위에서의 일보전진이라는 것이다. 공동소유에 바탕을 둔 어소시이에이션 = 노동자의 생산연합조합은 공산주의의 미래의 어머니이고 공산주의의 대도이다. 따라서 공산주의적인 공동체는 부분적 어소시에이션이 점차 연합에 의해 커져 가고 서서히 형성되는 나라 전체의 총합적 어소시에이션으로 구상되는 것이다. 이러한 구상에서는 계몽주의와 생시몽주의의 영향이 느껴진다.

그는 인민은 큰 결사, 즉 국가의 추진력에 의해서만 노예로부터 도피할 수 있다는 입장을 취하는데 그의 주장의 특징은 공산주의사회를 실현하기 위한 수단으로서 인민의 계몽과 공교육을 철저하리만치 중시하는 것이고 더 나아가 이것을 독재와 결합하는 점에 있다. 그의 이름과 불가분의 관계를 가진 독재 즉 무장한 노동자에 의한 혁명적 권력도 단순히 혁명을 방위하기 위한 것만이 아니라 인민을 계몽하기 위해 요청되는 것이다. 그가 말하는 독재란 국민에 의한 국민의 정부이고 유일하게 정당한 정부인 파리정부에 의한 것이고 파리독재로 불려진다. 그는 1848년 성급하게 보통선거를 요구한 것은 사실 노숙한 배반이었다고 말한다. 브뤼메르 18일 이후 신문에 함구령이 나오고 지방은 성직자, 관료주의, 귀족계급의 좋은 먹이가 되었다. 이렇게 노예화한 민중에 대해 투표를 요구하는 것은 그들의 주인에게 그것을 요구하는 것과 같다. 확고한 신념을 가진 공화주의자는 구속 없는 논쟁에 의해 의식을 완전하게 해방시킬 때까지 선거를 연기하자고 주장했다는 것이다. 블랑키의 독재는 노예화한 인민의 의식을 해방시키기 위한 것이고 인민이 자립하여 스스로의 주인이 되는데 불가피한 조치이다. 그는 공교육제도에 결사의 자유와 출판의 자유를 결합시키게 되면 10년 후 착취는 없어지고 인민은 스스로의 주인이 될 것이고 그 때 비로소 사람들은 자치에 관해 말할 수 있게 될 것이라고 말한다. 이렇게 독재는 자유를 위한 독재라는 역설적인 성격을 갖게 되는데 인민이 스스로의 주인이 됨으로써 실현된 것을 블랑키는 공화제라고 부른다. 바뵈프1760~1797주의의 경우 독재가 봉기와 헌법에 바탕을 두고 새로운 권력을 설치하는 사이에 과도적으로 존재하는 혁명이듯이 블랑키의 경우에도 독재는 공화제로 이행하기 위한 과도기이다. 또한 블랑키가 말하는 공화제는 노동자의 해방이고 착취의 종언이며 자본의 폭압으로부터 노동자를 해방시키는 새로운 질서의 출현을 의미한다. 이 단계에서는 물론 보통선거가 실시된다. 그러나 여기에는 노동자의 해방이라는 말에서 알 수 있듯이 노동자의 생산연합조합이 이미 상당하게 보급되어 있다는 것이 전제되어 있다. 공화제가 해방의 성격을 띠기 때문에 독재의 임무는 그저 인민을 계몽시키는데 머무르는 것이 아니다. 블랑키는 바로 단행해야 할 조치를 드는데 그 중에는 노동자의 어소시에이션의 기반을 설정하는 임무를 질 의회 개최가 들어 있다. 즉 독재는 생산연합조합의 육성을 그 임무로 한다는 것이다. 이 때 육성은 계몽과 불가분의 관계를 갖는다. 즉 생산연합조합이라는 구도는 자유와 계몽의 빛이 있어 최초로 성공할 수 있는 것이기 때문이고 무지야말로 어소시에이션의 발전에 있어서 주요하고 유일한 장애이기 때문이다.

블랑키는 어소시에이션의 소유 형태에 대해 이렇게 말한다. 국가 예산을 노동자의 어소시에이션에 출자하지 않는 것에 블랑키는 찬성한다. 즉 블랑키는 정부가 노동자 단체에게 전대前貸(상품이 판매되기 이전, 생산이 개시되기 이전에 자금이나 생산수단을 빌려주는 것)해주는 것을 염두에 두고 있고, 전대를 인정하지만 소유형태는 국유일 수 없는 시스템을 생각하는 것이다. 경영형태는 당연히 자치가 관철된다. 독재가 공화제로 이행하는 초기 단계에서는 어소시에이션의 보급이 눈에 뜨이지만 사적 소유가 훨씬 더 많이 존재한다. 블랑키는 소유의 원칙에 공격을 가하는 것은 무익하고 위험하다고 생각한다. 공산주의를 정부령으로 강제하는 것은 있을 수 없고 공산주의는 국민의 자유로운 결의에 의해 달성되어야 하는데 이 결의는 계몽의 빛의 전반적인 보급에서만 나올 수 있다는 것이다. 이 단계에서는 나라 전체의 총합적 어소시에이션이어야 할 공산주의적 공동체는 아직 실현되지 않는다. 여기서 총합적 어소시에이션은 부분적인 각각의 생산연합조합의 총합인 한에서 경제적 어소시에이션인데, 이것과 정치적 어소시에이션이어야 할 공화제와의 관계는 무엇인가. 블랑키는 이렇게 말한다. 국민적인 대大 어소시에이션, 즉 국가는 언제나 빈자에 대한 부자의 헌병으로 머무르지 않을 것이다. 우리는 장래에 여러 부문의 노동이 참가하는 하나의 거대한 자유 작업장, 총합적 사회를 보게 될 것이다. 블랑키는 총합적 어소시에이션 전체의 관리운영에 국가의 역할이 있다고 보는데 이것은 국민공동체를 국가의 최고관리 하에 두고 국가는 중앙집권적인 관리기구를 통해 노동의 편성이나 생산물의 분배의 조정을 행한다고 보는 바뵈프주의와 유사한 생각이다. 이러한 면에서 블랑키는 바뵈프주의를 답습하고 있는 것이다. 경쟁을 부정한 1국 1 공장 체제, 비국유 자주관리에서 출발하는 블랑키의 어소시에이션론은 루이 블랑을 비판했던 내용이 그대로 적용될 수 있다. 즉 국가의 점유권에 의해 자주관리나 비국유는 유명무실해지고 총합적 어소시에이션의 경영 실태는 실질적으로는 중앙집권적인 경영이 될 것이라는 비판이 그것이다.

마르크스가 『철학의 빈곤』에서 인용하는 브레이는 현재 존재하는 소유제도에서 출발하여 우리의 부정과 빈곤을 일거에 영원히 종식시키려면 사회의 현재의 제도를 전체적으로 전도시켜야 한다고 말한다. 그에 따르면 악정은 원인이 아니라 결과이며 재산의 불평등의 소산이므로 단순한 정치개혁은 무의미하고 사회개혁이 중요하다는 것이다. 브레이의 구상은 생산력인 실제 자본이 전체로서의 사회에 의해 소유되고 제어되는 주식회사, 즉 사회를 모든 사람이 노동하고 생산하며 훨씬 더 완전한 평등의 조건에서 서로 교환하는 무수한 회사들로 이루어지는 거대한 하나의 주식회사one great stock-joint company이다. 사회를 이렇게 주식회사로 변혁시키려는 구상에는 1국 1 공장 사상이 들어 있다. 그런데 문제는 생산계급이 실제자본의 소유를 어떻게 실현할 수 있는가 하는 점이다. 브레이는 결합한 생산자와 자본가 사이에 매매계약을 맺어 고정자본을 양도하고 생산계급은 이 고정자본을 노동 그 자체가 오로지 생산할 수 있는 것을 미래의 어느 시점에서 지불한다는 노동증서를 가지고 구입한다고 말한다. 물론 그도 이러한 매매계약이 원활하게 이루어질 것이라고 생각하지 않지만 개개인의 특권이 정치체의 복지와 충돌할 경우 그들의 동의 없이 그 재산을 수용하는 사회의 공통의 관행에 호소해야 한다고 본다. 이것은 물론 생산계급에 의한 정권 장악에 의해 비로소 가능해지는 것이다. 그는 각 직업 부문에서 온 파견 위원으로 이루어지는 임시정부를 상정한다. 하나의 거대한 주식회사의 경영관리

방식은 무엇인가. 그는 경쟁이 존재하지 않고 회사의 성원은 동일시수로 일하고 일률적인 임금을 받으며 그들의 업무는 생산과 분배의 총체를 조정하고 훨씬 더 유능하고 실무적인 사람들로 이루어지는 중앙 및 지방 관청에 의해 처리 받으며 이러한 면에서 브레이도 중앙집권적인 경영관리방식을 주장하는 셈이다. 요약하면 브레이는 전체로서의 사회에 의한 소유 = 공유에 바탕을 둔 하나의 거대한 주식회사이고 집권적인 계획경제를 구상한다.

3.1.3 사유 · 실질적 국영 방식 : 푸리에1772-1837 파

푸리에는 1808년에 『四運動의 理論』이라는 저작에서 농업 어소시에이션 구상을 밝히고 그것을 여러 가지 정치 문제 해결의 실마리로 생각했다. 1822년에는 『가정과 농업의 어소시에이션 개론』을 써서 그것을 더 상세하게 발전시켰다. 마르크스의 어소시에이션 이론 구상에 영향을 끼친 독일의 슐츠는 푸리에의 이 책을 읽고 농업생산 협동조합을 구상하였다. 1830년대에 생시몽과 경합 관계에 있던 인물이자 이미 당대에 오늘날 논의되고 있는 기본소득론의 선구자로 평가받기도 하며 절도권竊盜權을 기본권에 포함시킨 사상사로서 생시몽과 달리 경제학자로 인정받기도 한다. J. S. 밀은 자신의 『경제학원리』에서 푸리에의 주장을 세 가지로 요약한다. 1. 생산물로부터 얻은 수익의 분배원리를 노동 자본 재능에서 찾는다. 2. 사회적 최저보장이라는 사상 3. 노동은 언제나 재미없는 것만이 아니라 매력적인 것으로 될 수 있다는 것.

푸리에가 팔랑쥬에서 실험한 즐거운 노동, 정념거래소bourse는 이러한 근본적인 사고에서 나온 것이다. 푸리에는 노동권의 제창자로 평가받는다. 푸리에는 노동권을 기아의 위험으로부터 도망 나오기 위한 비상수단으로 본 안톤 멩거Anton Menger(1841-1906)와 달리 인간 존엄의 상태를 지키는 것으로 보았고 자유권이나 평등권이라는 공허한 권리가 아니라 실질적인 권리를 주장했다. 그가 말하는 실질적인 권리란 수렵, 채집, 방목, 어로 외에 '필요한 외적인 절도', '내적인 연맹', '개인과 집단의 안일'이라는 권리를 말한다. 이 7가지 권리가 모두 인정되어야 자유와 비례적 최저보장이 가능해진다고 보았다. 절도권이란 갖지 못한 자에게 남겨진 최후의 수단을 노동권과는 다르게 표현한 것이고 최저보장소득은 그 절도권이 행사되지 못하게 하는 조건이다. 푸리에는 1822년에 『가정과 농업의 어소시에이션 개론』, 『산업의 신세계』를 썼고 생산력이 증대되는 조화로운 세계를 꿈꾸고 풍요의 경제학을 주장했다.

꽁시데랑Victor Considerant(1808-1893)은 국정참가를 목표로 했던 푸리에 파 일원이고 공화국의 대의원이었으며 푸리에가 죽은 후 푸리에 파의 지도자가 되었다. 그는 『소유권과 노동권의 이론』에서 노동권의 승인이 사유재산제 하에서 대중의 빈곤을 해결할 수 있는 불가결한 수단이라고 말한다. 그러나 그는 원칙으로도 권리 면에서도 민주적인 우리의 사회상태가 우리가 말한 것처럼 오늘날 더욱 더 귀족적인 것은 분명하다고 하면서 문명은 귀족적인 봉건제에서 시작하여 노동자의 집단적 혹은 간접적 예속을 낳는 산업적 봉건제에 도달하고 있다고 말한다. 그는 산업적 봉건제란 근대의 농노계급인 프롤레타리아를 종속자로 하는 체제이고 자유경쟁을 바탕으로 하는 이 체제 아래에서는 사회는 점점 더 분명하게 양대 계급으로 분열하는 방향으로 가고 있기 때문에 유효한 대책을 강구하지 않으면 이러한 움직임은 사회혁명이나 반란을 향해 갈지도 모른다고 말한다. 그는 이러한 두려운 사회문제에 대해 이미 두 가지 해결책이 제시되어 있다고 말한다. 하나는 폭력적 약탈적 혁명적인 방법이고 다른 하나는 개인적 소유 그 자체를 그 원리에서 공격하고 그 권리를 부정하며 조건의 평등과 재산의 공유를 선언하는 방법이다. 그러나 그는 이러한 것들을 환상이라고 거부하고 그 대신에 근대 국가와 사회를 구제하는 방법으로서 연합을 제안한다. 그에 의하면 연합은 산업의 영역에서 경쟁을 조화로 분산을 집중으로 투쟁을 협력으로 변화시키는 힘의 원리다. 이 연합은 두 가지 측면으로 이루어진다. 하나는 자본 상호간의 연합이고 서로 항쟁하는 자본들이 하나의 거대한 주식회사une grande Compagine actionnaire로 통합되고 자본과 노동이 연합하는 것이다. 노동권을 소유권과 동등하게 신성한 것으로 생각하고 부를 생산하는 사업에서 자본에 대해서 하듯이 노동과 재능에 대해서도 똑같이 귀속분을 부여한다. 그는 연합의 기초 위에 조직된 사회적 공장을 산업 경제 안에 교묘하게 결합시킨 생산의 세 요소(자본 노동 재능)를, 서로 다투되 상태가 좋은 기구의 세 가지 톱니바퀴를 머리 속으로 상정해보자고 말한다. 그의 문제 의식은 소유권을 인정하고 연합에 바탕을 둔 거대한 주식회사의 형성과 그것에 의한 계획 경제, 양 계급의 연합 즉 노동자에 대한 권리 배분에 있다. 그는 정부를 인민의 선험적인 적으로 보는 견해를 비판하고 정부의 이해와 인민의 이해가 근본적으로 동일하다고 생각한다. 정부를 타도 대상으로 보기보다는 계발하고 전진시키는 것이 훨씬 더 중요하다고 보는 것이다. 루이 블랑과 푸리에파 사이에는 노동자의 자주관리를 주장하고 양 계급의 협조적인 분위기를 제창하는 데에서 차이가 있다. 그러나 양자는 사유의 승인, 이윤배분제, 총본사체제 = 하나의 거대한 주식회사, 계획경제처럼 많은 공통점을 가지며 정부에 대한 태도 면에서도 공통된 부분이 있다.

3.2 다원적 체제

3.2.1 분권적 계획경제의 구상 : 오웬1771-1858

세상의 필요한 물건들은 비용가격에 바탕을 둔 이윤과 세분화된 분업 및 개개인의 이해의 경쟁에 바탕을 둔 상업에 의해 장기간 공급되는데 이 원리에 바탕을 둔 체제의 시대가 급속하게 끝나가고 있다는 것이 오웬의 인식이다. 그는 현재의 상업제도에 의한 유해한 모든 요소들로부터 문명사회를 구출하기 위해 새로운 사회제도에 의한 변혁을 제안한다. 이 변혁은 새로운 제도가 보통의 상업의 원리에 바탕을 두고 다른 모든 방식을 시장에서 축출하는 식으로 단기간에는 현존하는 상업제도와 경쟁함으로써 이루어지지만 사회의 재편성은 평화롭게 달성된다는 것이다. 자급자족을 원칙으로 하는 농공결합의 생산 공동체 = 연합조합이야말로 이 변혁을 위한 새로운 제도이다. 왜냐하면 인간이 자기의 본성을 향수할 수 있는 행복의 모든 것을 영원히 소유할 수 있는 방법은 하나뿐인데 그것은 각 사람의 이익을 위해 만인이 결합하고 협력하기 때문이다. 이러한 연합조합이 하나 형성되면 다른 곳에도 창출하려고 하는 일반적인 욕구를 사회 전체에 만들어내게 되고 연합조합은 급속하게 증대된다는 것이다.

오웬은 공동체의 설립 주체를 다양하게 내세운다. 한 사람, 혹은 임의의 대토지소유자 혹은 대자본가, 자선적이거나 공공적인 목적에 들이는 거액의 자금을 갖는 회사, 궁민과 구빈세를 명하려고 하는 교구와 주, 현재 체제의 해악을 피하려고 하는 농민, 기계공, 소상인으로 이루어지는 중산계급 및 노동계급의 연합조합이 오웬이 꿈꾼 것이다. 공동체의 일체화된 노력에 의한 잉여수익은 시설에 대해서 차입된 자본이 상환될 때까지 그 변제에 규칙적으로 투여되기 때문에 상환에 동반되는 공동소유가 실현되게 된다. 또한 구성원이 투입한 자본의 부분도 상환되므로 여기에는 완전한 평등이 지배하게 된다. 공동체 안에는 운영위원회가 설치되는데 과도기적으로는 모든 일들의 관리는 공동체 구성원 전체에 의해 선거된 최적임자들로 이루어지는 위원회에 위임된다. 이러한 공동체는 계획적이고 자주관리적이다.

농공결합의 각 공동체는 자급자족을 원칙으로 한다. 그러나 설립 당초에는 그 외부에 존재하는 통상적인 사회와의 교환이 불가피하고 그 후에도 공동체 간에 교환이 이루어진다. 각 시설에서 생필품이나 위안품의 총 공급량을 넘어 생산되는 특산물은 만일 할 수만 있다면 각 시설에서 충분히 만들고 서로 교환해야 할 아주 다양한 내재적 가치를 가진 것을 제공하게 된다. 그런데 이 공동체 간의 상호 교환에서 문제가 발생한다. 각 공동체는 그 내부의 사정 상 모든 다른 공동체로부터 독립해 있다. 그러나 상호 교환이 일어날 경우 문제는 한 공동체의 차원을 넘어서게 된다. 오웬은 경쟁을 거부하기 때문에 이 교환은 시장경제에 위임되어야 한다. 여기서 전체에 연관된 목적을 위해 모든 공동체들 간의 성실한 연합union이 요청된다. 하나의 연합조합과 다른 모든 연합조합과의 가장 우호적인 동맹에 이르게 된다는 것이다.

그렇다면 그 동맹의 역할과 기능은 무엇인가. 오웬은 여러 개의 연합조합 사이에 존재하는 관계는 각각의 성원이 결합하고 있는 것과 같은 공통의 이익에 기초를 두고 있기 때문에 그 연합조합들은 연맹 총체의 생산과 소비를 매우 영구적인 토대 위에 놓는다는 약속을 하는데 마음으로부터 협력할 것이라고 말한다. 이 목적을 달성하기 위해서는 각 공동체의 생산을 그 지방적인 성격과 전체의 필요에 따라 규제하고 각 공동체는 자기 자신에게 필요하다고 여겨지는 양을 넘어 일정한 생산물의 잉여를 생산하기 때문에 이 각각의 다양한 잉여생산물이 규칙적으로 교환되는 정기수송을 확립하는 것이다. 여기서 여러 개의 공동체들의 관계란 일국적인 차원을 말하므로 규제도 전국적인 차원에서 이루어지는 것이며 동맹이 계획경제의 관리 운영을 맡게 된다.

그러나 오웬은 계획경제가 전국적 수준에서 일원화될 수 없다고 본다. 왜냐하면 공동체 간의 분업에 따라 전국적 관점에서의 계획에 따라 생산을 규제하지만 특산물의 수급에만 한정되기 때문이다. 자가 소비분의 생산에 대해서는 공동체 간의 계획에 맡기기 때문이다. 공동체 간의 관계는 여러 전국적 수준에서의 동맹에만 머무르지 않고 여러 규모나 수준의 지방적인 연합이라는 형태를 띨 수도 있다. 이것에 따라 계획 경제도 여러 수준에서 이루어지게 된다. 따라서 오웬의 입장은 분권적인 계획 경제로 요약할 수 있다. 여기서 대 전제는 농업에 중심이 있는 자급자족을 원칙으로 하는 공동체다. 공업으로 중심이 옮겨져 교환이 원칙이 되면 이 대전제는 무너지게 된다. 그렇게 되면 공동체 간 분업에 따라 복수의 공동체에 걸치는 매우 큰 규모의 계획 경제가 필요해지게 되고 공동체의 자치는 축소하게 된다. 즉 더 완결된 자치 단위는 복수의 공동체로 이루어지는 비교적 자급자족적인 경제권으로 넘어가게 된다는 것이다. 따라서 이 경우 자치는 어디까지나 그 경제권의 자치를 말한다. 이러한 경제권의 규모가 커지면서 한 편으로는 중앙집권적인 경향이 진전되고 다른 한 편으로는 공동체 자치의 축소를 피할 수 없게 된다. 경제권의 규모의 확대에 따라 아시아형 국가의 형성 매카니즘이 서서히 대두할 수 있고 분권적인 체제가 전제주의의 중대한 위협에 노출될 수 있게 된다.

3.2.2 시장경제(경쟁)의 구상 : 프루동1809-1865

2월 혁명 시기에 프루동은 루이 블랑을 중심으로 하는 뤽상블 파[38]와 논전을 펼친다. 『노동자계급의 정치적 능력』이 그 책이다. 그는 뤽상블 체제를 공산주의체제로 규정하고 그 집단주의적인 측면을 비판한다. 뤽상블 체제는 그 근본에 있어서 카베, 오웬 등의 체제와 같고 공산주의 체제 즉 통치(정부)적, 독재적, 권위적, 정통이론파적인 체제이며 개인은 본질적으로 집단에 속한다라는 원리로부터 출발한다. 즉 집단으로부터만 개인은 그 권리와 생활을 얻고 아이가 가족에 속하는 것처럼 시민은 국가에 속하고 시민은 국가권력의 수중에 있으며 시민은 여러 가지 방식으로 국가에 복종 순응해야 한다는 원리에서 출발하는 것이다. 이 집단주의와 개인의 종속이라는 기본적인 원리 덕택에 뤽상블 파는 이론적으로 실제적으로도 모든 것을 국가, 공동체에 귀속시킨다.

따라서 뤽상블 파에게 있어서는 공유가 모든 것의 소유를 종식시켜야 할 것으로 되고 전일적인 연합조합이 모든 개별 연합조합을 종식시키든가 아니면 그것들을 유일한 연합조합에 흡수시키게 되며, 연합조합 자신에 대한 경쟁은 억압되기에 이르고 결국엔 집단적인 자유가 모든 동업조합적, 지역적, 개인적 자유를 포섭하게 된다. 총본사체제에 따르면 정부와 총본사는 결국 일체화하고 양자는 사실상 구분 불가능하게 된다.

프루동은 뤽상블 파의 연합조합론을 비판하지만 노동자의 연합조합

38 1848년 혁명 이후 뤽상블Luxembourg에 세워진 노동 문제 연구 위원회.

자체를 반대한 것은 아니다. 그 자신 2월 혁명 단계에서 생산물을 원가로 상호 교환하는 모든 연합조합의 설립을 호소한 바 있고 그것을 지지하는 교환은행의 창설을 제창한 바 있다. 1848년 당시 프랑스에서는 노동자의 생산연합조합이 파리에 300개, 지방에 800개 정도 존재했던 것으로 알려져 있는데 프루동의 비판은 그 사이의 경험에 바탕을 둔 것이다. 그러면 프루동은 노동자의 생산연합조합을 어떻게 비판하는가?

그는 노동자의 생산연합조합을 혁명의 보편적인 제도, 수단, 목적으로 보는 것을 비판한다. 왜냐하면 어소시에이션은 노동자의 자유에 있어서 질곡이 되는 것이고 충분한 보상을 줄 수 없는 한, 사람들이 그것에 복종하는 것에 동의하지 않는 고삐이며 그것이 없어도 동일한 결과가 얻어지는 경우에는 사람들은 연합조합을 만들지 않기 때문이다. 특수한 기능들의 협력이 없어도 한 개인 혹은 한 가족의 활동에 의해 생산물을 수입할 수 있는 경우에는 연합조합을 위한 이유는 존재하지 않는다. 따라서 프루동은 노동자의 결사societe의 유토피아에 대해 어소시에이션은 지극히 특수한 조건 하에서만 적용될 수 있다고 말한다.

그는 우애, 헌신, 연대를 지도 원리로 삼는 어소시에이션을 비판한다. 그러한 어소시에이션은 출자가 금전이 아니라 노동으로 이루어지는 합자회사이며 우애 그 자체의 부정이고, 할 수 있는 한 연대성을 줄이고 자립성을 크게 하려는 것이다. 그러므로 최량의 연합조합은 우월한 조직 덕분에 상호 자유가 최대이고 헌신이 최소인 연합조합이다. 프루동은 우애와 헌신이라는 것을 지도 원리로 삼는 외적인 일체의 경제적

배려를 도외시한 자기목적으로서의 연합조합 = 회사compaigne에 확실히 부정적이지만 어소시에이션의 시도 자체를 부정하는 것은 아니다. 그는 19세기의 혁명 이념인 '정치적인 체제로부터 경제적인 체제로'의 혁명의 관점에서 사회적 공화국을 획득하려고 하는 경향을 평가하고 노동자의 회사는 임금제도 반대, 상호성 찬성이라는 희망에 찬 두 가지 슬로건을 내걸고 가까운 장래에 거기에 상당하는 역할을 하게 될 것이라 평가한다. 그는 어소시에이션이 완전히 필연적이고 권리로서 요구할 수 있는 특수 조건을 다음과 같이 본다. 그 본성 상 다양한 전문으로 이루어지는 다수 노동자가 결합된 고용을 필요로 하는 모든 산업 즉 사업 혹은 기업은 노동자의 결사가 된다. 따라서 프루동은 농업의 경우 어소시에이션이 필요하다고 보지 않는다. 프루동이 여기서 말하는 산업이란 철도, 광산, 제조공장을 가리킨다. 프루동은 결국 취해야 할 길은 필연적으로 세분화된 노동자가 소유자-자본가-기업주에서 단순히 임노동자로 머무를 것인가 아니면 노동자가 기업의 손익을 좌우할 기회에 참여하고 회의에서 발언권을 얻는 말하자면 조합원associe이 될 것인가 하는 것이라고 말한다. 전자의 경우 노동자는 종속되고 착취된다. 후자의 경우에서만 노동자는 인간 및 시민으로서 위엄을 돌려받게 되고 여유로운 복을 바랄 수 있게 된다. 대규모의 분업과 집합력을 필요로 하는 경우 생산에 관계하는 사람들 사이에 종속관계가 존속하고 그 결과 주인과 임노동자라는 2 개의 카스트가 생기는 것을 저지하고 그리하여 경제체제를 실현하기 위해 새로운 혁명적인 힘인 노동자의 회사를 형성하는게 필요하다고 인정한다. 그 회사를 구성하는 계약의 원칙들로서 프루동은 몇 가지를 이야기한다. 회사는 경쟁의 법칙에 위임된다. 개인(조합원)은 모든 회사의 재산에 대해 그 불가분의 권리를 갖는다. 개인은 모든 회사의 여러 가지 일을 순차적으로 행할 권리를 갖는다. 직무는 선거로 결정한다. 조합원은 회사의 모든 이익에 참여한다. 프루동이 상정하는 회사의 경영 형태는 국영과는 무관하다. 그것은 경쟁을 전제로 하고 조합원의 공동경영에 바탕을 두고 이윤배분형의 자주관리기업을 의미하는 것이다.

프루동은 19세기 혁명의 일반적인 모습을 이렇게 그린다. 토지의 주인공인 된 농민들이(프루동은 농민의 토지소유를 인정한다) 존재하고 무수히 많은 소제조업자들, 직인, 상인이 존재하며 혁명의 참된 부대인 노동자의 회사가 모습을 드러낸다. 그러나 문제는 이 혁명을 어떻게 수행할 것인가 하는 점이다. 프루동은 그 방법으로 다음 세 가지를 제시한다. 사회적 청산. 경제력의 조직화. 경제조직에 대한 정부의 해소. 그는 사회적 청산을 위해 국민은행을 의원의 정부 령에 의해 설립하고 국민의회가 정부 령으로 채권 등의 이자를 동일률로 정하자고 제안한다. 노동자계급이 지식과 경험의 풍부한 약간의 시민의 도움을 얻어 자신의 수적인 힘과 의회에 영향을 미칠 수 있는 압력에 의해 혁명의 프로그램의 최초의 부분 즉 사회적 청산과 토지소유의 설립을 실현할 수 있다고 말한다. 즉 혁명을 수행하기 위해 국가를 이용하자는 것이다.

그러나 프루동은 혁명의 참된 부대인 노동자의 회사가 형성되는 방식에 대해 말을 얼버무린다. 이 문제에서 입장이 동요하는 것이다. 프루동은 이렇게 말한다. 대공업은 새롭게 발견된 토지에 대답할 수 있다. 사회는 모든 사람들의 이익을 위해 토지를 입수하고 이것을 개발하기 위해 이 토지에 식민단을 파견한다. 식민단은 사회에 의해 창출되고 사회에 의존한다. 사회는 노동자의 회사에 대해, 사회에 의한 제어권 승인의 증표로서 그것을 해산할 권리를 갖는다. 여기서 조합원 모두가 회사의 재산에 대해 불가분의 권리를 갖는다는 계약원칙에 따르면 이 회사는 조합원의 공동소유=회사소유인 것처럼 여겨진다. 그러나 사회가 그것을 창출하고 제어 해산 할 수 있다면 회사의 소유주체는 회사로 볼 수 있다. 만일 그렇다면 정부(국가)가 아직 경제조직으로 해소되지 않은 혁명의 초기 단계에서 프루동은 불가피하게 국가를 이용하자는 것이므로 그가 말하는 사회란 말하자면 바로 국가인 셈이다. 그 때 노동자의 회사는 소유형태로 보자면『공산당 선언』에서 말하는 국립의 국민공장과 대동소이한 것이다.

프루동은 경제적인 체제 안에 정치적인 체제를 용해시키기 위해 정부 혹은 국가라는 이름을 가진 이 거대한 기구의 모든 톱니바퀴 장치들을 서서히 축소시키고 단순화하며 지방분권화시키고 폐지하는 것을 목표로 삼는다. 그럴 경우 루이 블랑의 경우처럼 사회로부터 당분간 국가 및 국민은행으로부터 대부를 받을 가능성이 남는다. 2월 혁명 시점에서 상환해야 할 자본의 양은 팽대하고 이러한 청산에 불가결한 신용제도는 존재하지 않았기 때문이다.

루이 블랑과 프루동의 사회적 작업장과 노동자의 회사 사이에는 자주관리, 이윤 배분제, 설립 시 국가의 개입, 사회 혹은 정부에 의한 회사 혹은 생산의 감시 등 몇 가지 점에서 유사성이 엿보인다. 그러나 루이 블랑은 경쟁을 배제하고 사회 작업장을 설립하자고 제안한다. 그것은 논리적으로 1국 1 공장 체제에 다다른다. 그러나 모든 것을 국가 혹은 공동체에 귀속시키는 뤼상블 체제는 프루동이 결코 용인할 수 있는 것이 아니다. 프루동은 공동체 혹은 단순한 연합사회로부터(정립), 소유의 단계(반정립)를 거쳐 자유 즉 참된 연합사회(종합)에 이른다는 역사관을 갖고 있다. 그에게 단순한 연합사회는 억압과 예속의 사회다. 공동체의 성원은 자기의 것으로서는 아무 것도 갖지 않는다. 그러나 공동체가 소유자이고 그것도 단순한 부의 소유자가 아니라 인격과 의지의 소유자이다. 이 주권적 소유의 원리 때문에 모든 공동체의 경우, 인간에 있어서 자연이 부과하는 조건 외에는 없는 노동이 인간의 명령이 되고 그 때문에 증오해야 할 명령이 된다는 것, 반성적인 의지와 양립할 수 없는 수동적인 복종이 엄격하게 규정된다는 것, 어떤 현자를 가정해도 늘 결함을 피할 길 없는 규정을 충실하게 지키는 것에 대하여 약간의 이의도 허용하지 않는다는 것, 인간의 생명, 본능, 여러 능력이 국가의 소유물이고 국가는 이것들을 일반적인 이익을 위해 좋아하는 대로 이용할 권리를 갖는다는 것이다. 공유에 바탕을 둔 국가에 관한 프루동의 이러한 견해는 현존 사회주의에 대한 통렬한 비판을 담고 있는 것이다.

이것은 공유제 하에서의 집권적인 집단노동의 편성에서 고대 아시아적인 국가의 성립 원인을 찾는 전제국가론과도 일맥상통한다.

4

슐츠와 마르크스

빌헬름 프리드리히 슐츠Wilhelm Friedrich Schulz(1797-1860)는 프랑스혁명에 대한 독일 제국의 수차례에 걸친 간섭 전쟁이 행해지던 와중인 1796년 헤세 다름슈타트Hesse-Darmstadt에서 태어났다. 아버지 아돌프(Johann Ludwig Adolf Schulz 1753-1823)는 문서고문관 관직을 얻었다. 그는 프랑스 혁명을 환영하였고 헤세 다름슈타트 공의 궁정에 대해 비판하다가 자코뱅파로 고발되었고 면직 당했다. 슐츠는 이러한 비판적 지식인 계층의 집안에서 태어나, 1806년부터 나폴레옹 지배 하의 라인동맹에 가맹한 헤센에서 프랑스 혁명을 호흡하며 유년 시절을 보냈다.

빌헬름 슐츠는 빈 회의의 정치적인 반동화와 사회적 동요가 일어나던 시기에 민주주의자로서 정치 활동을 시작하였다. 1815년 기센 대학교에 입학한 슐츠는 바로 칼 폴렌Karl Follen(1795-1839)을 지도자로 해서 결성된 기센Gissen 부르덴샤프트Brudenschaft에 참가하고 1818년 그 중에서도 급진파 활동을 개시하였다. 1819년에 독일 정부들이 민중선동가 사냥에 나섰을 때 슐츠도 민중선동 혐의를 받아 체포되었다. 그러나 약 1년 반 미결 구류를 당한 후 무죄판결을 받아 석방되었다. 1830년 프랑스 7월 혁명이 발발하자 독일에서도 혁명운동의 새로운 파도가 일어났다. 슐츠는 정치적 저널리스트로서 논문을 발표하고 신문과 잡지를 편집하며 익명으로 일련의 정치적 팜플렛을 출판하고 독일의 국민 통일과 인민주권의 승인을 요구하였다. 그는 또한 자유주의자 · 민주주의자에 의한 일대 반체제데모였던 1832년의 함바하 집회에 참여하였다. 그 결과 그는 다시 1832년 공화주의의 선전가라는 이유로 체포되고 헤세 대공에 대한 대역죄라는 유죄 판결을 받아 감옥에 갔다. 슐츠는 1833년 바벤하우젠 요새감옥에서 탈출하여 스위스 취리히에서 망명 생활을 했고 저널리스트 활동을 계속 했다. 1836년 가을 스위스 취리히에서 시민권을 획득한 슐츠는 1837년부터 『국가사전』에 많은 항목의 논문을 썼다. 1837년에 쓴 「민주제」라는 논문, 같은 해에 쓴 「푸리에의 사회이론. 오웬 및 생시몽주의자의 학설과의 비교」라는 항목 논문, 1838년에 자신의 사회과학 방법론을 밝힌 「문화의 통계학」, 1848년에 쓴 항목 논문 「공산주의」 등이 그러한 예에 속한다.

슐츠는 이렇게 정치적인 활동 이외에 사상적이고 이론적인 작업도 했다. 프랑스 혁명으로부터 지적이고 정치적인 영향을 받으면서 슐츠는 아담 스미스 이론을 독일에 도입하는데 중심적인 거점 역할을 한 괴팅겐 학파의 국가학을 배우면서 근대적인 사회과학에 관심을 갖게 되었고 일찍부터 혁명 후 프랑스의 사회주의 사상에 주목함으로써 독자적인 역사인식에 바탕을 두고 국가와 사회의 새로운 학의 기초를 놓으려고 했고 사회 변혁의 구상을 내놓기도 했다. 슐츠는 1843년 '하나의 유물론적인 역사관'을 전개시킨 것으로 평가받은 주저 『생산의 운동』을 썼다.

우에무라 쿠니히코植村邦彦는 헤겔에서 마르크스에 이르는 사상사적인 연구에서 빌헬름 슐츠를 '잃어버린 고리'[39]로 표현하면서 마르크스가 슐츠로부터 직접적으로 많은 영감을 받았다고 말한다. 1838년 슐츠는 블록하우스의 『현대사전』에 「어소시에이션」이라는 항목 논문을 기고하였고 『국민대표제에 의한 독일의 통일』라는 저서에서 처음으로 '어소시에이션' 이론을 밝혔다. 1844년 여름에 마르크스가 쓴 『경제 철학 수고』에 슐츠의 이름이 기론되고 있는데 우에무라 쿠니히코는 코르뉴Cornu의 말을 인용하며 다음과 같이 말한다.

> 마르크스의 사상 형성과의 연관에 대해 슐츠를 처음으로 주목한 오귀스트 코르뉴는 마르크스가 『경제 철학 수고』과 『경제학 노트』를 집필하던 때에 큰 영향을 받은 저작으로서 1844년의 〈독일 프랑스 연보〉에 게재된 엥겔스의 「국민경제학 비판 개요」, 전장에서 본 〈스위스에서 온 21 보겐〉에 게재된 헤스의 논문들과 함께 슐츠의 『생산의 운동』을 들고 있다[40]

우에무라 쿠니히코는 슐츠가 1937년에 쓴 「푸리에의 사회이론. 오웬 및 생시몽주의자의 학설과의 비교」라는 항목 논문을 검토하면서 이

39 植村邦彦, 『シュルツとマルクス』, 新評論, 1990, 9-10 쪽.
40 앞의 책, 237 쪽.

논문에서 슐츠가 밝히고 있는 어소시에이션 이론이 마르크스가 『정치경제학 비판』에서 밝힌 유물론적인 역사관의 정식과 겹친다고 하면서 슐츠가 마르크스에게 미친 영향을 코르뉴보다 더 적극적으로 해석한다. 우에무라 쿠니히코에 따르면 헬무트 라이헬트와 라인홀트 제흐Helmut Reichelt und Reinhold Zech는 마르크스의 생산력과 생산관계 개념의 사상적인 원천 중의 하나로서 슐츠의 1843년 주저 『생산의 운동』을 든다.[41]

슐츠는 당시 화폐 폐지 문제를 둘러싸고 모제스 헤스Moses Hess와 논쟁을 벌이고 자유 시간에 관한 이론을 펼쳤으며 소유의 역사 이론을 정립했다. 우에무라 쿠니히코는 슐츠와 마르크스의 관계를 각 자의 저작을 들춰 가며 자세하게 검토하고 있는데 여기서는 본서 전체의 내용과 일관성을 유지하기 위해 다른 쟁점들보다 슐츠가 쓴 여러 글들과 『생산의 운동』을 중심으로 하여 그의 어소시에이션 이론을 살펴보고자 한다.

4.1 슐츠의 어소시에이션 이론

앞에서 보았듯이 슐츠는 독일에서도 쇄국주의 경향이 강했던 부르덴

41 앞의 책, 238 쪽. 마르크스는 슐츠의 『생산의 운동』에 대해 『자본론』에서 "많은 점에서 칭찬할 만한 저작"이라고 말한다(앞의 책, 259 쪽). 마르크스는 『경제학 철학 초고』를 쓴 이후 슐츠가 망명가기 전에 취리히에서 서거한 1863년 봄 슐츠에 대해 언급하는데 마르크스는 '경제학비판'을 쓰기 위한 23 권의 노트에 슐츠의 『생산의 운동』에 나오는 구절을 11 곳이나 인용할 정도였다.

샤프트에서 급진파로 활동하다가 프랑스 혁명의 사상적 영향을 받고 그 중에서도 자코뱅파의 전통을 이어받았다. 일찍이 프랑스 대혁명기의 프랑스 사회주의 사상에 주목한 그는 1932년에 이미 '어소시에이션'이라는 외래어를 사용하면서 생산협동조합에 관해 이야기했다.

그렇다면 어소시에이션이라는 말은 언제부터 사용된 것일까? 어소시에이션이라는 말은 1808년에 푸리에가 자신의 저서인『四運動의 理論』에 실린「운동의 이론으로 나가기 위한 열쇠로서의 농업협동조합 Association agricole 및 정념 인력 연구」에서 '사회적 혼돈으로부터 보편적 조화로의 돌연한 이행'을 제기했을 때 처음으로 나타난 것이다. 당시 푸리에의 이러한 주장은 전혀 반향을 일으키지 못했다. 그러다가 생시몽의 제자들인 앙팡탱Barthelemy-Prosper Enfantin(1796~1864) 및 바자르Saint-Amand Bazard(1791~1832)가 생시몽의 주장을 확산시키고자 1828년부터 연 공개강좌에서 어소시에이션이라는 말을 사용하기 시작했다. 그들은 이기주의 · 개인적 이해 · 경쟁의 원리에 대치되는 인간의 통일과 조화의 궁극적인 조직으로서 '보편적인 어소시에이션' 즉 모든 인간이 지상에서 여러 가지 차원에서 협동하는 것association을 구상하고 대립과 적대로부터 보편적인 협동 즉 어소시에이션으로 향해 가는 어소시에이션의 부단한 진보야말로 인류의 계속적인 발전에 있어서 유일한 법칙이라고 주장하였다.

애초에 어소시에이션이라는 말은 이기주의 · 적대에 대립하는 것이었고 생시몽주의자들에 의해 '사회주의'라는 말과 결합되기 시작하였다.

물론 사회주의라는 말과 결합되었다 해도 이기주의 · 적대에 대립하는 내용은 변하지 않았다. 1832년 2월 13일 생시몽 파의 기관지인 〈지구〉에 실린 H. 존셀의 논설에서 '어소시에이션이라는 말이 사회주의'라는 말로 대체되었다. 이와 똑같은 1832년에 프랑스 혁명의 영향을 받은 독일에서 정치체제변혁운동이 다시 활성화되면서 슐츠는 독일의 국민적 통일과 공화주의적 변혁을 주장한 『국민대표제에 의한 독일의 통일』을 출간한다. 이 책에서 슐츠는 농업 및 인간적인 활동의 모든 부분에 적용되는 인간적인 힘들과 물적인 재산과의 협동의 원리das Prinzip der Association menschlicher Kraefte und saechlichen Vermoegens를 선언하고 모든 경작지들과 공동소유지 각각의 소유자들이 그들의 토지를 공동의 계획에 따라 경영하는 농업생산 협동조합의 구상을 밝혔다. 슐츠가 이렇게 공동계획과 공동노동에 바탕을 둔 농업생산 협동조합의 설립을 구상한 것은 통일된 독일 공화국의 생산력의 기초를 확보하기 위한 것이었다.

그러나 정확하게 말하면 슐츠는 협동조합을 어소시에이션이라고 부른 것이 아니라 '어소시에이션의 원리에 따르는 것'이라고 본 것이기 때문에 슐츠가 본격적으로 어소시에이션 이론을 세운 것은 아니고 다만 '협동노동'을 강조한 것일 뿐이다. 생시몽 파가 주장하는 '보편적 어소시에이션'보다는 매우 구체적이고 농업에 한정시켜 어소시에이션 개념을 사용하고 있는 것이다.

1836년 스위스 시민권을 얻은 슐츠는 『국가사전』에 많은 항목 논문들을 발표하는데 그 중에서 흥미로운 것은 1837년에 쓴 「푸리에의 사회이론. 오웬 및 생시몽주의자의 학설과의 비교」라는 항목 논문이다. 이 논문은 어소시에이션의 사상을 대표하는 세 사람을 비교하여 논한 독일 최초의 논문으로서 이 글에서 슐츠는 위대한 세 명의 유토피아주의자인 오웬, 생시몽, 푸리에를 비판적으로 검토한다. 우에무라 쿠니히코에 따르면 이 논문은 다음과 같이 시작한다.

> 물질적 문화, 정신 형성 및 교양문화의 여러 가지 진보는 본질적으로 인간적인 힘들의 연합Vereinigung에 기초하고 있고 끊임없이 새로운 형태로 나타나는 협동체Association 경향이 발전하는 역사가 인간 그 자체의 문화사이다. 그러나 모든 연합체Verein는 인간 생활의 특수한 목적들을 위해 일정한 형태를 취함으로써 그것을 위해 창조된 모든 욕구들을 충족시킬 수 있다. 그러나 나중에 새로운 욕구가 눈을 뜨고 그것들을 충족시킬 별도의 방안이 고안되고 적용되면서 점점 역할을 하는 것을 알 수 있으며 다양한 구상과 힘이 형성되고 통용되면서 일면적으로 제한되었던 구습의 정신이 종종 그 안에서 자신의 장소와 양식을 발견한 이전의 모든 연합의 형태들은 저해하고 방해하는 역할을 한다는 것을 결정적으로 인식할 수 있다. 성장해가는 더 풍요로운 생활의 흐름은 그 때 볼품없는 제한을 바로 파괴하든가 아니면 서서히 전복하기 위해 그것에 대하여 우세한 싸움을 벌인다[42]

슐츠는 여기서 연합, 연합체, 협동체 등의 용어를 사용하고 있는데 그가 말하는 것은 생시몽 파들이 주장하듯이 역사가 단선적으로 대립과

42 앞의 책, 132-133 쪽.

적대로부터 협동으로 이행한다는 것이 아니라 인간의 욕구, 그것도 늘 새롭게 나타나는 욕구들을 충족시키는 것이 어소시에이션이고 그러한 어소시에이션의 형태가 새롭게 제기되는 욕구들에 따라 교체되는 것이 역사라는 사실이다. 슐츠는 마르크스가 『경제학 철학 수고』에서 말하고 있는 '욕구' 개념을 이미 여기서 사용하고 있고 물질적인 것과 인간적인 힘들의 협동에 대해 언급함으로써 이미 유물론적인 역사관을 피력하고 있다. 그렇다면 새로운 욕구에 조응하는 새로운 협동체는 어떠한 것이어야 하는가? 슐츠는 새로운 연합체neue Vereine를 건설하려는 공동의 기도에 의해 거대한 성과가 나타나기도 하지만 주민들의 계급, 활동, 이해가 서로 고립화되고 분열됨으로써 막대한 손실이 일어난다고 보고 모든 인간들의 힘들이 질서 지워진 채 결합될 때에만 최고의 복지가 실현된다고 보았다. 따라서 슐츠가 구상한 '모든 인간들의 힘들 일체를 포괄하는 하나의 협동체'는 그것을 위한 인류의 최고의 목표였던 것이다.

슐츠는 아담 스미스 이후 지배적이 된 국민경제학의 모든 체계들에 대립하는 새로운 사회적 이론들을 다루고자 유토피아적인 사회주의 사상가들을 비판적으로 검토한다. 오웬이 구상한 '협동조합적인 사회'Cooperativegesellschaft 이론에 대해 슐츠는 연령별에 따른 분업 편성이라는 자의적인 구분을 비판한다. 오웬은 공동체 구성원들을 나이에 따라 8 계급으로 나누어 각각 상이한 활동에 종사함으로써 적절한 조화와 협동을 이룰 수 있다고 봤지만 가령 16세에서 20세는 부를 생산하는 활동을 하고 31세에서 40세의 구성원은 통치 업무를 보며 41세에서 60세의 구성원은 다른 공동체와의 외교업무를 수행하면서 여가를 즐기게 하는 것은 일면 그럴 듯해 보이지만 부를 생산하는 일을 10세에서 25세에 자의적으로 집중시키게 됨으로써 공동체 구성원들의 다양한 욕구를 해결할 수 없게 된다.[43] 10세에서 25세의 구성원들도 생산만 할 것이 아니라 여가를 즐기는 기회를 가져야 할 것이기 때문이다. 개성들의 생생하고 자연스러운 다양성이 완전히 무시되고 학교가 교사와 학생으로 계층적으로 질서 지워지듯이 죽어버린 단조로움으로 해소되기 때문이라는 것이다. 슐츠는 오웬의 구상이 너무 미숙하고 현재의 사회 상태로부터 자기의 구상으로 이행할 때 그것이 어떻게 이루어지고 어떤 결과를 낳을지에 대해 논의하지 않고 있다고 비판한다. 따라서 오웬이 1825년부터 1828년에 걸쳐 시도한 뉴 하모니New Harmony 공동체[44] 운동이 극복하기 어려운 난관에 봉착하게 되었다고 비판한다. 뒤에서 보게 되겠지만 뉴 하모니 공동체 운동은 엄격한 공유제를 추구하고 가족제도와 사유재산을 전면적으로 부정하는 것으로서 슐츠가 추구한 어소시에이션과는 다른 것이다.[45] 오웬에 비해 스스로 활동하는 자만이 자기의 활동의 정도에 따라 '각각의 사람은 자기의 능력에 따라,

43 제 2회 맑스 코뮤날레 조직위원회 엮음, 『맑스, 왜 희망인가』, 메이데이, 2005, 182 쪽.

44 뉴 하모니 공동체란 조화와 협동의 마을이라는 뜻이다.

45 공동체와 어소시에이션은 유사한 것처럼 보이지만 사실은 다르다. 강 수돌도 '맑스의 코뮌주의'라는 표현을 사용하기 하지만 맑스의 운동을 공동체 운동으로 파악하여 그것을 현대의 공동체 운동에 연결시킨다. 그러나 엄밀하게 보자면 공동체와 어소시에이션은 구분해서 사용해야 할 것으로 보인다. 강 수돌 · 홀거 하이데 공저, 『자본을 넘어 노동을 넘어』, 이후, 2009, 376 쪽.

각각의 능력은 자기의 활동에 따라'라는 근본명제에 의해 공동의 획득물의 지분을 얻어야 한다고 주장한 생시몽주의자들의 견해가 훨씬 더 낫다고 슐츠는 평가한다. 그러나 슐츠에 따르면 생시몽주의자들의 이러한 주장도 현실 안에서 어떻게 수행되어 하는가 하는 문제에 대해서는 아무런 시사도 답변도 주지 못한다고 비판한다.

오웬과 생시몽주의자들에 대한 평가와 달리 슐츠는 푸리에를 높이 평가한다. 슐츠는 푸리에와 푸리에 파가 구상하는 생활협동체인 '팔랑쥬'Phalange에 대해 각각의 팔랑쥬의 생산 · 분배 · 소유 · 관리 · 교육의 제도들로부터 팔랑쥬 상호 간의 분업과 생산물 교환 구조에 이르기까지 자세하게 언급한다.[46] 슐츠에 따르면 푸리에는 오웬이 주장하는 연령별의 엄격한 노동 분할을 비판하고 생시몽주의자들이 주장하는 위계질서 제도를 부정하면서 각 개인의 자유로운 선택과 성향에 맞추고 모든 활동들의 교대와 다양성이라는 원리에 바탕을 두고, 사회 상태의 보편적 조화의 토대를 인간들의 성향이 가장 자유롭고 가장 전면적으로 발달한 데에 두고 있다는 것이다.[47] 슐츠는 인간이 자기의 개체성을 자유롭고 다양하게 발휘하는 것이 협동체로서의 어소시에이션의 존재 방식의 핵심이라고 파악한다.

---

46 러시아 혁명 이후 푸리에의 팔랑쥬는 실제로 소비에트 코뮌의 모델이 되었다. 팔랑쥬는 인간의 정념들이 자유롭게 표출되고 향유되기에 적당한 일정 규모의 연합을 가리킨다. 팔랑쥬와 대수도원 건물monastere를 합해 푸리에는 팔랑쥬의 이상적인 공동주거와 문화의 중심지를 팔랑스테르Phalanstere라고 불렀다. 더 자세한 내용은 박 주원, 「오웬과 푸리에, 19세기 사회주의의 또 다른 길과 꿈」, 제 2회 맑스 코뮤날레 조직위원회 엮음, 『맑스, 왜 희망인가』, 메이데이, 2005, 189-194 쪽 참조.

47 푸리에가 말하는 '정념 거래소'bourse는 다양한 노동 활동들이 모이고 교체되는 곳이다.

슐츠는 개체적인 자유를 강조하는데 이것은 협동체의 형성과 모순될 수 있다. 개체적인 자유와 다양성이 중요하다고 해도 개체적인 활동이 고립되거나 여러 가지 힘들과 이해가 조정되지 않으면 그가 인류 최고의 목표로 간주하는 '모든 인간들의 힘들 일체를 포괄하는 하나의 협동체'는 불가능해질 수 있다. 이 때 어소시에이션을 지탱하는 틀인 최량의 생산력들은 사용되지 못하고 소실되어 버릴 수도 있다. 그러나 슐츠는 바로 이 점을 고민하면서도 그것에 대한 적절한 대안을 제시하지 못한다. 그리고 개체적인 자유가 어소시에이션과 모순을 일으키지 않도록 예의 그 개체적인 자유가 어떻게 실현되어야 하는지 구체적인 프로그램을 제시하지 않는다. 개체라는 주체가 자기 통치를 어떻게 실현시킬 것인지 그것을 위한 문화적이고 감성적인 프로그램은 무엇인지 구체적으로 논의하지 못하고 있다는 말이다. 그리고 어떤 종류의 어소시에이션이 시대의 모든 요구들에 가장 적합한가 라는 점이 그의 구상에 나타난 최고의 난점일 텐데, 개체적인 자유와 어소시에이션을 일치시키면서 생산력을 이용할 수 있는 구체적인 방안은 제시하지 못하고 있는 것이다.

슐츠의 어소시에이션은 좁은 의미에서 보면 사회 안에 존재하는 여러 가지 노동들의 조직 형태라고 말할 수 있다. 물론 그 내용은 슐츠에게서 명확하게 발전되어 있지 못하다. 어소시에이션이 개인들의 자발성에 토대를 두어야 한다는 것은 분명하고 생산력을 다양한 방식으로 목적에 맞게 결합하는 것이 슐츠가 말한 협동의 정신이며 슐츠 자신 사회정책의 과제를 경제적인 이해들의 화해에 두고 있지만, 사회의 부가 소수에게 집중되어 있는 자본주의 사회 전체를 염두에 둔 부의 분배 및 재분배에 대해서는 구체적으로 언급하지 않는다. 또한 마크르스처럼 하나의 거대한 어소시에이션을 통해 국가 자체를 대체하려는 구상 같은 것이 슐츠에게서는 엿보이지 않는다.

슐츠가 어소시에이션이라는 말의 의미를 고민하고 그것을 명확하게 하려고 애쓰던 1838년 이후 몇 년 동안 독일의 사상적인 분위기에 상당한 변화의 바람이 일어났다. 공산주의라는 괴물Gespenst des Kommunismus이 탄생하고 그것이 급속하게 증식되기 시작한 것이다. 이것에 따라 슐츠는 어소시에이션이라는 말의 의미 규정을 더 명확하게 해야 했다. 어소시에이션과 공산주의의 관계는 어떻게 설정해야 할 것인가 하는 문제가 슐츠에게 나타났던 것이다. 마르스크와 엥겔스의 『공산당 선언』은 주지하다시피 프랑스 2월 혁명이 발발하기 직전인 1848년에 씌어진 것이다. 미래의 새로운 사회질서를 의미하는 체제 개념으로서 '공산주의'communismus라는 말은 『파리의 밤』의 저자인 프랑스 혁명기의 레티프 드 브레톤느Nicolas-Edme Retif de la Bretonne(1734-1806)가 처음 사용했던 것이다. 1840년 신바뵈프주의자인 리샤르 라오티에르Richard Lahautiere(1813-1882)는 노동과 향수의 공유communaute를 목표로 삼은 바뵈프Francois Noel Babeuf(1760-1797)의 신봉자를 지칭하는 말로서 1830년대 말에 사용되기 시작한 '공산주의자'communistes라는 표현을 자기 책인 『바뵈프주의에 대한 논문에 대한 철학적 응답』에서 처음으로 사용하였다. 또한 공유제 실현을 주장하던 에티엔느 카베Etienne Cabet(1788-1856)는 폭력적인 방법으로 공유제를 실현하려고 한 바뵈프주의자들에 대항해 선전과 설득에 의한 평화적인 방법을 주장하면서 스스로를 공산주의자라고 부르고 공유제 실현을 나타내는 공산주의자의 사상을 뜻하는 말로서 처음으로 공산주의 라는 말을 사용하였다.

공산주의와 어소시에이션이 대치되기 이전에 이미 푸리에는 오웬 파의 공동체 사상을 재산공유제라는 수도원 식의 제도로 특징 지워 비판하고 거기에 어소시에이션을 대치시켰다. 1829년 말 오웬 파에서 나와 독자적인 당파를 만들고 직인적 노동자의 자발적인 결합과 자주관리에 기초를 둔, 바로 실현 가능한 계획으로서의 구체적인 '노동자생산협동조합'association ouvriere을 구상한 필립 뷔세Philippe-Joseph-Benjamin Buchez(1796-1865)는 신바뵈프주의자들의 공유제 구상이 평등을 위해 자유를 박탈하는 것이라고 비판하였다. 1841년 신바뵈프주의자들의 기관지인 〈형제애〉fraternite는 오늘날 빈사상태에 처한 사회에 어소시에이션과 공유제라는 두 가지 학설이 대치하고 있다고 하면서 어소시에이션은 사회적인 통일을 분열시키는 유해하고 파괴적인 이원론을 도입한다고 보고 공산주의 = 공유제를 정당화하려고 했다. 어소시에이션인가 공유제인가, 사회주의인가 공산주의인가 하는 대안의 문제가 초기 사회주의자들 내부에 성립한 문제였는데 슐츠는 이러한 양자택일의 문제에 봉착했던 것이다. 여기서 슐츠는 공산주의 = 재산공유제에 대한 대안으로서 어소시에이션을 제기하고 현실의 생산의 운동을 분석하자고 제안하였다. 각각의 공산주의적인 사상들을 비판하는 것만으로는 충분하지 못하-

기 때문에 새로운 협동체들을 더욱 더 광범위하게 형성해야 한다고 주장한 것이다. 그리하여 슐츠는 공업부문에서 어소시에이션의 형성 문제를 가장 중요한 것으로 파악하고 자본가적인 대공업이 잉태하는 모순을 직시하면서 그 안에서 잠재적으로 노동자의 어소시에이션이 나타나 인간에 의한 인간의 착취를 폐지하고 자연스러운 힘들을 복종시킴으로써 생산력들의 고도의 발전과 자유시간의 증대를 실현하고 그것을 물질적인 기초로 하여 민주제Demokratie가 개화하는 미래의 청사진을 그려냈다. 슐츠는 이 과정이 '생산의 운동'의 불변의 법칙으로서 역사적 필연이라고 생각했다. 즉 물질적인 생산의 발전 법칙의 역사적이고 필연적인 결과로서 새로운 협동체가 형성된다고 본 것이다. 슐츠는 자본의 모순을 분명히 보았다. 자본가적인 대공업이 한 편으로는 생산력의 더 광범위한 결합을 추진하지만 다른 한 편에서는 착취와 계급 대립이 격화하는 자본(주의)의 양면성을 본 것이다. 그러나 슐츠에게는 국가라는 개념이 비어 있고 그러한 자본의 모순을 어소시에이션 안에서 어떻게 해소할지에 대한 청사진은 부재하는 것으로 보인다. 슐츠는 『생산의 운동』에서 생산의 운동이 역사적으로 필연적인 것임을 밝히고 이러한 역사적 필연의 과정이 권력자에 의해 시도 때도 없이 제지될 경우 혁명이 대기하고 있다고 말하지만 그러한 혁명이 어떤 매개과정을 거쳐 집행되고 실천될 지에 대해서는 이야기하지 못하고 있다는 것이다.

5

마르크스와 어소시에이션 그리고 혁명

마르크스라는 천마봉에 올라서려면 몇 개의 능선들이 필요할까? 이 말은 어소시에이션이라는 천마봉에 올라가려면 상당수의 능선이 필요하다는 말과도 같다. 어느 능선을 선택하는가에 따라 천마봉에 빠르게 올라설 수도 있고 느리게 도착할 수도 있다. 어소시에이션이라는 천마봉에 올라서자면 실제로 여러 개의 능선이 필요하다. 마르크스가 스스로 자기 저작들이나 팜플렛 등에서 어소시에이션을 여러 가지 의미로 쓰는 바람에 어소시에이션이 뭔가 하는 데에는 통일된 개념이 존재하지 않는다. 게다가 마르크스가 『독일 이데올로기』에서는 독일어 Vereinigung이라는 단어를 쓰기도 하고 『자본론』에서는 어소시에이션의 분사형용사 꼴인 assoziiert를 사용하여 '자본주의적인 생산양식으로부터 연합된assoziiert 생산양식으로의 이행형태'라는 말을 쓰기도 한다. 또한 마르크스의 어소시에이션이라는 말은 코뮌과도 연관되어 쓰인다. 더 나아가 최근 비좌파 진영의 정치학자들이 '글로벌한 어소시에이션 혁명'을 이야기하거나[48] 알튀세르와 결별한 폴 허스트Paul Hirst는 『결사주의적 민주주의』associative democracy 같은 책에서 '결사주의적 복지국가' 같은 개념을 사용하기도 한다.[49] 어소시에이션을 회사로 보든 결사로 보든 어소시에이션이 뭐냐 라고 질문할 때 단도직입적으로 대답할 수도 있다. 노동조합도 참여연대도 최근 논의되는 사회적 기업이나 NPO도 모두 크게 보면 어소시에이션이라고 할 수 있다. 이러한 몇 가지 능선이 눈에 들어 와도 어소시에이션이라는 천마봉에 올라서기가 녹록하지 않다.

국내에서 지난 몇 년 동안 코뮌, 어소시에이션에 대한 관심이 나타났다. 제 2 회 맑스 코뮤날레 이후 문화과학, 진보평론, 수유+공간 등이 어소시에이션을 중심으로 코뮌주의에 대한 관심을 보이기 시작한 것이다. 박 영균의 「사회주의와 변혁주체」, 심 광현의 「생태적 문화사회구성체 요강」, 「68혁명의 문화정치적 모순과 이행문제」, 수유 + 공간의

48 국내에서는 장하준, 하승우 등이 '제 3 섹터' 이야기를 한다. 구도완, 여형범의 「대안적 발전 : 생태적 공동체와 어소시에이션을 넘어서」 같은 글, 사회적 기업 연구소가 있는 프랑스 리쥬Liege 대학교에서 포스트 닥을 하고 있는 장원봉 같은 사람이 최근 미국의 레스터 살라몬Lester Salamon 등처럼 제 3 섹터 부문, 사회적 기업 등을 어소시에이션으로 파악한다. 최근 일본에서는 시민사회의 한계를 넘어 어소시에이션으로 나아가고자 하는 흐름이 있는데 구도완, 여형범의 글 제목처럼 어소시에이션을 넘어서자고 하는 주장은 어소시에이션에 대한 이해 부족에서 비롯된 것이거나 좌파적 입장에서 어소시에이션을 파악하는 것과 비좌파적 입장에서 어소시에이션을 파악하는 것 사이에 차이가 나기 때문인 것으로 보인다. 1990년 이후 존스 홉킨스 대학에서 추진한 비영리기업 조사 프로젝트나, 1996년부터 자크 드푸르니Jacques Defourny가 중심이 되어 유럽 15개 국을 대상으로 공동 조사한 사회적 기업 문제, 그리고 사회적 경제의 문제처럼 비좌파 진영에서 논의되어 온 어소시에이션 이론은 한 번 전체적으로 검토해볼 필요가 있다.

49 어소시에이션이라는 말을 번역할 때 생기는 문제들에 대해서는 타바타 미노루田畑稔가 『マルクスとアソシエ-ション - マルクス再讀の試み』(1994, 新泉社), 23-25 쪽과 41-46 쪽에 이르는 긴 각주에 정리해 놓고 있다. 일본의 경우 어소시에이션이라는 단어에 대해 처음 주목한 것은 1967년에 쓰인 田中淸助의 논문 「マルクスにおけるAssoziationの概念について」이다. 어소시에이션이라는 말은 푸리에가 1808년에 제일 먼저 사용하였다.

『코뮨주의 선언』, 제 2회 맑스 코뮤날레에서 나온 『맑스, 왜 희망인가』에 실린 몇 편의 글들, 문화과학의 『코뮌주의와 문화사회』 등 한국 좌파들이 마르크스와 코뮌주의의 관계에 대한 이론적인 분석을 시도하였다. 그런데도 아직까지 마르크스라는 천마봉에 올라서기엔 요원해 보인다. 왜 그럴까? 능선을 잘못 탄 것일까? 마르크스는 『철학의 빈곤』에서 서로 어소시에트associate하려는 최초의 시도가 제휴coalition라고 이야기했는데, 이제껏 마르크스가 말한 바의 제휴나 연대에 머물렀지 그 실천적인 노력을 어소시에이션으로까지 확장시키지 못한 한국 좌파들의 실천력 부재에 있는 것일까? 혹은 가라타니 코우진과 에티엔느 발리바르를 비판하며 코뮌주의를 규제적 이념으로 파악하자는 심광현의 주장처럼 코뮌주의에 대한 이론적인 성찰이나 청사진이 부족했기 때문일까?

결국 국가(주의)와 자본(주의)의 극복이 어소시에이션 문제와 연결된 것이고 그것이 혁명의 문제와 연결된 것일 터이다. 혁명이란 무엇인가 라는 질문, 혹은 혁명은 어떻게 이루어지는가 라는 질문은 어소시에이션이라 무엇인가, 혹은 어소시에이션이 이루어지면 그것이 곧 혁명인가 라는 질문과 같다. 그러나 여기서도 '국가와 어소시에이션의 관계'에 대해서는 이론적인 성찰이 더 필요하다. 국가란 것이 국가주의자들의 주장처럼 소멸하고 무정부주의자들처럼 즉각 폐지된다고 해도 막강한 재생력 내지는 복제능력을 갖고 있기 때문이다. 19세기에 협동조합, 상호부조단체, 자선단체, 볼런티어단체 등이 있었지만 근대국가라는 괴물은 그 많은 어소시에이션들을 관통 · 흡수하며 모습을 드러냈고 자본(주의)은 그 많은 어소시에이션을 시장의 바다 안으로 침몰시켰다. 물론 이 말을 거꾸로 뒤집어 보면 근대 국민국가는 어소시에이션이 등장하는데 거대한 장애물이었다고 말할 수 있다. 16세기 서유럽에서 등장하기 시작한 근대 국민국가가 19세기에 들어 와 그 기본적인 틀을 완성하면서 어소시에이션을 파괴 · 억압하기 시작하였다. 그렇다면 그렇게 파괴된 공동체적인 어소시에이션들이 복구되고 국가와 자본으로부터 해방되면 그것이 혁명인가? 이러한 탈국가론은 최근 비좌파 진영의 정치학자를 비롯한 이론가들도 꿈꾸고 있는 것 아닌가? 레스터 살라몬Lester Salamon은 20세기 후반 '비영리섹터'의 급증에서 어소시에이션의 혁명을 보고 있고[50] 사사게 켄지捧堅二는 「국가와 어소시에이션」에서 "20세기 마지막 10년 정도부터 근대국가는 분명하게 전환기에 들어갔다"[51]고 말하지 않는가? 살라몬과 켄지의 주장처럼 어소시에이션(비좌파들이 말하는)의 자기증식이 현실화되고 있지만 이것을 두고 탈국가론이라고 말할 수는 있겠지만 과연 국가와 자본의 극복 내지는 혁명이라고 말할 수 있을까? 어소시에이션의 자기증식의 임계점을 혁명으로 규정하다고 해도 국가라는 괴물은 탁월한 자기복제 능력으로 당 같은 어소시에이션을 잠식하거나 국가 형태로 재생시킬 수 있고 자기증식하는 어소시에이션을 자본의 논리로 포섭하거나 억압할 수 있기 때문이다. 어소시에이션의 자기증식 능력이 양의 문제가 아닌 한, 어소시에이션들이 국가와

---

50 독일의 안드레아스 아이젠Andreas Eisen은 살라몬이 말하는 제 3 섹터로서의 어소시에이션 개념 안에 협동조합이 빠져 있다고 비판한다.

51 『アソシエ-ション 革命へ 理論 · 構想 · 實踐』, 田畑稔 外, 2003, 社會評論社, 53 쪽.

자본으로부터 해방된다고 해서 그것이 곧 혁명이 아닐 수도 있다. 어소시에이션의 자기증식 과정이 임계점에 도달했을 때 국가와 자본의 재생력이 소진되고 그것들의 착취 · 축적 기능 또한 중지되어야 그것이 바로 혁명이라고 말할 수 있을 것이다.

이러한 문제의식 하에 마르크스에게 영향을 끼친 세 가지 유산을 살핀 후 마르크스의 어소시에이션 이론의 전개 과정과 그 의미를 살피고 어소시에이션에 대한 좌파와 비좌파의 입장을 살펴봄으로써 어소시에이션 이론이 오늘날 변혁 이론으로 가능한 것인지, 가능하다면 어떻게 가능한 것인지 이론적으로 살펴보고자 한다. 그리고 무엇보다도 어소시에이션을 마르크스가 말한 바의 사회적 편성이론으로 제기하고 어소시에이티브한(연합체적인) 사회구성체론을 세우고자 한다. 마르크스의 어소시에이션 이론은 마르크스가 파리 코뮨의 실패 이후 보다 더 집중적으로 연구한 것이지만, 사실상 '미완성의 프로젝트'라고 할 수 있다. 따라서 그 프로젝트를 오늘날 다시 가동 실현시키려면 어소시에이션 개념을 역사적으로 검토하고 새로운 마르크스주의적인 상상력을 동원시켜야 한다. 따라서 이 과정에서 본고는 어소시에이션과 코뮌의 관계, 어소시에이션과 노동의 관계, 어소시에이션과 국가 및 자본(주의)의 관계, 어소시에이션과 권력의 관계, 어소시에이션과 국가장치의 관계 등에 대한 문제들도 부수적으로 살펴볼 것이다.

5.1 마르크스의 세 가지 유산

타바타 미노루田畑稔는 기존의 마르크스 연구에서 '어소시에이션'의 관점이 은폐되어 있었다고 말한다. 박 영균이 「사회주의와 변혁주체」에서 프롤레타리아 독재 개념을 비판하면서 기존의 좌파 논의에서 코뮌이라는 개념이 봉쇄된 질문이었다고 하면서 프롤레타리아 독재에 현실성을 부여했던 코뮨의 현실적 상태들에 대한 연구와 풍부화가 진행되지 않았다고 말한 것도 이와 유사한 주장이다.[52] 이것은 지난 역사에서 국가사회주의, 국가자본주의, 그리고 자본주의 자체가 어소시에이션 형태의 국가를 억압하고 어소시에이션이 등장하는 그 앞을 가로막으며 훼방 놓던 것과 유사하다.[53]

마르크스의 어소시에이션 이론은 그동안 공상적 사회주의 론을 통해 은폐되어 있었다. 마르스가 공상적 사회주의자로 분류된 것이 그 증거라고 말할 수 있다. 게다가 공상적 혹은 유토피아적인 사회주의론에 대한 글이 최근에 쓰여 지긴 했지만 아직 초보적인 단계라서 그런지 아직 그 전모가 다 밝혀지지 않았다고 말할 수 있다.[54] 마르크스와 오웬, 마르크스와 푸리에, 마르크스와 생시몽, 마르크스와 프루동의 관계에

---

52 <진보평론>, 제 30 호에 실린 글 참고.

53 구 소련에서 레닌이 구상한 '모스크바의 코뮌국가'가 그 당시 정치 세력들의 투쟁 과정 등에서 소련 형 사회주의 국가로 변질된 구체적인 과정에 대해서는 이 득재, 「레닌과 코뮌」(『현대사상』, 2009, 제 5 호) 참고.

54 박 주원, 「「오웬과 푸리에, 19세기 사회주의의 또 다른 길과 꿈」, 제 2회 맑스 코뮤날레 조직위원회 엮음, 『맑스, 왜 희망인가』, 메이데이, 2005.

대해서는 더 깊고 넓은 이론적인 성찰이 필요하겠지만 본고에서는 이 유토피아적인 사회주의를 세 가지 유산 안에 포함시키되 더 자세하게 언급하지는 않으려고 한다. 다만 생시몽이 경쟁에 대립하는 개념으로서 어소시에이션이라는 말을 사용했다거나 생시몽의 어소시에이션 개념이 당시 사회주의와 등치되어 있었다는 사실이 마르크스의 첫 번째 유산의 내용이라는 점만 언급하겠다. 마르크스에게 영향을 끼친 두 번째 유산은 루소의 어소시에이션 론이었다. 기존의 마르크스 연구에서 어소시에이션의 관점이 은폐되어 있었다고 말하는 타바타 미노루는 마르크스가 어소시에이션이라는 말을 어떻게 사용했는지 그 용례들을 검토하다보면 마르크스가 예외 없이 루소가 『사회계약론』에서 밝힌 어소시에이션 이론을 인용하고 있다고 말한다.[55] 루소는 『사회계약론』에서 다음과 같이 말한다.

> 모든 공동의 힘을 갖고, 각각의 연합된associe 사람과 재산을 수호하고 보호하는, 또한 그것에 의해 각각의 사람은 만인에게 연결되고, 그러면서도 자기자신에 외에는 복종하지 않는, 종래와 마찬가지의 자유인, 어소시에이션의 한 형태를 발견하는 것, 이것이야말로 사회계약이 풀어야 할 근본적인 문제이다[56]

마르크스에게 있어서 루소의 유산은 루소가 어소시에이션에 대해

55 타바타 미노루 田畑稔,『マルクスとアソシエ-ション - マルクス再讀の試み』, 1994, 新泉社, 49 쪽.
56 앞의 책, 47 쪽 재인용 번역.

언급하고 있고 그가 언급하는 어소시에이션 개념이 마르크스의 어소시에이션 이론에 영향을 주었다는 사실 때문에 중요한 것이 아니다. 루소의 유산에서 중요한 첫 번째 문제는, 루소가 어소시에이션을 각각의 연합한 사람들과 그들의 재산을 수호하려는 공통의 목적을 이루기 위해 각각의 사람들이 자유의지에 바탕을 두고 힘을 결합하는 조직형태로 생각했다는 것이다. 그러나 루소의 문제는 각각의 사람들의 자유의지를 어소시에이션이라는 정치조직의 일반의지에 종속시킴으로써 일종의 국가주의적인 색채를 어소시에이션에 부여했다는 점이다. 마르크스가 루소의 어소시에이션 론에서 이 점을 간파했는지 못했는지는 확인할 길이 없지만 마르크스에게 루소가 미친 영향을 검토함으로써 결국 어소시에이션에서 국가 문제가 부각될 수 밖에 없다는 점을 확인할 수 있다. 또 한 가지 마르크스가 『자본론』과 달리 완벽하게 완성시켰다고 볼 수 없는 어소시에이션 이론에 영향을 끼친 유산에는 빌헬름 프리드리히 슐츠Wilhelm Friedrich Schulz(1797-1860)가 있다. 우에무라 쿠니히코植村邦彦는 헤겔에서 마르크스에 이르는 사상사적인 연구에서 빌헬름 슐츠를 '잃어버린 고리'[57]로 표현하면서 마르크스가 슐츠로부터 직접적으로 많은 영감을 받았다고 말한다. 1838년 슐츠는 블록하우스의 『현대사전』에 「어소시에이션」이라는 항목 논문을 기고하였고 『국민대표제에 의한 독일의 통일』라는 저서에서 처음으로 '어소시에이션' 이론을 밝혔다. 1844년 여름에 마르크스가 쓴 『경제 철학 수고』에 슐츠의 이름이 기론되고

---

57 우에무라 쿠니히코植村邦彦, 『シュルツとマルクス』, 新評論, 1990, 9-10 쪽.

있는데 우에무라 쿠니히코는 코르뉴Comu의 말을 인용하며 다음과 같이 말한다.

> 마르크스의 사상 형성과의 연관에 대해 슐츠를 처음으로 주목한 오귀스트 코르뉴는 마르크스가 『경제 철학 수고』과 『경제학 노트』를 집필하던 때에 큰 영향을 받은 저작으로서 1844년의 〈독일 프랑스 연보〉에 게재된 엥겔스의 「국민경제학 비판 개요」, 전장에서 본 〈스위스에서 온 21 보겐〉에 게재된 헤스의 논문들과 함께 슐츠의 『생산의 운동』을 들고 있다[58]

우에무라 쿠니히코는 슐츠가 1937년에 쓴 「푸리에의 사회이론. 오웬 및 생시몽주의자의 학설과의 비교」라는 항목 논문을 검토하면서 이 논문에서 슐츠가 밝히고 있는 어소시에이션 이론이 마르크스가 『정치경제학 비판』에서 밝힌 유물론적인 역사관의 정식과 겹친다고 하면서 슐츠가 마르크스에게 미친 영향을 코르뉴보다 더 적극적으로 해석한다. 우에무라 쿠니히코에 따르면 헬무트 라이헬트와 라인홀트 제흐Helmut Reichelt und Reinhold Zech는 마르크스의 생산력과 생산관계 개념의 사상적인 원천 중의 하나로서 슐츠의 1843년 주저 『생산의 운동』을 든다.[59] 슐츠는 공업부문에서 어소시에이션의 형성 문제를 가장 중요한 것으로

---

58 앞의 책, 237 쪽.

59 앞의 책, 238 쪽. 마르크스는 슐츠의 『생산의 운동』에 대해 『자본론』에서 "많은 점에서 칭찬할 만한 저작"이라고 말한다(앞의 책, 259 쪽). 마르크스는 『경제학 철학 초고』를 쓴 이후 슐츠가 망명가기 전에 취리히에서 서거한 1863년 봄 슐츠에 대해 언급하는데 마르크스는 '경제학비판'을 쓰기 위한 23 권의 노트에 슐츠의 『생산의 운동』에 나오는 구절을 11 곳이나 인용할 정도였다.

파악하고 자본가적인 대공업이 잉태하는 모순을 직시하면서 그 안에서 잠재적으로 노동자의 어소시에이션이 나타나 인간에 의한 인간의 착취를 폐지하고 자연스러운 힘들을 복종시킴으로써 생산력들의 고도의 발전과 자유시간의 증대를 실현하고 그것을 물질적인 기초로 하여 민주제Demokratie가 개화하는 미래의 청사진을 그려냈다. 슐츠는 이 과정이 생산의 운동의 불변의 법칙으로서 역사적 필연이라고 생각했다. 즉 물질적인 생산의 발전 법칙의 역사적이고 필연적인 결과로서 새로운 협동체가 형성된다고 본 것이다.

필자가 마르크스 연구에서 주목받지 못한 유산 세 가지를 언급한 이유는 앞으로 보게 되겠지만 마르크스의 『자본론』에 바탕을 둔 노동운동만이 아니라 어소시에이션 운동이 필요하다는 것을 주장하기 위한 것이다. 어소시에이션 운동은 자본에 대한 노동운동을 넘어 국가에 대한 대항운동으로서 대항적인 어소시에이션 운동 조직의 전국적 확산은 국가 소멸과 직접적으로 연관된 문제이자 마르크스의 역사적 유물론을 『자본론』만큼이나 완벽하게 완성시킬 수 있는 방안이기도 하다.

지금, 왜 어소시에이션인가?

마르크스는 생시몽으로부터 경쟁 대 어소시에이션이라는 아이디어를, 루소로부터는 정치조직으로서의 어소시에이션 론을, 슐츠로부터는 개체의 자유, 자유 시간, 생산력 발전을 토대로 한 민주제, 자본가적인 대공업의 모순, 어소시에이션에 의한 착취 폐지 등의 아이디어를 얻으면서 국가와 자본에 대한 사유를 어소시에이션 이론으로 발전시켜 나갔다. 마르크스의 어소시에이션 이론은 물론 미완성의 프로젝트이고 오늘날 마르크스의 어소시에이션 이론은 새롭게 재구성되어야 하는 것이지만 마르크스의 어소시에이션 이론에서 의문이 드는 점이 있다. 어소시에이션을 좁은 의미로 파악하면 노조를 포함한 여러 가지 노동 조직, 당, 오늘날의 시민사회 조직들 등으로 이해할 수 있다. 마르크스가 하나의 전국적인 규모의 어소시에이션을 이야기할 때 마치 그것은 오늘날 가령 민주노총 같은 것을 연상시키기도 한다. 물론 민주노총이 마르크스가 어소시에이션 개념을 통해 말하는 국가와 자본의 극복에 다다른 것은 아니다. 민주노총도 현재 대한민국이라는 국가 틀 안에 존재하기 때문이다. 마르크스가 러시아의 많은 지식인들과 교류하는 과정에서 러시아 공동체의 현실을 보고 자본주의를 비월해 사회주의로 나가자고 말한 체르니셰프스키의 견해를 수긍했을 때, 마르크스가 그렇게 수많이 존재하던 공동체를 어소시에이션으로 본 것은 아닐 것이다. 그렇다면 어소시에이션은 도대체 무엇인가? 그것은 국가 안의 '또 다른 국가'인가 아니면 국가 바깥에 존재하는 '또 다른 국가'인가? 물론 어소시에이션을 말할 때에는 국가를 상정할 수 없다. 어소시에이션이 국가 자체도 아니다. 그러나 어소시에이션이 국가 바깥에 있다고 말할 때 국가 '바깥에' 있다는 것은 도대체 뭔가? 그리고 마르크스가 파리 코뮌에서 국가 그 자체에 대항하는 것을 어소시에이션이라고 했을 때 그 '대항'의 의미는 무엇인가? 어소시에이션이 국가 바깥에 있는 것이라고 할 때 기존의 국가에 대한 저항적인 입장은 소멸되고 마는 것인가? 아나키즘이 국가의 즉각 폐지를 요구하고 레닌이 국가 소멸을 이야기했을 때 국가의 소멸 과정은 어떻게 이루어지는 것인지, 그리고 어소시에이션이 전국적으로 건설되고 연합화가 이루어지면 그것이 국가를 대체하고 국가가 소멸하는 것이고, 그것이 바로 혁명인지 의문이 든다. 물론 필자는 상상을 하고 있다. 이런 상상을 하다 보면 기존의 국가는 현실적인 것the actuality으로 여겨지고 어소시에이션은 잠재태virtuality로 여겨진다. 그렇다면 잠재태가 실재적인 것과 상동적인 것이 아니듯이 어소시에이션은 기존의 국가가 아니거나 혹은 기존의 국가와는 다른 형태의 국가이거나 둘 중의 하나일 것이다. 그러나 어소시에이션을 국가와 등치시킬 수 없는 것이 어소시에이션이라고 한다면 후자처럼 국가를 상정할 수는 없을 것이다. 그렇다면 국가를 '상정하지 않는다는 것'은 도대체 무슨 뜻일까? 혹은 국가를 상정하지 않을 수 없는 것 아닐까? 국가를 상정하고 현실적인 것 안에서 잠재태로서의 어소시에이션이 기존 국가와 그 국가장치를 해체 전환해야 하지 않을까? 어소시에이션을 국가 바깥에 위치 지운다는 것은 어소시에이션을 아나키즘처럼 국가 바깥의 공동체로 파악하는 것이기 때문이다. 19세기 러시아 공동체처럼 체르니셰프스키가 파악한 대로 자본주의를 비월해 사회주의로 나갈 수는 없다. 우리의 경우에는 러시아처럼 공동체에 근거해 자본주의를 비월해 사회주의로 나아갈 만큼 공동체가 존재하지 않기 때문이고 자본주의적인 상품 사회를 어소시에이션 조직으로 대체할 만큼 어소시에이션 운동 자체가 전무하기 때문이다. 게다가 러시아에서는 당시 공동체에서 자본주의를 비월해 사회주의로 나갈 만큼 자본주의적인 생산 양식이 충분하게 발전하지 않았던데 비해 오늘날의 자본주의는 생산력의 고도화를 이루고 있다. 이런 점에서 레닌은 『러시아에서 자본주의의 발전』에서 러시아 공동체의 특수성을 도외시했고[60] 나로드니키인 체르니셰프스키는 러시아 공동체의 특수성에 너무 많은 기대를 걸었다고 말할 수 있다.[61]

박 영균이 이야기하듯이 코뮨적 장치에 근거한 사회적 생산을 사회화하는 사회주의가 어소시에이션을 뜻할 수 있다.[62] 심 광현이 이야기하듯이 어소시에이션을 사민주의의 대안 모델로 제기하는 것에도 공감이 간다. 그런데도 박 영균이나 심 광현의 주장이 틀렸다는 것이 아니라 거시적인 차원에서 어소시에이션을 이야기하는 것에는 공감이 충분히 가지만 그래도 뭔가 미진한 구석이 남아 있는 느낌이 든다. 왜 그럴까? 왜 어소시에이션인가? 생시몽이 어소시에이션을 사회주의와 등치시켰지만 왜 하필 사회주의라는 말을 사용하지 않고 어소시에이션이라는

---

60 정 성진 지음, 『마르크스와 트로츠키』, 한울 아카데미, 2006, 136 쪽.

61 마르크스는 자본주의를 비월하자는 체르니셰프스키의 견해에 동감은 나타냈지만 나중에는 신중한 입장을 취한다. 마르크스는 러시아의 자술리흐와 나눈 서한에서 '지역화된 소우주'localizes microcosmos를 이야기하면서 러시아 코뮌이 서유럽에서 그 유례를 찾을 수 없을 만큼 방대한 제국에 걸친 대중들의 삶의 지배적인 형태이지만 지역적인 소우주 상태가 그 허약한 면이 될 수 있다는 점을 지적한다(Theodor Shanin, Late Marx and the Russian Road, Monthly Review Press, 1983, p. 111). 그리하여 마르크스는 러시아 코뮌을 구하자면 러시아 혁명이 필요하다는 결론에 이르게 된다.

62 타바타 미노루는 코뮨은 지역적인 자치조직이지만 어소시에이션은 반드시 지역적인 자치조직일 필요는 없다고 말한다. 『マルクスとアソシエ-ション - マルクス再讀の試み』, 130 쪽.

용어를 사용해야 할까? 어소시에이션이라는 개념을 사용해서 얻는 이득은 무엇일까? 문제가 용어상의 문제가 아니라면, 어소시에이션에 대해 이야기해도 뭔가 미진한 느낌이 드는 것은 결국 어소시에이션을 조직으로 실천해내지 못하기 때문인가? 우에무라 쿠니히코는 어소시에이션을 유토피아로 보고, 마르크스가 독일 혁명기의 공산주의자들과 달리 어소시에이션의 유토피아적인 성격을 간파했다고 이야기하면서 마르크스가 말한 직접적이고 사회적인 생산양식의 유토피아적인 성격을 계속 추궁해 들어가야 마르크스의 어소시에이션 이론을 충분하게 평가할 수 있다고 말한다.[63] 이러한 의문들이 드는 이유는 오늘날 비좌파 조직들이 어소시에이션적인 형태들을 갖추고 있다는 점에서 비좌파 진영의 어소시에이션 구상과 비교해야 한다는 필요성을 느끼기 때문이다. 어소시에이션 이론이 충분해지려면, 그리고 어소시에이션의 유토피아적인 성격을 구체화하려면 국가와 시민사회라는 이분법을 해체하고 국가와 시민사회를 가로질러 비좌파 진영의 어소시에이션적인 조직들에 대한 대항적인 이데올로기를 생산하고 그 대안과 조직적 실천을 좌파 진영 안에서 마련해야 하는 것 아닌가 라는 생각이 든다.

왜 어소시에이션인가 라는 질문을 던지는 이유는 이상의 의문들과 연관되어 있다. 마르크스가 러시아 공동체만이 아니라 스페인, 인도 등의 공동체를 연구하면서 결국 공동체 운동으로는 안 되고 러시아 코뮌을 구하자면 러시아 혁명이 필요하다고 말한 것처럼 어소시에이션

63 우에무라 쿠니히코植村邦彦, 『マルクスを讀む』, 青土社, 2001, 124 쪽.

조직 그 자체가 혁명을 담보해주는 것은 아니라고 말할 수 있다.

타바타 미노루가 "한 편으로 마르크스의 어소시에이션 론에 이제까지 빛이 비추어지지 않은 이론적인 이유로서 제일 큰 것은 사회적 편성die gesellschaftliche Gliederung이나 사회적 생활과정der soziale Lebensprozess 같은 마르크스의 범주를 우리가 읽으면서도, 읽을 수 없었다는데 있다고 생각할 수 있다"고 말한 것처럼[64] 마르크스는 어소시에이션을 사회주의로 가기 위한 혹은 어소시에이션 사회로 가기 위한 이행 전략으로 제기했다고 말할 수 있다. 좀 더 구체적으로 말하면 그 이행 전략을 위한 사회적 편성을 구상했다고 말할 수 있다. 마르크스가 구상한 사회적 편성은 사회주의 혹은 어소시에이션 사회로 가기 위한 사회구성체의 청사진을 마르크스가 마련해 놓았다는 뜻도 된다.[65] 〈〈문화과학〉〉은 그 동안 마르크스가 구상한 사회적 편성을 여러 경로로 제시한 바 있다. 최근 심 광현은 「68혁명의 문화정치적 모순과 이행의 문제」에서 가라타니 코우진, 발리바르, 불탄스키, 월러스타인의 논의를 비판적으로 검토하고 마르크스의 사유를 가추법적인 사유로 규정하면서 다음과 같이 말한다.

> 마르크스의 사유는 이런 맥락에서 국가주의의 연역과 무정부주의적인 귀납의 이율배반을 가로질러 국가와 어소시에이션이라는 기존의 수단 및

64 『マルクスとアソシエ-ション - マルクス再讀の試み』, 30 쪽.

65 이러한 모델에 대해서는 제 3차 맑스 코뮤날레에서 심 광현·이 득재의 「코뮌적 생태문화사회 구성체 요 강」에서 제시된 바 있다.

> 새로운 수단들을 상보적으로 결합하여 자본주의 체제 전체를 코뮌주의 사회로 전화시켜 나가는 창의적 방법을 발견해 나가는 가추법적 사유라고 할 수 있다. 이런 관점에서 보면 국가와 어소시에이션은 특권화될 경우 그 어느 하나로는 사회를 변화시킬 수 없는 독단에 다름 아니며 다만 자본주의를 코뮌주의 사회로 전화시키라는 '규제적 이념'에 입각하여 만들어내야 할 '국가 장치의 변형과 해체 + 어소시에이션의 확대 + 세계 공화국 + @'라는 창의적인 대안을 구성하는 일부에 다름 아니라고 할 수 있다[66]

필자는 여기서 마르크스의 유물론적 역사관을 더 완벽한 이론으로 구성해내려면 가추법적이고 창의적인 사회구성체 모델에 대한 상상이 필요하다는 심 광현의 주장에 적극 동의하는 바다.

타바타 미노루가 마르크스의 유물론적 역사관은 『자본론』에 필적할 만큼의 이론적인 완성도를 가진 것이라고 생각할 수 없다고 말했듯이[67] 마르크스의 유물론적 역사관을 더 완벽한 이론으로 구성해 내려면 심 광현이 주장하는 바대로 가추법적이고 창의적인 사회구성체 모델에 대한 상상 내지는 고민이 필요하고 마르크스의 이론을 더 완벽하게 만드는 것은 결국 우리의 몫이다.

---

66 <<마르크스주의연구>>, 2008년 제 5권 제 2호, 126 쪽.

67 『マルクスとアソシエ-ション - マルクス再讀の試み』, 30 쪽.

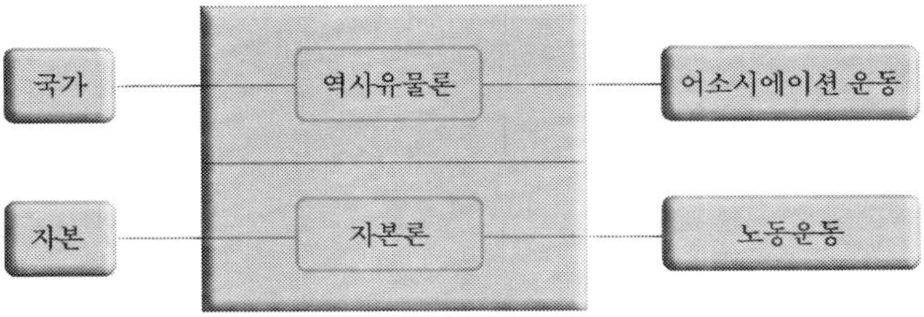

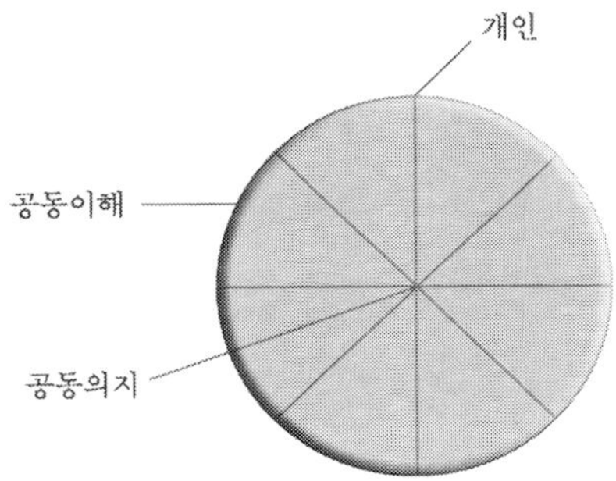

어소시에이션 형의 사회적 편성[68]

마르크스의 유물론적 역사관을 더욱 더 완벽하게 하기 위해 어소시에이션을 사회적 편성으로 파악하는 타바타 미노루는 어소시에이션 형의 사회를 앞의 그림처럼 제시한다. 그는 마르크스의 저작을 통해 사회적 편성의 4가지 유형을 밝히고 사회가 자생적 공동체 유형에서 권력형 사회 및 상품교환사회 유형으로부터 어소시에이션 유형의 사회로 이행한다고 보고[69] 또 다른 그림을 다음과 같이 제시한다.

---

68 『マルクスとアソシエ-ション - マルクス再讀の試み』, 39 쪽.
69 앞의 책, 41 쪽.

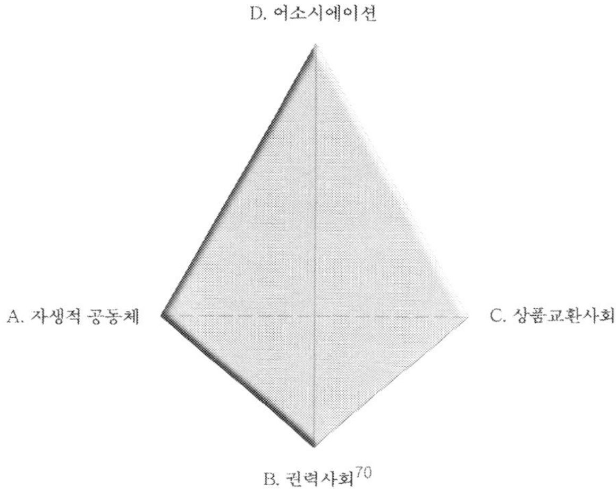

이행양식으로서의 어소시에이션

앞의 도표에서 보듯이 필자는 기존의 노동 운동이 자본과의 투쟁을 통해 임금을 유지하려고 해 왔다고 생각한다. 이것은 마르크스의 유산 중 『자본론』의 유산에 따르는 투쟁이었다. 물론 그 투쟁이 조직적으로 왜곡되어 오기도 했고 이론적으로 투철하지도 못했다. 『자본론』의 유산이 제대로 계승되지 못한 것이다. 노동자의 어소시에이션 형태 중 가장 기본적인 것이 노동조합이고 마르크스가 말한 대로 노동조합은 노동자계급을 조직화하는 센터이다. 주지하다시피 노동자 어소시에이션으로서의 노동조합은 노동이란 자본에 의해 묶여진 노동에 불과하기 때문에 노동

70 『アソシエ-ション 革命へ 理論・ 構想・實践』, 41 쪽.

그 자체에서 성립하는 것이 아니라 임금 및 노동시간 같은 노동 조건 면에서 노동자들의 상호 경쟁을 억제하고 자본가로부터 개선을 얻어 내는 자발적인 단결로서 개별적이고 국지적으로 성립하는 것이다. 마르크스는 모든 노동조합이 스스로 이것을 자각하고 노동자계급을 조직화하는 센터를 형성하는 것을 두고 마치 중세의 모든 지방자치체municipality나 코뮌이 중산계급을 위해 뭉친 것과 똑같다고 말한 바 있다. 마르크스는 노동조합 같은 노동자 어소시에이션만 말한 것이 아니라 차티스트운동이나 노동자정당 같은 정치적인 어소시에이션도 이야기했다. 노동자 어소시에이션을 넓은 의미로 사용하면 노동조합, 협동조합 같은 산업적인 어소시에이션과 앞서 말한 정치적인 어소시에이션, 더 나아가 독일의 노동자교육협회Arbeiterbildungsverein를 모두 노동자 어소시에이션으로 생각할 수 있다. 마르크스가 『철학의 빈곤』에서 상호 어소시에이트associate하려는 노동자들의 최초의 시도가 제휴coalition라는 형태를 띤다고 한 것은 어소시에이션 과정이 임시파업을 위한 부분적인 제휴로부터 조합이라는 지속적인 제휴로 나가거나 지역적인 노조로부터 8만 명의 전국노조연합회로 나가는 것을 염두에 두고 한 말이었다. 이것은 양적인 측면에서 어소시에이션을 바라보는 것이다. 그러나 질적으로 보면 임금유지보다도 어소시에이션의 유지 쪽이 한층 더 필요하다고 말할 수 있다. 이것은 일종의 가치 전도인데 임금보다 조직의 유지가 중요하다는 지점에 이르면 마르크스가 말한 제휴는 정치적인 성격을 띠게 된다. 차티스트 운동 같은 노동자의 정치 투쟁이 그런 것이다. 이 경우 노동자들은 경제적인 조건에 강제되어 자본에 대항하는 하나의 계급으로 뭉칠 수밖에 없다는 데에 머물지 않고 이러한 투쟁을 통해 미래사회를 열어나가는 대자적 계급으로 자기 스스로를 구성해 나가게 된다. 이 구성과정에서 주도권을 쥔 것은 지배하는 계급으로서 조직된 프롤레타리아라는 것이 마르크스의 생각이었다.

필자는 여기서 어소시에이션화의 과정에서 노동자들 사이의 경쟁이 어소시에이션의 대항 원리로 강력하게 작용한다든지 항상 어소시에이션이 되면 위임원리에 의한 공동기능의 대표자들 사이에 분쟁이 생기거나 관료화, 권력관계에 의한 조직의 사물화가 진행되는 문제는 언급하지 않으려고 한다. 어소시에이션은 언제나 탈어소시에이션화 과정의 힘과 재어소시에이션화 과정의 힘의 작용을 매개로 해서 성립하는 것이기 때문에 노동자들이 제휴에서 어소시에이션으로 나갈 때, 프롤레타리아가 계급과 정치적인 당으로 조직화할 때 노동자들 사이의 경쟁을 넘어 조직이 더욱 더 강력하고 견고해지기 위한 방안에 대한 고민이 필요하다는 점만 제기하고 싶다. 앞에서 본 어소시에이션 형태의 사회적 편성 그림처럼 자유로운 개인들이 공동의지에 바탕을 두고 활동과 물건을 결합함으로써 형성되는 사회 유형이 노동자의 어소시에이션 안에 정착될 필요가 있다. 우리가 꿈꾸는 미래사회가 이러한 어소시에이션이라면 노동조합 안에 이러한 사회의 유형이 먼저 안착해야 하는 것이 아닐까.

앞의 그림에서 보듯이 문제는 이행의 양식으로서의 어소시에이션 운동을 생각해보는 것이다. 타바타 미노루는 마르크스를 따라 자생적 공동체와 그것의 갖가지 변형된 형태로부터 시민사회를 거쳐 어소시에이션에 이르는 어소시에이션화의 과정을 이야기했는데 그가 생각한 것도 결국엔 어소시에이션을 이행의 양식으로 본 것이다. 그러나 이러한 어소시에이션 과정은 단선적이 아니라 중층적으로 이루어진 것이고 사각 뿔 그림에서 보듯이 어소시에이션 안에는 자생적 공동체, 상품교환사회, 권력사회가 중층적으로 포개져 있다. 따라서 문제는 어소시에이션이 시민사회 그 자체를 대체할 것인가 못할 것인가 하는 점이다. 어소시에이션은 시민사회 내부에서 전개되어 나오는 것이기 때문이다. 이것은 앞의 그림 중 어소시에이션 형태의 사회적 편성 그림 같은 어소시에이션이 기본적으로 교환사회 안에서 발달하는 것과 같다. 게다가 비좌파 혹은 비노동 영역에서 많은 유형의 어소시에이션들이 발달해 있는 상황이기도 하다.

필자가 기존의 노동운동이 『자본론』의 유산을 계승하는 차원의 운동이었다고 한 것은 우리가 어소시에이션화의 이러한 중층적인 과정을 이해하지 않고 단선적으로만 이해해 왔다는 의미다. 따라서 이제는 자본과 노동의 관계에 따른 노동운동과 병행하여 국가와 어소시에이션의 관계를 노동운동이 되묻고 현재의 중층적으로 형성되어 있는 어소시에이션화 과정을 전제하면서 노동자의 어소시에이션이 시민사회 혹은 비노동 영역의 어소시에이션에 대한 대항적인 조직화와 이데올로기를 준비해야 한다고 생각한다. 한마디로 말하면 반자본의 문제에 병행하여 국가와 시민사회 양자에 대한 저항과 대항의 방식이 필요하다는 것이다.

이것은 노동운동이 마르크스의 유물론적 역사관이라는 유산을 현재의 시점에서 충실하게 이행하는 문제이기도 하다.

앞의 그림 중 마지막 그림에서 보듯이 어소시에이션화 과정은 C → D, B → D, A→ D, C → A라는 네 가지 코스로 구성된다. 여기서 기존의 노동운동은 C → D의 코스와 연관되어 있었다. 이 코스는 노동의 소외, 물상화 과정에 대한 대항과정으로서 어소시에이션화 과정이 이루어져 왔다는 것을 의미한다. B → D에 이르는 선은 권력과정에 대한 대항과정으로서의 어소시에이션 과정을 나타낸다. 정점에 있는 개인 혹은 집단이 서로 고립되어 있는 개인을 하나로 묶고 그들로부터 사회적인 힘을 이끌어낼 때 사회적인 힘들은 묶여져 있는 자신의 힘으로서가 아니라 묶여져 있는 것의 권력으로서 외화되는 권력과정이 나타난다. 이러한 권력과정에 대항하는 어소시에이션을 위해서는 모든 개인들의 자기 통치 능력의 강화, 자기 자신들이 결합한 사회적 힘들의 자각과 조직이 필요하다. A → D에 이르는 코스는 폐쇄적인 공동체화의 과정에 대한 대항과정으로서 어소시에이션화가 이루어지는 과정을 나타낸다. C가 진전될수록 A가 해체되기 때문에 공동체의 재건은 불가피하다. 따라서 C → A로 가는 과정도 필요하지만 C → D로 가는 과정도 필요하다. 오늘날 공동체 운동은 이 두 과정을 겪고 있지만 B → D로 가는 코스를 고려하지 않거나 본격적으로 전개되고 있지도 못하다. 어떤 면에서는 C→ D를 C → A로 축소시켜 이해하고 있는 것처럼 보이기도 하고 B, C, D로부터 고립된 공동체를 구상하고 있는 것처럼 보이기도 한다.

이 과정을 역으로 뒤집어보면 탈어소시에이션화 과정을 볼 수 있다. D → C 코스는 어소시에이션의 영리기업화이고 D → B 코스는 어소시에이션이 공적이고 사적인 권력 시스템으로 변질되는 과정이며 D → A 코스는 어소시에이션이 폐쇄집단화하는 과정이다. 이렇게 보면 어소시에이션으로서의 D에 이르는 과정은 세 가지의 상향 코스와 하향 코스가 길항 과정을벌이는 과정 안에 있다고 할 수 있다. 따라서 문제는 A, B, C를 D로 끌어 올리는데 어떤 구체적인 전략과 청사진을 갖고 거기에 개입하는가 하는 것이다.

이 그림을 다시 그리면 다음과 같다.[71] 그림을 다시 그려보는 이유는 그렇게 할 경우 개입 지점이 좀 더 분명하게 드러나기 때문이다.

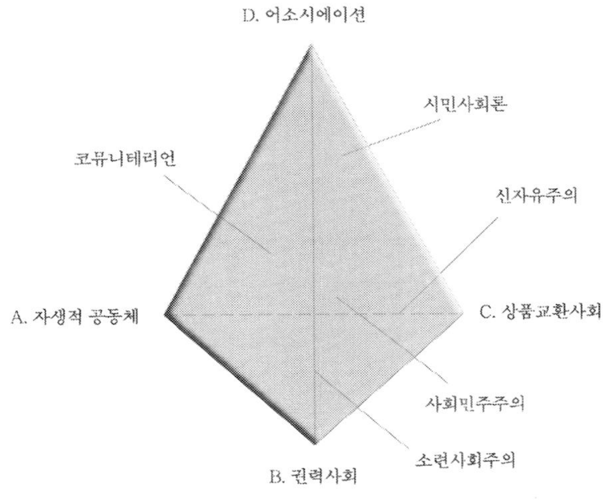

71 『アソシエ-ション 革命へ 理論・構想・實踐』, 43 쪽.

이 그림에서 보듯이 C → D 코스에서 B - C - D 로 이루어진 면 위에 시민사회론과 사민주의가 존재한다. 신자유주의는 C에서 A로 가는 과정에 장애물로 작용하거나 C의 변형태로서 C → D 보다는 D → C로 내려가는 하강과정을 가속화하고 있다. A - B - D 면 위에 존재하는 코뮤니테리언 즉 공동체 운동은 공동체 운동과 어소시에이션 운동의 차이를 애매하게 만드는 여러 가지 형태로 존재한다. A - B - D 면은 그 형태들이 존재하는 공간이다. 국가권력의 접근법에 따르면 전통적인 좌파 혹은 구좌파는 B에 가깝다. B → C, B → D에 이르는 코스에 그 정도에 따라 사민주의, 토니 블레어 류의 제 3의 길, 시장사회주의, 국가사회주의 등 각각의 형태들이 존재한다. 시장의 관점에서 보면 신자유주의가 C에 가깝게 존재하고 지구화, 작은 정부를 어소시에이션화의 기회로 적극 평가하려고 하는 각종 시민사회론은 C나 D에 조금 가까워지려고 위치를 이동시키고 있다고 말할 수 있다.

이 그림은 앞에서 본 그림처럼 우리가 인정하고 극복해야 할 장애물들을 좀 더 구체적으로 볼 수 있게 해준다. A, B, C가 각각 D로 상승하는 과정에서 우리가 극복해야 할 지점들이 다양하게 나타나 있기 때문이다. A - B - D로 이루어져 있는 면, B - C - D로 이루어져 있는 면에 동시에 어떻게 개입할 것인가? 전자에 대해 코뮌이 대안이라면 후자에 대해서는 자본에 대한 기존 노동운동과 그 확장 내지는 재구성이 대안이 아닐까 하는 생각이 든다. 그리고 그 두 개의 면이 접하고 있는 부분에서 국가에 대한 어소시에이션의 대항이 가능하다는 생각이 든다. 이것은

A - B - D로 이루어진 면과 B - C - D로 이루어진 두 면을 양 축으로 해서 B를 D로 상향시키는 어소시에이션 운동의 가능성을 보여준다고 말할 수 있다.[72]

그림을 다르게 그릴수록 장애물이 더욱 더 분명하게 드러나는 법이지만 그럴수록 어소시에이션 운동의 가능성이 많은 제약을 받는다. 필자는 『자본론』에 바탕을 둔 노동운동이 마르크스의 역사적 유물론의 유산으로 이행하면서 노동운동이 어소시에이션 운동과 결합해 그 지평을 확산시켜야 한다고 생각하지만, 그동안 좌파운동이 A B C가 D로 상향운동하는 과정을 입체적으로 보지 못하고 B - D코스만 보았거나 국가 및 국가장치에 대한 사고를 충분하게 전개시키지 못했던 것이 아닌가 하는 생각이 든다. 물론 최근에 〈민중의 집〉 등 A - D 코스를 생각하는 움직임도 있지만 다른 한 편으로는 국가가 B - C - D로 이루어지는 면을 잠식하면서 그 세력을 키운 헤게모니에 대해 무 대응으로 일관했다는 생각이 든다. 오늘날 좌파의 무능을 탓하는 비판이 있다면 바로 이 지점에 대한 고민을 하지 않았기 때문이 아닌가라는 반성이 든다. B - C - D로 이루어진 표면장력을 해체할 정도로 C가 여전히 무소불위의 힘을 과시하고 있는 상태에서 그람시가 구상한 윤리적인 국가, 사민주의라는 전망이 유혹적인 것도 사실이지만 그 이전에 이행 양식으로서의 D에 이르기 위한 여러

72 이것은 발리바르가 말하는 3중의 정치라는 이념과 유사하다. 그러나 필자는 B - C - D면과 B에서 D로 이르는 코스가 만나는 지점에서 국가의 문제를 사고하려고 하기 때문에 국가의 헤게모니적인 측면을 확장하는 그람시적인 윤리적 국가의 전망과는 다르다. B -C - D면은 C - D, B - D, B - C의 세 선분으로 이루어져 있고 이 선분의 위치 이동에 따라 면의 크기가 달라진다는 점을 고려해야 한다. 심 광현, 「68혁명의 문화 정치적 모순과 이행의 문제」, 122 쪽 참고.

가지 다양한 제약들과 장애들을 정확하게 인식할 필요가 있다.[73]

마지막으로 D는 A B C를 응축한 것이자 동시에 A B C를 지양하는 것이다. 이것은 D가 ACD, ABD, BCD, ABC로 이루어진 4개의 면을 동시에 지양한 형태라는 말과 같다. 다시 말해 4개의 면이 소멸되는 과정이 어소시에이션의 전국적인 확산과 일치한다는 말이다. 그 중에서 앞의 그림에 나타난 B - C - D 면을 좀 더 자세하게 보면 다음과 같이 나타난다.[74]

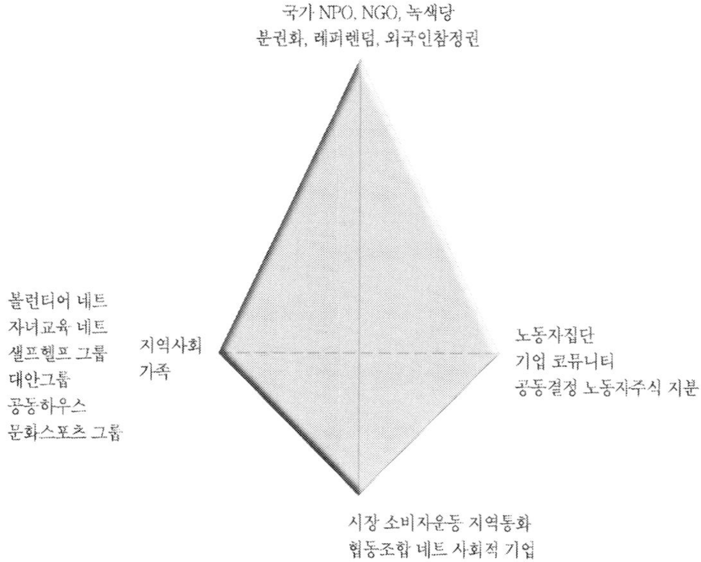

73 이 점은 심 광현도 지적하고 있다. 「68혁명의 문화 정치적 모순과 이행의 문제」, 118 쪽.
74 『アソシエ-ション 革命へ 理論・構想・實踐』, 18 쪽.

우리의 경우와 비교하면 외국인 참정권, 분권화 등 조금 다른 점들이 엿보이긴 하지만 B - C - D 면을 채우고 있는 이 그림은 그 동안 비노동 혹은 비좌파 영역에서 국가의 헤게모니가 엄청나게 커졌다는 사실을 보여준다. 따라서 A, B, C와 D가 벌이는 상승 하강의 길항 관계만이 아니라 국가의 소멸 과정과 반대로 문어발 확장을 거듭해 온 국가와 자본 내부의 이러한 각종 어소시에이션 형태들에 대해 어떤 입장과 이론으로 대응해야 할지 혹은 그것을 재구성하든지 아니면 여기에 대해 '대항적 어소시에이션'을 확장하는 운동에 대해 관심을 가져야 한다. 앞의 그림에 나타난 대로 그동안 좌파 운동은 비노동 영역에서 국가의 비호 아래 이루어져 온 이러한 각종 어소시에이션에 대한 대항적 어소시에이션을 구성하지 않은 채 B - D에 이르는 코스만 주목하거나 거기에 대한 담론적인 투쟁만 전개했을 뿐 조직적인 실천에 관심을 기울이지 않았다. 경제적인 어소시에이션의 관점에서 어떠한 대항적 어소시에이션이 필요한지 문화적인 관점에서 지역사회를 커버하는 어떠한 문화적 어소시에이션이 필요한지 그리고 그것을 사회주의 정당 같은 정치적인 어소시에이션 주위로 어떻게 연합시킬(어소시에이트할) 것인지 주목하지 않았다는 것이다. 이것은 달리 말하면 마르크스가 물질적인 생활의 생산양식이 사회적, 정치적, 정신적 생활 과정 일반을 제약한다고 한 말을 어소시에이션 조직으로 구체화시키지 않았다는 것이다.

타바타 미노루는 마르크스가 사회를 늘 다음과 같이 4개로 분할시켜 사고했다고 말한다.

1. 물질적 생활의 생산 및 재생산 영역

2. 사회적 생활과정, 사회적 편성 및 사회조직의 영역

3. 정치적 생활과정 및 국가적 편성의 영역

4. 정신적 생활 과정 및 이데올로기의 영역[75]

타바타 미노루는 여기서 첫 번째 영역이 나머지 영역들을 기본적으로 모두 제약하고 있고, 3 번째 영역이 2번째 영역의 전개를 전제로 하고 있으며 네 번째 영역이 첫 번째, 두 번째, 세 번째 영역의 전개를 전제로 하고 있다고 말한다. 그는 그동안 마르크스 연구에서 2 번째 영역을 위치지우지 않은 것이 유물론적 역사관 전체를 매우 왜곡시켜 왔다고 말하면서 앞에서 말한 어소시에이션의 형태를 통해 사회적 편성의 4가지 형태를 밝힌 것인데, 우리의 경우에도 좌파가 두 번째, 네 번째 영역 모두에 큰 관심을 갖지 못한 것이 문제였던 것으로 보인다. 이것은 우리가 마르크스의 유물론적 역사관의 유산을 전혀 계승하지 못하고 있다는 뜻이기도 하고 "유물론적 역사관에 기대되던 주된 기능이 사회적 현실에 대한 비판적인 개념적 파악으로부터 당파적 태도결정을 확인하는 시금석으로 퇴행해 버렸다"[76]는 뜻이기도 하다.[77] 타바타 미노루의 이러한 주장은 다음과 같이 네 개의 영역들이 서로 접히는 과정으로 다시 도표화할 수도 있는 바, 첫 번째 영역이 『자본론』의 유산에 따르는

75 『マルクスとアソシエ-ション - マルクス再讀の試み』, 32 쪽.

76 앞의 책, 32-33 쪽.

77 이러한 퇴행은 토대/상부구조의 이론, 조직 문제, 입장정리 등으로 다양하게 나타난다. 토대와 상부구조의 이분법의 무효성에 대해서는 이 특재, 「문화와 이념」(<문화과학>, 53 호) 참고.

기존의 노동운동 영역이라면 나머지 영역들은 어소시에이션 운동이 요구되는 영역이라고 말할 수 있다.

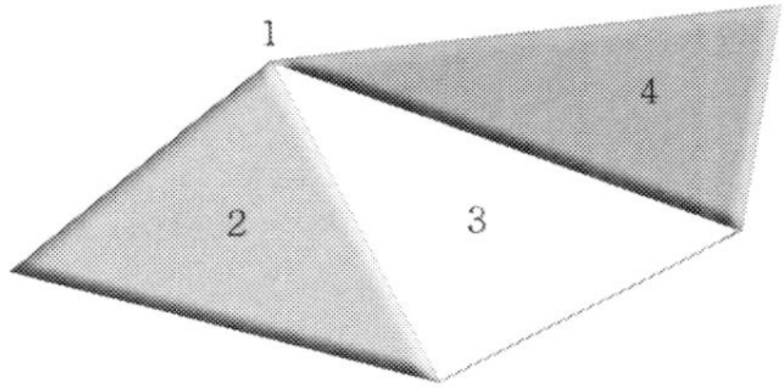

어소시에이션 운동, 그리고 장기 지속하는 혁명

앞에서 잠시 언급한대로 어소시에이션은 반드시 지역 조직일 필요는 없지만 코뮨은 지역적인 자치조직을 가리킨다.[78] 코뮨은 독일과 이탈리아에서 독립도시공화국이라는 형태를 프랑스 군주제 하에서는 제3 신분이라는 모습을 띠고 나타났다. 독일어로는 Gemeinde 또는 Gemeine이고 프랑스어로는 commune인 코뮨은 노동자클럽과 나란히 공적인 통치기관들을 아래로부터 감시 위협하기 위한 독자적인 노동자통치기관이다. 그러나 마르크스가 길드 등 모든 어소시에이션이 코뮨의 형태로 자기 무장 자기 통치한다고 말하듯이 코뮨과 어소시에이션의 관계는 긴밀하다고 할 수 있다.

그런데 어소시에이션 문제에서 중요한 것은 마르크스가 코뮨을 국가

78 가라타니 코진 · 심 광현은 어소시에이션을 규제원리로 보고 코뮌을 규제원리로서의 어소시에이션이 역사적으로 구체적으로 나타난 형태로 본다.

그 자체에 대항하는 혁명이라고 말하면서 중앙집권적인 국가기구의 타파를 코뮨의 과제로 제기했고 여기서부터 국가와 어소시에이션의 관계가 문제되어 왔다는 것이다. 국가는 형태상 모든 개인들과 재산을 수호할 목적으로 계약에 바탕을 두고 결성된 어소시에이션이라고 할 수 있다. 그렇다면 전자의 경우에는 국가 소멸 및 국가 장치 해체와 후자의 경우에는 하나의 거대한 어소시에이션에 의한 국가의 대체가 문제가 된다. 국가가 어소시에이션의 역할을 하지 못하는 한 어소시에이션에 의한 국가 대체 문제는 불가피하다. 그런데 문제는 국가의 헤게모니가 전면적으로 관철되면서 비노동 영역에서 무수한 어소시에이션이 확산되어 있고 이러한 어소시에이션들이 국가 기구의 안팎에서 국가를 지탱해주고 있고 이것에 대해 좌파 영역에서 그리고 생산 영역에서 대항적인 어소시에이션이 전혀 마련되어 있지 못하다는 사실이다. 국가는 시민사회로 분절해 나가고 정치 경제 사회 문화 영역으로 분절해 나가는데 좌파는 생산 영역에서조차도 대항적 어소시에이션 형성 과정 앞에서 속수무책이라는 것이다. 앞에서 말한 사회의 네 가지 분절 형태에서 첫 번째 영역이 제한하는 나머지 세 영역들에서 국가와 자본이 장악한 헤게모니에 대항할 어떠한 대책도 조직도 단체도 준비되어 있지 않다는 것이다. 이러한 면에서 박 영균 · 심 광현이 주장하는 대로 전국적 코뮨의 건설에 동감하는 바지만 현재 좌파 단위에서 이미 존재하고 있는 모든 어소시에이션을 결합시키는 청사진도 제시되어 있지 못한 것으로 보인다. 국가가 어소시에이션을 밀어내고 국가의 전제조건인 근대시민사회를 확립한 이후 사회가 가족, 민족, 도시와 농촌, 산업조직, 그리고 계급 등으로 중층적 · 종횡적으로 편성되어 있고 그 구석마다 국가와 자본이 침투해 있지만 이러한 국가의 분절 형태들에 대해 기존 좌파의 노동운동은 조직적으로, 이론적으로 전혀 관심을 기울이지 않고 있는 것이다.

쿠와노 히로타카桑野弘隆는 「어소시에이셔니즘associationism이란 무엇인가?」라는 글에서 어소시에이셔니즘 즉 어소시에이션 운동의 지침확립과 자기점검을 위해 국가의 물질성에 대해 이론적이고 실천적으로 어떻게 대응해야 하는지 묻는다.[79] 그는 레닌이 국가장치의 해체를 위해 공무원의 윤번제를 고려한 레닌의 생각을 언급하면서 볼셰비키가 공상주의자가 아니라는 레닌의 견해를 인용한다. 그렇다면 국가권력의 장악, 국가장치의 해체는 공상주의자의 전유물인가? 어소시에이션의 확장이 이루어지면 국가가 해체될 것이라고 생각하는 것은 공상주의인가 아닌가? 마르크스가 파리 코뮌을 보면서 사회가 국가 권력을 흡수하는 코뮌에 대해 말했을 때 우리는 이러한 코뮌의 상을 정립하고 실천해본 적이 있는가? 사회가 국가 권력을 흡수 하기는 커녕 국가 권력이 헤게모니를 사회 안에 분배하고 사회 전체를 흡수한 상황이다. 어소시에이션 운동은 그 안팎에 존재하는 국가적인 것과 싸워야 하지만 그렇다고 해서 국가권력의 장악이 포기되는 것은 아니다. 이것은 어소시에이션 운동이 존재해야 하고 확산되어야 하지만 그렇다고 해서 노동계급 중심성이 소멸하는

79 村上俊介 外 編著, 『市民社會とアソシ-エション 構想と實踐』, 社會評論社, 2004, 124 쪽.

것은 아니라는 말과 같다. 마르크스가 『고타강령 비판』에서 경고했듯이 어소시에이셔니즘이 국가를 비호하는 국가사회주의 안에 포섭되기도 하고 최악의 경우에는 국가주의와 권위주의에 빠질 우려도 있지만 국가의 즉각적인 해체라는 틀에서는 아나키즘의 틀을 일면적으로 유지할 필요가 있다. 여기서 말하는 아나키즘은 국가권력의 욕망으로부터 자신만이 각성하고 있고 진흙탕이 되 버린 권력투쟁으로부터 초연한 척하는 승려적이고 만다라적인 금욕이나 특권 의식 같은 것에 의지하는 아나키즘을 뜻하지 않는다. 그러나 그럼에도 불구하고 사회 안에 스며든 국가장치의 해체 또한 유효한 주장이다.

박 영균은 정통 맑스주의에서 혁명 = 국가 권력의 장악 내지는 탈취라는 등식에서 국가 장치라는 문제가 망각되었다고 하면서 국가 권력의 장악 내지는 탈취와 국가 장치의 해체 문제를 분리시켜 사고한다. 그러나 정통 맑스주의의 국가 권력 장악 내지는 탈취, 국가를 도구로 보는 입장에 대해 비판하면서도 국가 장치가 무엇인가라는 데에 대해서는 언급하지 않는다. 이에 대해 쿠와노 히로타카는 국가 장치에 대한 정확한 인식이 필요하다고 말하면서 국가의 물질성에 대해 이야기한다. 그가 국가의 물질성을 언급하는 이유는 바로 그 물질성이 정통 맑스주의의 국가 도구설을 무력하게 만들기 때문이다. 국가가 누가 사용하는가에 따라 선도 되고 악도 되는 계급적 도구가 아닌 이유는 국가의 물질성 때문이라는 것이다. 그러면서 그는 다음과 같이 말한다.

도구는 주체의 뜻대로 할 수 없는 물질성을 갖는다. 국가장치도 또한 그렇다. 그것은 지배계급에 속하는 개인들과 특정 집단이 뜻대로 조종할 수 있다는 의미에서의 도구가 아니다. 국가장치는 계급적인 관계들 안에서 계급지배와 착취라는 기능의 담당자가 될 수 있었던 개인들에 대해서만 도구로 나타나는 것일 뿐이다. 즉 국가 장치는 특정한 개인과 집단의 영고성쇠와 운명을 함께 하는 충복이 아니다[80]

쿠와노 히로타카는 국가장치를 정확히 인식하기 위해 국가장치의 물질성에 주목하면서 '국가장치는 계급투쟁으로부터 분리되어 있다'라는 알튀세르의 테제를 언급한다. 국가장치가 계급투쟁으로부터 될 수 있는 한 거리를 두려고 하는 이유는 국가장치가 계급투쟁에 대해 중립적인 입장을 갖고 있기 때문이 아니다. 국가장치가 계급투쟁으로부터 거리를 둔다는 것은 국가장치가 그 수호신으로 자처하는 사회질서나 치안이 붕괴하는 것을 두려워한다는 뜻이 아니라 "계급투쟁이 극한까지 돌진해버리는 것 즉 계급 없는 사회를 향해 모든 계기들이 최대한도로까지 드러나는 것"을 국가장치가 두려워한다는 뜻이다. 따라서 국가장치의 해체는 계급투쟁을 통하지 않고서는 이루어지지 않는다. 국가장치는 최종심에서 스스로를 정신노동의 특권적인 담당자로 만드는 것을 허용하는 생산관계를 재생산하는데 목적을 두고 있고, 그 전제 위에서 사회가 계급분열 상태에 있게 만들며 그 분열을 치안, 질서라는 이름으로 은폐시

80 앞의 책, 126 쪽.

키는 것이다. 쿠와노 히로타카는 국가장치란, 지배계급이 국가장치가 자기보전을 수행할 수 있는 물질적인 조건들을 위협하지 않는 한 지배계급의 도구일 수 있고 그렇지 않을 경우 국가장치는 새로운 주인을 찾는다고 말한다. 따라서 국가장치의 해체란 가령 공무원이 자기보전을 할 수 있는 물질적인 조건을 위협하지 않는 한 국가장치라는 도구는 다른 계급집단으로 넘어가는 것을 뜻할 수도 있다. 이러한 면에서 국가의 물질성에 주목하지 않으면서 무모하게 국가의 즉각 폐지를 주장하는 아나키즘이나 헤게모니를 강조할 뿐 국가장치를 고려할 필요가 없다고 보는 포스트마르크스주의(그람시와 그 후예들)의 견해는 그릇된 것이다. 국가장치를 헤게모니 투쟁이라는 말하자면 힘의 관계로 환원시키는 그람시주의는 B - C - D 영역에서 국가의 헤게모니에 대항하는 시민사회적인 어소시에이션 운동에 주목할 뿐 국가 장치, 국가 권력, 계급투쟁에 주목하지 않는다. B - C - D영역만이 아니라 B - D 코스 혹은 그 사이에 형성되는 인터페이스 공간을 사고하지 않는 것이다. 이에 반해 어소시에이션 운동은 국가 자체를 더 적극적으로 사고하고자 하고 국가화의 임계점으로서의 어소시에이션 문제, 국가 권력의 장악, 국가 장치의 해체, 국가의 헤게모니 문제들을 모두 종합적으로 사고하고자 하는 운동이다.

자본주의적인 생산의 영역에서 어소시에이션 운동은 '자유로운 생산자들의 어소시에이션' 확립을 목표로 한다. 생산의 사회화를 소유의 사회화로 이행시키는 것이 어소시에이션 운동이기도 하다. 생산의 영역에서 이루어지는 어소시에이션 운동은 자유를 추구한다. 이 자유는 마르크스가 『자본론』 3 권 '삼위일체의 공식'에서 말한 바의 자유의 왕국, 『고타강령 비판』에서 밝힌 낮은 단계와 높은 단계의 공산주의 사회에서 나타난 자유로운 개인성의 전면적인 전개를 의미한다. 마르크스가 참된 자유의 왕국은 노동일의 단축에 그 토대를 둔다. 이러한 자유의 왕국의 실현은 노동운동의 성패에 달려 있지만 우리의 경우에는 아래 그림에서 보듯이 여전히 노동교환의 원리가 지배적인 필연의 왕국에 머물러 있다.

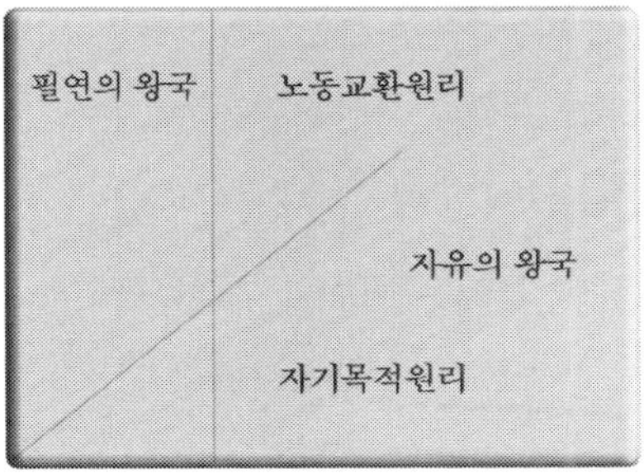

생산영역에서 어소시에이션이 실현되려면 필연의 왕국에서 자유의 왕국으로 이행하려는 노동운동의 노력도 필요하지만 어소시에이션이 '자유로운 생산자들'의 어소시에이션으로만 그치지 않으려면 생산자들이 어소시에이션 바깥으로 배제되어 있는 모순이 해결되어야 한다. 생산자들 혹은 노동자들이 생산현장에서 맺는 노동계약은 노동력상품판

매계약이지 어소시에이션 계약이 아니다. 노동자들은 자유로운 교환자이고 인격적으로는 종속되어 있지 않지만 노동력을 양도한 자산의 어소시에이션에 물건物件처럼 종속되어 있고 그 지휘감독 하에 놓여져 있다. 오늘날 어소시에이션은 D - C로 하강하는 방향으로 다시 말해 사회적 생산의 조직화가 자산의 증식으로 순화되어 있고 어소시에이션이 자본에 기생하는 형태를 취하고 있다. 생산영역에서 어소시에이션 운동이 실현되려면 어소시에이션이 생산조직을 장악해야 한다. 협동조합은 그것에 이르기 위한 과도적인 형태다.

마르크스가 주식회사를 직접적으로 연합된 개인들의 자본으로 파악하고 주목한 사실을 보자. 주식회사는 각 사람이 자산 증식을 목표로 부와 활동을 결합하고 결합된 자산은 개인인 어소시에에 속하는 것이 아니라 통일적인 인격을 형성하는 한에서의 어소시에에 속한다. 사람들은 위임계약에 바탕을 두고 대표에게 부의 관리와 운용을 위탁하고 총회를 통해 대표를 통제한다. 주식회사에서 각 사람의 목적은 수익의 분배다. 이에 반해 요즘 거론되는 NPO는 비자본주의적인 조직이다. 사회적 기업 혹은 사회적 경제 논의가 비좌파 영역에서 나오고 있다. 〈르몽드 디플로마티크〉는 사회적 경제에서 고삐 풀린 자본주의적인 경제시스템의 대안을 찾으려는 기사를 게재한 적이 있고[81] 장하준 · 하승우의 제 3 섹터 및 마이크로 크레디트 연구, 공정무역, 착한 소비

---

81 안 드 케로강의 글, '사회적 기업, 고삐풀린 자본주의의 대안일 수 있는가'. <로몽드 디플로마티크>, 2009년.

등 비좌파 내지는 비노동 영역에서 새로운 실험들이 나오고 있다. 그러나 그것이 어소시에이셔니즘을 목적으로 하는 것은 아니다. 주식회사를 자산의 어소시에이션에 머물지 않고 자유로운 생산자들의 어소시에이션으로 전환시키는 방안은 좌파가 한 번 실험해볼 수 있는 것이다. 쿠와노 히로타카는 중국에서 활동하는 주식회사 〈21〉을 어소시에이션의 한 가지 모델로 제시한다. 〈21〉은 겉으로 보면 주식회사이지만 자본축적을 하지 않는다는 점에서 어소시에이셔니즘을 실현하는 하나의 모델이다. 쿠와노 히로타카는 〈21〉에서 어소시에이셔니즘의 한 가지 형태인 자주관리를 볼 수 있다고 하면서 다음과 같이 말한다.

> 이 회사의 첫 번째 특징은 결산기에 이익을 사원에게 분배하고 사내에는 이익을 남겨 놓지 않는 경영분배라는 제도를 도입했다는데 있다....주식배당은 사실상 없는 것과 마찬가지다....사장은 2기 4년까지 윤번제이고 그 때문에 사장도 판매 현장에서 사원과 마찬가지로 고객을 만나고 청소까지 한다. 그 급여도 전기 총수입이 가장 높았던 사원의 실적과 같은 수준이다.... 이 회사는 자본주의가 낳은 생산력들을 거꾸로 이용하여 자본주의적 경쟁에도 견딜 수 있는 자주관리조직을 만들었다...기존의 자본주의기업과 아주 유사하지만 그 기능은 전혀 다르다........거기에는 한나 아렌트가 인간의 활동적 생활의 세 가지 활동력이라고 말한 노동 일 활동이 나누어지지 않고 결합되어 있다.....[82]

---

82 『市民社會とアソシ-エション 構想と實踐』, 社會評論社, 132-133 쪽.

쿠와노 히로타카가 말하듯이 이러한 어소시에이션적인 조직이 고립무원인 상태에서 할 수 있는 것이라곤 많지 않고 〈21〉이 자본주의적인 기업으로 다시 전환되지 말란 보장은 없다. 이러한 측면에서 이러한 어소시에이션을 만드는 실험은 지속되어야 하고 〈21〉 같은 조직이 확산되어야 한다. 비정규직을 양산하고 노동 현장에 새로운 위계질서만 확충시키는 사회적 기업으로는 자유로운 생산자들의 어소시에이션 운동을 실현시킬 수 없다.

이런 의미에서 어소시에이션 운동은 장기 지속의 혁명을 목표로 한다. 어소시에이션 운동은 기존의 노동운동 및 노동계급 중심주의를 중심으로 지역적인 코뮌을 세우고 이를 바탕으로 전국적인 하나의 거대한 어소시에이션 조직으로 전환시켜야 한다. 이제까지 혁명은 한 번도 가동된 적이 없다. 그것은 어소시에이션 운동에 시동을 걸 때 비로소 시작한다. 어소시에이션은 국가와 자본 안에서 발생한다. 국가와 자본 영역에서 당과 자유로운 생산자들의 어소시에이션으로 대항적인 어소시에이션을 구축해야 한다. 기존의 비노동 영역 안에서 생겨나고 있는 어소시에이션에 맞서는 어소시에이션 조직들이 필요하다. 아무 것도 이루어진 것이 없지만, 이제야말로 혁명의 첫 단추를 꿰기 위한 아방가르드적인 실험 정신이 필요하다.

3절. 러시아와 어소시에이션

1. 마르크스와 러시아

2. 레닌과 코뮌

3. 체르니셰프스끼의 코뮌 이론

4. 끄로뽀뜨낀의 코뮌 이론

5. 소련의 프롤레트쿨트와 문화운동

1

마르크스와 러시아

마르크스는 만년에 러시아의 농민 코뮌인 미르мир[83]에 대해서 연구한 것으로 알려져 있다. 그러나 실제로 만년에 마르크스는 러시아의 인민 의지 당을 지지했을 뿐만 아니라 러시아의 옵시치나община만이 아니라 독일의 공동체에 대한 연구를 수년 동안 했다. 마르크스는 러시아 안에 마르크스의 제자임을 자처하는 많은 활동가들을 갖고 있었고 자본주의 생산 양식이라는 큰 틀에서 러시아 공동체의 운명과 발전 방향을 러시아의 활동가들에게 제시해 주었고 러시아의 이론가들과 논쟁을 벌이기도 했다.

1888년 마르크스가 러시아의 활동가 및 이론가와 나누었던 편지가 러시아의 합법적인 출판물이었던 〈〈사법통보〉〉에 게재되었다. 더 거슬러 올라가면 마르크스는 이미 1883년에 러시아에서 결성된 〈노등해방그

83 미르는 농민 코뮌 혹은 공동의회를 뜻하는데 전자의 뜻일 경우에는 옵시치나와 같은 것으로 쓰인다.

룹〉과 관계를 맺고 있었고 〈〈조국연보〉〉의 편집진에게 보내는 편지를 쓰기도 했다. 그리고 1886년 엥겔스는 러시아의 마르크스 제자인 다니엘슨을 통해 인민주의자들의 합법적인 출판물을 통해 마르크스의 편지와 초고 등을 러시아어로 출판하려고 했고 그 결과 1886년 12월 〈〈인민의지통보〉〉에 편지가 소개되기도 하였다.

1888년 〈〈사법통보〉〉에 게재된 마르크스의 편지에 대해서 러시아 안에서 최초의 반응이 나왔다. 인민주의 경향을 가진 소설가 글렙 우스펜스키는 「쓰디쓴 비난」이라는 글에서 러시아의 지식인들이 마르크스의 비난과 충고에 충실하게 반응하지 못하는 무능력을 깊이 개탄하였다. 그 후 1890년대에 플레하노프와 레닌 등 다른 마르크스주의자들은 마르크스가 러시아 사회가 나아가야 할 방향을 확실하게 말한 적이 없었다고 주장하였다.

우리의 경우에 러시아 사회와 마르크스의 관계에 대해서는 아직 소개된 적이 없고 기껏해야 발리바르가 러시아 코뮌에 대해 이야기한 3페이지 분량의 이야기,[84] 마르크스가 베라 자술리흐에게 보낸 초고 중 지극히 일부 주장만 소개되어 있다.[85] 그 중에서 마르크스가 베라 자술리흐에게 보낸 편지가 초고 형태로 1911년 러시아에서 랴자노프[86]

---

84 에티엔 발리바르 지음/윤 소영 역, 『마르크스의 철학, 마르크스의 정치』, 문화과학사, 1995, 145 - 147 쪽.

85 정 성진 지음, 『마르크스와 트로츠키』, 한울, 2006, 138 - 139 쪽.

86 1909년 <투쟁> 그룹을 결성한 러시아의 활동가. '무서운 아이'로 불릴 정도로 레닌, 스탈린과 불화를 빚었다. 1937년 망명. 스탈린의 연설을 중단시킨 다음과 같은 말로 유명하다. "그만 두시오 코바, 당신 스스로를 바보로 만들지 마시오. 이론이 정확하게 당신 영역이 아니라는 것은 누구든 다 아는 사실이오."

에 의해 발견되었다. 랴자노프는 이 초고 형태의 편지를 러시아어로 번역해 〈마르크스와 엥겔스 문서고〉에 게재했다. 랴자노프는 이 편지에서 마르크스의 학자적인 능력이 쇠퇴했다고 주장했다. 혁명이 끝난 후 망명한 멘셰비키 니콜라예프스키는 악셀로트의 서류에서 편지를 발견했는데 그는 이 편지를 마르크스의 정치적인 언설이라고 생각했다. 사회혁명당원인 젠지노프는 마르크스가 편지에서 밝힌 프로그램이 러시아의 혁명적 인민주의자[87]들이 발전시킨 내용과 완전히 일치한다고 하면서 농민 코뮌에 관한 한 마르크스가 인민주의자의 편이라고 주장했다. 정 성진도 마르크스가 러시아에 남아 있는 공동체들을 기반으로 하여 자본주의를 비월해 사회주의로 직접 이행하자는 러시아 나로드니키들에게 공감을 표시했다고 말하는데, 사실 사회주의로의 직접 이행은 러시아 나로드니키들의 주장이 아니라 체르니셰프스키의 주장이었다. 따라서 정 성진과 젠지노프의 이야기는 더 검토될 사항이며 마르크스 - 플레하노프가 이끈 '검은 재분할'ЧёрныйПередел 그룹[88] - 인민주의와의 관계를 더 파악해야 나올 수 있는 주장이다.

마르크스의 편지 및 초고에 대한 반응은 이런 식으로 양분되어 있었다. 러시아에서 집단화 문제가 나오던 1929년 다시 마르크스의 편지가 이론적으로 논의되었다. 포타쉬는 「러시아의 인민주의적 사회주의에 대한 마르크스와 엥겔스의 견해」라는 글에서 농민공동체가 러시아를

87 인민주의자는 나로드닉**народник**과 같은 뜻이다. 나로드니키는 나로드닉의 복수형태다.

88 Black Repartition Group. 1879년에 <토지와 자유>**Земля и Воля**에서 갈라진 또 다른 인민주의 그룹.

사회적으로 갱생시키는 지지대로 사용되려면 러시아를 사방에서 공격하는 독한 영향들이 제거되어야 하고 그리고 자발적인 발전의 정상 조건을 안전하게 확보할 수 있어야 한다고 주장했다. 이 주장은 마르크스가 1881년 3월 8일 베라 자술리흐에게 보낸 편지의 마지막 구절과 똑같다. 포타쉬가 마르크스의 말을 그대로 인용하고 있는 것이다. 이 편지에서 마르크스는 다음과 같이 말했다.

원천적인 일차 자료에 대한 탐구를 포함해 내가 해 온 특별한 연구의 결과 나는 코뮌이 러시아에서 (러시아 사회를 갱생시키기 위한) 사회적 갱생을 위한 자연스러운 (출발점) 지주라는 확신을 얻게 되었다. 그러나 그것이 그러한 기능을 하고 사방에서 러시아를 덮치는 해로운 영향들이 제거되기 위해서는 (물론 첫 단계로 코뮌이 조건 속에 놓여야 한다....), 그리고 자발적인 발전의 조건들을 안정되게 확보할 수 있어야 한다[89]

1.1 마르크스와 체르니셰프스키

마르크스와 러시아의 관계는 1860년대로 거슬러 올라간다. 마르크스는 1867년 『자본론』 1 권이 출판되던 때 러시아 인민주의에 대한 견해를 밝힌다. 여기서 마르크스는 러시아 인민주의자들에 대해 부정적인 태도

89 Theodor Shanin, Late Marx and the Russian Road, Monthly Review Press, 1983, p. 123.

를 밝힌다.

유럽대륙에서 인류를 파괴하는 자본주의적인 생산의 영향들이 국민군의 규모로, 국가안전문제에서 경쟁과 손잡고 계속 발전한다면 유럽의 활로는 절반은 러시아적이고 완벽한 모스크바인인 게르쎈이 그토록 강조하며 예언했듯이. 채찍을 사용하고 깔므익유목 몽고 민족의 하나과 강제로 혼합됨으로써 가능해질 수 있을 것이다. 수사적으로 글을 쓰는 이 신사는 - 지나가는 김에 말하지만 - 러시아 안에서가 아니라 프러시아 정부의 고문관인 학스트하우젠Haxthausen의 글에서 공산주의를 발견했다[90]

마르크스는 마을 코뮌village commune, 즉 농민공동체가 슬라브족의 세계에만 있는 독특한 것이라는 게르쎈의 견해를 비판하면서 러시아의 농민공동체는 유럽에서 이미 해체된 것과 별반 다르지 않다고 말했다. 마르크스는 러시아의 농민공동체가 독일의 고대 공동체와 가장 미세한 부분까지 똑같다고 말하고 다만 가부장적이고 국가에 지불하는 세금 같은 문제에서 집단적인 책임을 지는 것만이 다르다고 이야기했다. 산업적으로 더 발달된 나라는 덜 발달된 나라에 대해 그 자신의 미래의 이미지를 보여줄 뿐이라는 것이 마르크스의 생각이었다. 1860년대에 마르크스는 러시아가 독일처럼 영국의 예를 따라갈 것이라고 보았다.

마르크스의 러시아 코뮌에 대한 견해는 마르크스가 러시아어를 배우

90 앞의 책, p. 43.

고 러시아의 여러 이론가 및 활동가들과 관계를 맺으면서 점점 더 깊어져 갔다. 하루키 와다에 따르면 러시아의 마르크스 제자인 다니엘슨[91]이 『자본론』을 러시아어로 번역하고 싶다고 하면서 마르크스에게 베르비 플레로프스키[92]의 『러시아에서 노동계급의 상태』1869를 보내주던 1869년 10월, 마르크스는 러시아어를 처음으로 배우고 싶어 했다.[93] 플레로프스키의 책을 원어로 읽고 싶어 하던 마르크스는 플레로프스키의 책을 받은 후 바로 러시아어를 배우기 시작하여 1870년 2월 마르크스는 플레로프스키의 책을 원어로 읽을 수 있었다. 마르크스는 플레로프스키 책을 읽은 후 그가 게르첸과 달리 '러시아적인 낙관주의'에서 자유롭다는 사실을 알고, 플레로프스키가 인민주의자임에도 불구하고 그가 러시아혁명의 불가피성을 명확하게 설명한 점을 높이 평가했다.

마르크스는 플레로프스키의 책을 읽은 후 인터내셔널 러시아 국의 기관지인 《러시아의 길》에 실린 「농민개혁과 1861-1870년 토지 공동소유」를 읽었고 이 글을 통해 러시아 국의 사무국장인 우친에 대해 공감을 나타냈다. 마르크스는 우친이 바쿠닌과 게르첸에 대립하는 점을

91 니콜라이 프란체비치 다니엘슨(1844-1918)은 인민주의 경제학자로서 『자본론』을 처음으로 러시아어로 번역했다. 쌍트-뻬쩨르부르그대학교를 나온 다니엘슨은 1870년 네차예프사건에 연루돼 체포되었다. 1870년대와 1880년대에 러시아에 마르크스주의를 가장 탁월하게 소개한 사람이다. 다니엘슨과 서신 교환을 지속적으로 하던 마르크스는 그에게 「우리의 개혁 이후 경제개요」라는 글을 쓰라고 권고했다. 플레하노프는 「우리의 불화」(1884)에서 다니엘슨을 공격했고 레닌은 『러시아에서 자본주의의 발전』(1899)에서 다니엘슨을 비판했다.

92 바실리 바실리예비치 플레로프스키(1829-1918)는 인민주의 이론가이자 활동가이다. 1862년 러시아 농민 해방이 불충분하다고 비판하다가 정신병원에 구금당했다. 그는 코뮌과 산업적인 협동조합을 통해 사회주의적 진보의 가능성을 강조했으며 비밀서클에 가담했다는 이유로 체포되었다.

93 Late Marx and the Russian Road, p. 44.

고려했지만 그렇다고 해서 러시아의 농민 공동체에 대한 우친, 바쿠닌, 게르쎈의 인민주의적인 견해를 지지한 것은 아니었다. 마르크스는 이 글을 읽고서도 러시아의 농민 공동체 안에 특기할만한 것이 없다고 믿었던 것이다.

그러다가 마르크스는 독일인 로파틴과 토론을 하던 중 자기의 견해를 바꾸기 시작한다. 로파틴은 1870년 7월 마르크스를 방문하여 마르크스와 함께 머물면서 『자본론』 번역 작업을 했는데 그 때 마르크스는 체르니셰프스키가 쓴 글 「존 스튜어트 밀의 정치경제원리에 대한 논평」을 처음으로 읽고 체르니셰프스키를 대단히 높이 평가했다. 마르크스는 〈〈조국연보〉〉 편집진에게 보내는 편지에서 체르니셰프스키를 가리켜 '위대한 러시아의 학자이자 비평가'로서 이러한 명성을 그가 얻을 만 인물이라고 말했다.[94] 하루키 와다에 따르면 체르니셰프스키의 밀에 대한 논평의 글이 마르크스로 하여금 인민주의와 러시아의 농민 공동체를 다른 시각에서 보게 만든 전환점이었다.[95] 마르크스가 체르니셰프스키의 글에서 발견한 논점은 러시아에서 토지 공동 소유가 해체되고 있는가, 아니면 그것이 러시아의 사회적 갱생이라는 급소를 형성할 정도로 생존할 수 있을 것인가 하는 문제였다. 마르크스는 이 논점을 나중에 베라 자술리흐에게 보낸 편지에서 더 자세히 설명하지만 1871년 파리 코뮌이 세워지고 인터내셔널 안에서 내부 투쟁이 일어나면서 러시

94 앞의 책, p. 134.
95 앞의 책, p. 45.

아의 문제에 더 깊이 천착하지 못하다가 1872년 9월 헤이그에서 열린 대회 이후에 다시 이론과 러시아의 문제로 돌아갈 수 있었다.

1872-1873년 마르크스는 체르니셰프스키의 9편으로 된 책 『토지 공동 소유에 관한 에세이』를 모두 읽었다. 1873년은 마르크스가 『자본론』 1 권 독일어 제 2 판을 출판하던 때였고 제 2 판 후기에서 다시 체르니셰프스키를 가리켜 '위대한 러시아의 학자이자 비평가'로 높이 평가하던 때였다. 체르니셰프스키가 쓴 9편의 글 중에서 가장 중요한 것은 학스트하우젠의 책에 대한 논평과 「토지 공동 소유에 반대하는 철학적 편견을 비판함」1858이라는 글이었다. 정 성진이 마르크스가 베라 자술리흐에게 보낸 편지 내용을 인용하여 러시아가 자본주의를 비월하여 사회주의로 직접 도약할 수 있다고 말한 것은 체르니셰프스키의 후자의 글에 나타났던 것이다. 그러나 이 글에는 궁극적으로는 사회주의를 뜻하는 것이겠지만 '사회주의'라는 말이 직접적으로 나타나지는 않는다.

> 어느 나라에서 어떤 사회적인 현상이 진전된 발전 단계에 도달했을 때 다른 후진 국가에서는 이와 동일한 단계로 현상이 진화하는 것이 발달된 나라에서보다 더 빠르게 이루어져야 한다..... 이러한 가속화는 후진 나라에서 어떤 사회적 현상이 진전된 나라의 영향 덕분에 중간 단계를 건너뛰고 직접 낮은 단계에서 더 높은 단계로 도약한다는 사실로 구성된다[96]

96 앞의 책, p. 48.

체르니셰프스키의 이러한 견해는 마르크스가 『자본론』 독일어판 서문에서 산업적으로 더 발달된 나라는 덜 발전된 나라에게 그 자신의 미래의 이미지를 보여줄 뿐이라고 한 말과 다른 것이다. 처음에 마르크스는 러시아도 독일처럼 영국의 길을 따라갈 것이라고 했지만 체르니셰프스키는 더 발전된 영국이 덜 발전된 러시아에게 그 미래의 이미지를 보여주는 것이 아니라 러시아의 경우 바로 사회주의로 도약할 수 있다고 말했고 마르크스 자신이 러시아의 농민 공동체의 미래에 대해 결론짓지 못하는 사이에, 그것도 마르크스가 고민하던 때보다 훨씬 이전에 이미 이러한 주장을 했기 때문이다. 체르니셰프스키의 이러한 주장을 바탕으로 하여 마르크스는 진전된 서구의 존재를 전제 조건으로 놓고 보면 러시아가 그 농민 공동체에서 출발해 바로 사회주의로 진행해나갈 수 있다고 생각했다. 마르크스는 체르니셰프스키의 주장에 깊은 감명을 받고 1873년 3월 다니엘슨에게 편지를 띄워 러시아 농민 공동체의 기원에 대해 알 수 있는 정보를 달라고 요청하였다. 다니엘슨은 마르크스에게 1873년에 나온 『러시아의 아르쩰에 대한 자료』와 스칼딘이 지은 책 『먼 지방과 자본에서』를 보내 주었다.

마르크스가 체르니셰프스키와 러시아의 현실에 대해 깊은 사색을 하던 시기는 그 스스로 어소시에이션에 대한 구상을 이론적으로 정립하던 때였다. 1872년에 마르크스는 「토지의 국유화」를 써서 어소시에이션의 구체적인 내용을 만들었고 코뮌의 구체적인 내용을 가다듬었던 시기가 이 때였던 것이다. 그러나 약 10년 후인 1881년 마르크스가 베라 자술리흐에게 보낸 편지를 보면 코뮌의 현재 상황은 더 이상 유지될 수 없다고 하면서 러시아 코뮌을 구하려면 러시아 혁명이 필요하다고 말한다. 그러므로 마르크스가 체르니셰프스키에게서 받은 농민공동체에 대한 영감은 그 후에 사뭇 변해 갔다고 말해야 할 것이다.

1.2 마르크스와 트카쵸프[97]

트카쵸프는 1874년에 「러시아에서 혁명적 선전의 과제」를 썼다. 엥겔스는 트카쵸프의 이 팜플렛을 읽은 후 트카쵸프를 풋내기 학생이라고 조롱했다. 그 해 스위스에 있던 트카쵸프는 엥겔스에게 독일어로 쓴 공개서한을 보냈다. 마르크스는 공개서한을 엥겔스에게 전달해 주면서 트카쵸프를 바쿠닌과 유사한 입장을 가진 인물로 보고 그를 바보같은 반대자로 취급하는 것이 더 나겠다는 충고를 엥겔스에게 해 주었다. 엥겔스는 트카쵸프가 '혁명을 기다릴 수 없다'고 한 주장에 대해 '왜 자꾸 말만 하면서 우리를 싫증나게 하는가? 왜 바로 혁명을 시작하지 못 하는가'라고 하면서 야유를

97 표트르 니키티치 트카쵸프(1844-1885)는 혁명활동가이자 러시아의 자코뱅 신봉자이다. 귀족집안 출신인 트카쵸프는 학생 소요에 휘말려 쌍뜨 뻬쩨르부르그 대학교에서 제적되었고 러시아에서 사회주의를 실현하려면 훈련받은 엘리트가 음모를 통해 정권을 장악해야 한다고 생각했다. 그는 그러한 행동을 하지 않으면 러시아가 자본주의적인 발전 단계를 뛰어 넘을 가능성이 제거된다고 믿었다. 1880년대에 트카쵸프는 현실에 대한 파악 능력을 상실하고 정신병원에 구금되었다가 거기서 죽었다. 트카쵸프는 1869년에 바쿠닌과 절친했던 네차예프와 함께 <혁명적인 행동강령>을 작성해 조직화를 도모하기도 했다(폴 애브리치 지음/하 승우 옮김, 『아나키스트의 초상』, 갈무리, 2004, 70 쪽 참고).

보냈다. 러시아의 자코뱅주의자인 트카쵸프는 네차예프와 함께 모범적인 혁명가 조직을 만들려고 하였던 인물이다.

그러나 마르크스는 엥겔스와 달리 트카쵸프가 러시아의 사회적 현실을 꽤나 잘 알고 있다고 생각하였고 그가 혁명을 기다릴 수 없다고 한 그 근거를 그의 공개서한에서 찾았다. 트카쵸프는 엥겔스에게 보낸 공개서한에서 다음과 같이 말했다.

> 물론 우리는 우리에게 편리하긴 하지만 수세기동안 지속해온 이러한 사회적 상황을 예상할 수 없습니다. 어쨌든 우리는 슬그머니 그리고 느리게나마 경제적 발전의 길을 따라 가고 있습니다. 현재 진행 중인 이 발전은 서유럽 국가들의 경제적 발전과 똑같은 방향에 종속되어 있고 그것과 똑같은 방향으로 가고 있습니다. 농민공동체는 이미 해체되기 시작했습니다...농민층 중에서 꿀락 - 농민귀족층의 서로 다른 계급들이 만들어지고 있습니다....따라서 현재 우리나라에는 이미 한편으로는 경작자인 동시에 토지주인 그리고 임차인이라는 강하고 보수적인 계층들이, 다른 한 편으로는 은행, 상업과 산업에서 자본가 부르주아 계층이 형성되고 있습니다. 이러한 계층들이 만들어지고 강화됨에 따라.....격렬한 혁명이 성공을 거둘 기회는 점점 더 모호해져 가고 있습니다...바로 지금 아니면 몇 년 후에나 가능할까요. 아닙니다. 기회는 더 오지 않습니다! 오늘날 상황은 우리 편이지만 지금부터 10년 후 아니 20년 후에는 상황이 우리에게 분명하게 장애가 되고 말 것입니다[98]

---

98 Late Marx and the Russian Road, p.50.

트카쵸프는 러시아 코뮌이 붕괴하고 있고 계층이 나누어지는 상황을 그대로 방치해 두면 혁명은 불가능하다고 생각했다. 체르니셰프스키와 달리 트카쵸프는 러시아의 미래가 서유럽의 미래와 똑같을 것이라고 생각했다. 엥겔스는 사회주의란 생산의 사회적인 힘이 어떤 수준의 발전에 도달했을 때 가능한 것인데 트카쵸프가 이 점을 이해하지 못하고 있다고 비판한 것이다.[99] 더 나아가 엥겔스는 러시아인들이 선택받은 사회주의의 인간들이고 아르쩰을 갖고 있으며 토지의 집단 소유를 하고 있기 때문에 사회주의 혁명이 러시아에서 가능하다고 한 트카쵸프의 주장을 공격하면서 다음과 같이 말했다.

> 러시아에서 아르쩰이라는 조직 형태가 우세한 것은 러시아인들 사이에 어소시에이션에 대한 강한 충동이 존재한다는 증거다. 그러나 그렇다고 해서 이 충동이 아르쩰에서 사회주의 사회로의 직접적인 도약을 가능하게 한다는 것은 아니다. 이것이 가능하려면 무엇보다도 아르쩰 자체가 발전할 수 있고 스스로로부터 (우리가 본 것처럼) 노동자가 아니라 자본가에게 봉사하는 그 원래 형태를 박탈하고 적어도 서유럽의 협동조합적인 어소시에이션의 수준까지 올라가야 한다. 현재 아르쩰은 그 형태를 가지고는 이것을 할 수 없을 뿐만 아니라, 더 발전되지 못하면 대규모 산업에 의해 필연적으로 파괴되고 말 것이다[100]

---

99 이것은 엥겔스만의 주장이 아니라 마르크스와 함께 토론 끝에 내린 결론이다.
100 Late Marx and the Russian Road, p.52.

엥겔스는 단순히 아르쩰이 있기 때문에 러시아에서 사회주의 혁명이 가능하다는 주장은 어리석다는 것이다. 아르쩰과 다른 산업의 경쟁 관계에서 전자가 후자를 압도하지 못하면 러시아에서 코뮌은 붕괴할 수밖에 없다는 것이다. 러시아인들에게 어소시에이션에 대한 충동이 강하게 존재한다는 사실은 인정할 수 있지만 그것만으로 혁명의 필연성을 설명할 수 없다는 것이 엥겔스의 주장이었다. 엥겔스는 이 글에서 사회주의로의 직접적인 도약을 이야기한 체르니셰프스키의 주장을 더 구체적으로 제시한 것이다. 러시아가 부르주아적인 방향으로 점점 더 발전하고 있고 토지의 공동 소유가 점차적으로 농업 생산의 질곡으로 변하면서 붕괴해 가고 농민들은 세금과 고리대의 부담을 견디지 못해 이주노동자들처럼 도주하는 마당에 러시아가 변혁될 수 있는 조건은 무엇인가 하는 것이 엥겔스의 관심이었다. 엥겔스는 공동재산제가 완전히 해체되기 전에 승리를 거두는 프롤레타리아 혁명이 그 변혁의 전제조건이라고 보았다. 마르크스도 이러한 의미에서 러시아 혁명이 있어야 러시아 코뮌이 구제된다고 말한 것이지만 러시아 현실에서 혁명은 30년 이상이나 된 후에 일어났다. 엥겔스는 러시아의 재산 소유자인 농민이 서유럽의 재산 없는 노동자들보다 사회주의에 더 가깝다는 트카초프의 주장을 반박하기 위해 프롤레타리아 혁명의 승리를 이야기한 것이지만 사실 엥겔스의 주장은 과장에 가까운 것이고 인터내셔널 프롤레타리아 운동에서 서유럽의 헤게모니를 쥐고자 바쿠닌의 범슬라브주의를 비판하기 위해 한 말이기도 했다.

결국 러시아에게 남은 길은 두 가지 길 밖에 없었다. 자본주의적인 발전의 길을 따라갈 것인가 아니면 코뮌에서 바로 사회주의로 가는 길을 택할 것인가. 체르니셰프스키는 러시아가 이미 자본주의적인 발전의 대로에 들어섰다고 생각했지만 러시아가 여전히 전자의 길을 거부하고 후자의 길을 따라갈 수 있다고 보았고, 레닌은 러시아의 코뮌의 존재를 인식하고 있었지만 전자의 발전만을 혁명의 조건으로 본 것이다. 여기서 엥겔스가 지적한대로 체르니셰프스키는 러시아가 후자의 길을 택할 때 그 전제조건을 언급하지 않은 것이고 레닌은 러시아 코뮌의 가능성을 러시아 혁명이 일어나고 나서야 파악한 것이다. 마르크스와 엥겔스는 트카쵸프나 아나키스트들의 주장 사이에 차이가 없다고 보고 체르니셰프스키의 손을 들어 주었다.

1.3 마르크스와 미하일로프스키[101]

러시아의 미래, 러시아의 혁명, 러시아의 코뮌의 미래에 대한 마르크스의 관심과 논쟁은 계속되었다. 하루키 와다에 따르면 1875-1876년 사이에 마르크스는 학스트하우젠의『러시아의 농업법』, 코셸레프의『러시아의 토지 공동소유』, 엥겔하르트의「러시아의 여러 가지 농업 문제들」,

101 니콜라이 콘스탄티노비치 미하일로프스키(1842-1904)는 인민주의 안에서 혁명을 반대하는 파에 속한 사회학자이자 저널리스트로서 <<조국연보>>의 편집장을 지냈다. 러시아의 인민의지 그룹을 지지했다.

바쿠닌의 『국가주의와 무정부주의』, 〈직접세위원회 보고서〉 등 다양한 책, 글, 자료를 섭렵하였다. 마르크스는 바쿠닌이 러시아의 코뮌의 가부장적이고 폐쇄적인 성격에 대하여 비판한 점에 감명을 받기도 했다. 1877년 마르크스는 바실리차코프가 쓴 『러시아와 서유럽 국가들의 농민공동체 역사 개요』, 소콜로프스키가 쓴 『러시아 북부 농민공동체의 역사』를 계속 연구해 나갔다. 같은 해에 러시아와 터키 간에 전쟁이 일어나자 마르크스는 러시아가 패배한 후 바로 혁명이 뒤따를 것이라는 희망을 피력했다. 그러나 현실은 거꾸로 흘러갔다. 1878년 3월 러시아가 터키를 패배시킨 것이다. 마르크스는 임박한 러시아 혁명에 대한 기대가 좌절된 후 1878년 말 〈〈조국연보〉〉 편집진에게 편지를 보낸다.[102] 이 편지는 〈〈조국연보〉〉 편집장이던 미하일로프스키가 〈〈조국연보〉〉 10호에 쓴 글 「주코프스키의 법정 앞에 선 칼 마르크스」에 대한 마르크스의 답변이었다.

마르크스와 미하일로프스키의 관계에서도 러시아가 다른 서유럽 국가들과 같은 길을 갈 것인가 다시 말해 자본주의적인 발전 아래에서 벌어지는 동일한 길을 갈 것인가가 문제였다. 미하일로프스키는 마르크스의 『자본론』에 나오는 '원시적 축적'에 관한 장에 문제를 제기하면서 마르크스가 보편적인 진보의 역사철학적인 이론을 설명하고 있다고 생각했다. 다시 말해 모든 나라가 영국에서처럼 농민으로부터 토지를

102 이 편지는 마르크스가 <<조국연보>>의 폐간을 걱정해 결국 보내지 않았다. 하루키 와다는 마르크스가 미하일로프스키에 대한 자기의 비판에 뭔가 잘못된 점이 있어서 보내지 않았다고 말한다(Late Marx and the Russian Road, p.60.)

몰수하는 정확하게 똑같은 과정을 경험해야 한다고 마르크스가 주장하고 있다는 것이다. 미하일로프스키는 마르크스가 그린 일종의 역사적인 과정이 진정으로 불가피한 것인지 아닌지 철저하게 평가해야 한다고 생각했다.

마르크스는 자기의 편지가 짜르 체제 하에 게재되었고 편지에 자기의 사인이 들어가 있는 만큼 혁명에 대해 말하는 것을 피하고 그 대신 게르쎈과 체르니셰프스키에 대해 언급하는 식으로 미하일로프스키의 비판에 대해 반 비판을 했다. 이솝의 언어를 구사하겠다는 마르크스의 전략이었다. 마르크스는 미하일로프스키에 대해 체르니셰프스키를 러시아의 위대한 학자이자 비평가라고 평가한 사실을 상기시키면서 러시아의 인민주의자들에 대해 공감을 느낀다고 말한 후 결론적으로 러시아가 1861년 농노 해방 이래 추구해 온 길을 계속 따라가다 보면 역사가 러시아 민족 앞에 이제껏 제기했던 것들 중에서 가장 섬세한 기회를 경험하게 될 것이고 자본주의적 발전이라는 운명적인 불행을 맛보게 될 것이라고 이야기했다. 이것은 마르크스의 이솝 언어로 된 주장이었는데, 다시 거꾸로 말하면 러시아가 서유럽과 같은 길을 걸어가게 되면 농민 코뮌이 파괴되고 지방공동체에 바탕을 두고 직접 사회주의로 진행할 가능성도 파괴된다는 주장이었다.

마르크스는 미하일로프스키에게 보낸 편지 후반부에서 『자본론』 프랑스어 판에서 한 말, "영국에서만 그것은 철저하게 완수되었고...그러나 서유럽의 모든 나라들은 똑같은 과정을 따르고 있다"라는 구절을 상키 시키면서 미하일로프스키가 자신의 이론을 모든 민족이 처한 역사적 상황의 차이에도 불구하고 모든 민족에게 다 부과되는 역사철학적인 일반적 과정론으로 변형시키고 있다고 비판한다. 마르크스가 주장한 것은 다음의 내용이 전부이므로 자신의 이론을 확대시키지 말라는 것이다.

> 나의 비평가는 이제 이 역사적인 스케치를 러시아에 어떻게 적용시킬 수 있는가 하고 묻는다. 이것뿐이다. 즉, 러시아가 서유럽의 국가들처럼 자본주의적인 국가가 되려고 한다면 - 그리고 러시아는 지난 수년 동안 온갖 고통을 겪으면서도 이것을 성취해오고 있다 - 무엇보다도 농민들 대다수를 프롤레타리아로 변형시키지 않고서는 그 일을 성공시킬 수 없다. 그리고 일단 자본주의적인 체제의 우리 안에 들어가게 된 이상 러시아인들도 다른 세속적인 인간들과 마찬가지로 무자비한 법칙을 겪게 될 것이다. 그것이 전부다. 그러나 그것이 나의 비평가에게는 너무 양이 적은가부다[103]

마르크스는 미하일로프스키가 자기에게 지나친 명예와 지나친 불명예를 동시에 안겨다 주고 있다고 비판하면서 "눈에 뜨일 정도로 유사한 사건들이 서로 다른 역사적 맥락들에서 일어나면 완전히 이종의 결과를 낳는다"[104]고 하면서 미하일로프스키의 일반 역사철학적인 이론의 마스터 키로는 성공을 거둘 수 없다고 말한다. 마르크스가 보기에 그 이론의

103 Late Marx and the Russian Road, p.136.
104 앞의 책과 같은 곳.

최고의 미덕은 초-역사적supra-historical인 것에 있기 때문이다. 1882년 마르크스는 『공산당 선언』 러시아어 제 2 판에 붙인 서문에서 다시 이 문제를 제기하면서 그 전제조건으로 러시아 혁명이 프롤레타리아 혁명의 신호가 되어야 한다고 말한다.

> 상당히 침식되긴 했지만 원시적인 토지 공동소유 형식인 러시아의 옵시치나가 직접 더 높은 공산주의적인 형태의 토지 공동 소유로 나갈 수 있는가? 혹은 그것이 처음에 서구의 역사적인 발전을 만든 해체의 동일한 과정을 겪어야 하는가? 오늘날 한 가지 가능한 대답만 있을 뿐이다. 러시아 혁명이 서구에서 프롤레타리아 혁명의 신호탄이 되고, 그 두 가지가 서로를 보충한다면, 그 때 러시아의 농민 토지 공동소유는 공산주의 발전의 출발점으로 봉사할 수 있을 것이다[105]

1.4 마르크스와 자술리흐

러시아가 터키와 벌인 전쟁에서 승리를 거두면서 짜르 체제와 러시아의 혁명적 인민주의 사이의 갈등이 격화되기 시작했다. 1879년 2월 하리코프의 주지사 크로포트킨이 암살되는 사건이 벌어졌는데 이 소식을 들은 엥겔스는 정치적 암살이 러시아 지식인들의 자기방어의 유일한

105 앞의 책, p. 139.

수단이라고 생각한 엥겔스는 러시아 혁명에 대한 기대감을 다시 품었다. 1879년 인민의지당 집행위원회가 꾸려지고 활동을 시작하자 그러한 기대감은 더 커져 갔다. 마르크스는 엥겔스와 같은 생각이었지만 러시아 혁명에 대한 기대감을 발설하지 않았다. 인민의지 당의 대표인 레오 하르트만이 런던을 찾아 와 마르크스를 만났을 때에도 그에게 그저 호의를 베풀었을 뿐이다. 레오 하르트만은 모로조프에게 보낸 편지에서 마르크스가 플레하노프가 이끄는 검은 재분할 그룹에 대해 비판적이고 러시아 인민주의를 지지한다고 썼다. 1880년 마르크스는 인민의지당이 그 노동계급 당원들을 위해 만든 프로그램과 러시아 사회혁명당 집행위원회의 메시지를 받았다. 그 후 마르크스는 인민의지당을 더 이상 테러리스트 당이라고 부르지 않았고 제네바에 있던 플레하노프의 검은 재분할 그룹에 대해서는 아나키즘 - 공산주의 - 무신론의 밀레니엄이라는 재주넘기를 하고 있다고 비판하였다.

마르크스는 혁명적 활동가들을 만나면서 이론적인 연구 작업을 지속하였다. 1879년 가을 마르크스는 코발레프스키가 쓴 『토지 공동소유 : 해체의 원인, 과정 그리고 결과들』, 코스토마로프가 쓴 글 「스텐카 라진의 폭동」을 읽었다. 그 해에 마르크스는 자기 제자인 다니엘슨과 서신 교환을 하며 러시아 자본주의 이론을 가다듬었다. 다니엘슨은 1879년 마르크스에게 보낸 장문의 편지에서 농민들이 엄청난 세금 부담 때문에 생존을 위해 필요한 시리얼을 팔 수 밖에 없고 철도와 은행이 이 곡물거래를 가속화시키고 있으며 그리하여 농민들이 더욱 더 빈곤해지고 있다고 말했다. 마르크스는 다니엘슨이 말한 대로 철도의 파괴적인 기능을 정교하게 다듬어 이것을 후진 국가에서 자본주의적 발전의 특징을 이루는 현상으로 일반화시켰다. 다니엘슨은 마르크스의 평가에 힘입어 「개혁 이후 우리나라의 사회와 경제에 관한 개요」를 썼고 마르크스는 다니엘슨이 러시아 자본주의의 절대적인 위기라는 명제를 제시한 것에 대해 만족하지 않았지만 글을 전반적으로 높게 평가했다.

마르크스와 자술리흐의 관계는 1880년 말 보론초프가 〈〈조국연보〉〉에 러시아는 자본주의적인 발전의 토대를 결여하고 있다는 글을 썼는데, 이 글에 대해 자술리흐가 마르크스의 견해를 묻는 서한에 의해 촉발되었다. 1881년 2월 16일 제네바에 있던 자술리흐는 마르크스에게 서한을 보내, 마을 코뮌은 파멸할 운명을 지닌 의고적인archaic 형태라고 말하는 사람들의 주장에 대한 마르크스의 견해를 물었다. 마르크스는 자술리흐의 요청에 따라 네 통의 서한 초고를 보냈다.

마르크스는 자술리흐에게 보낸 서한 두 번째 초고에서 자신의 이론을 왜곡하면서 자신의 뛰어난 제자라고 말하는 러시아 마르크스주의자들이 누구인지 전혀 모르겠고 자신이 아는 러시아인들은 그들과 반대되는 견해를 갖고 있다고 말했다. 그러면서 마르크스는 '마을 코뮌은 파멸할 운명을 지닌 의고적인 형태'라는 주장에 대해 조목조목 반박 설명했다. 먼저 마르크스는 토지가 한 번도 농업 생산자(농민)의 사적 소유였던 적이 없던 러시아에 서유럽의 모델을 적용시킬 수 없다고 밝히고 만일 러시아에서 자본주의적인 생산이 수립된다면 러시아인 중 농민 대다수가 임노동자로 변형될 것이라고 말했다. 하지만 이때에도 중요한 것은 마르크스에 따르면 "그러나 어떤 경우든 서구의 선례가 [이 과정의 역사적인 불가피성]에 대해 아무 것도 증명해주지 못할 것"[106]이라는 점이었다. 마르크스에 따르면 러시아에서 공동 소유가 해체되는 것은 불가피하다고 말하는, 즉 마을 코뮌은 파멸할 운명을 지녔다고 말하는 사람들은 공동 소유는 서유럽 어디에서나 존재했었고 사회가 진전되면서 도처에서 사라졌다고 말하는 것과 똑같다는 것이다. 그러나 문제는, 왜 이러한 코뮌의 운명이 러시아에서는 달라야 하는지, 코뮌이 러시아에서는 그 똑같은 운명을 어떻게 피해나갈 수 있는지 하는 것이었다. 코뮌이 러시아의 경우에도 서유럽처럼 그저 파멸할 운명을 지녔다고 말할 것이 아니라 왜 그렇지 않을 수 있는지, 그렇지 않으려면 그 방법은 무엇인지에 대해 더 성찰해야 한다는 것이 마르크스의 입장이었다. 유럽의 국가들 중에서 유일하게 방대하고 전국적인 규모로 공동 소유를 유지해 오고 있는 러시아에서 코뮌의 상황은 서구의 원시적인 공동체들의 상황과 절대적으로 다르다는 것이다. 그와 동시에 마르크스는 여기서 러시아가 근대적인 역사적 맥락 안에 존재하고 있다는 사실을 환기시킨다. 다시 말해 러시아도 더 높은 문화와 동시대를 살고 있고 자본주의적 생산이 지배적인 세계 시장과 연결되어 있다는 것이다.

마르크스는 러시아 코뮌이 의고적인 형태라는 주장에 대해서도 러시

106 앞의 책, p. 101.

아 코뮌은 자기가 사는 집과 부속지인 정원을 사적으로 소유하고 있다는 점에서 의고적인 형태인 것이 아니라 의고적인 유형 중 가장 근대적인 형태라고 말했다.[107] 사회가 의고적으로 조직되는 사슬이 역사적으로 존재하기 마련이고 러시아 코뮌은 그 중에서 가장 최근의 형태라는 것이다. 그리고 러시아 코뮌은 의고적인 공동체와 달리 자연적인 인척관계에 구속되어 있지 않다고 하면서 러시아 코뮌이 의고적이라고 주장하는 사람들의 견해를 반박했다. 마르크스는 물론 러시아 코뮌이 속해 있는 의고적인 유형 안에 공동 소유와 경작과 생산용의 조그만 농민 구획이 동시에 존재하고 있어서 이것이 코뮌 해체의 씨앗을 품고 있다고 보고 농업에서 점점 더 중요한 역할을 하는 동산動産 때문에 코뮌의 사람들이 부의 측면에서 차이가 나게 되고 이로 인하여 국가의 재정 압력 탓에 이익 갈등이 일어나 협동조합적이고 결합된 노동의 기초인 공동 소유의 경제적인 우월성이 상실될 수 있다고 말했다. 그러나 러시아는 이미 합동 목초지 경작에서 집단적인 양식을 실천하고 있고 아르쩰에도 친숙해 조그만 농민 구획에서 벗어나 집단적인 경작으로 이행할 수도 있다고 말했다. 그리고 러시아는 그 방대한 영토 탓에 코뮌이 '고립된 소우주'localized microcosm처럼 존재하지만 정부의 질곡만 제거된다면 그 소우주 상태를 쉽게 극복할 수 있다고 말했다.

---

107 러시아에는 이러한 농민공동체의 흔적이 다차дача라는 별장의 형태로 보존되고 있다. 우리의 경우에도 주말농장이란 것이 있지만 다차는 그것보다 훨씬 더 일반적이고 지배적이다. 모스크바에는 다차에 필요한 물품들만 파는 상점이 있을 정도로 러시아인에게 있어서 다차는 지배적인 생활양식을 구성한다.

마르크스는 자술리치에게 보낸 편지 말미에서 결론적으로 이렇게 말한다.

> 러시아 코뮌의 생명을 위협하는 것은 역사적인 필연성도 이론도 아니다. 그것은 국가 억압이고 국가가 농민을 희생시켜 강력하게 만들어준 자본주의적인 침략자들에 의한 착취다[108]

마르크스는 자술리치에게 보낸 첫 번째 초고에서 두 번째 초고에서 그가 밝힌 여러 가지 논점들을 단락을 나누어 좀 더 논리적으로 설명한다. 첫 번째 초고에서도 두 번째 초고의 논점들이 계속 지적된다. 러시아 코뮌의 특성, 러시아 역사 발전의 특수성과 보편성, 자본주의와 국가, 시장의 문제 등 러시아 농민공동체의 운명과 연관된 논점들이 다시 출현한다. 마르크스는 이 첫 번째 초고에서 처음으로 러시아 혁명의 필요성을 세 번이나 반복해서 강조한다.

> 러시아 코뮌을 구하려면 러시아 혁명이 있어야 합니다. 러시아의 입장에서 볼 때 러시아 정부와 사회의 새로운 지주들은 대중들이 그러한 파국에 이르도록 준비시키기 위해 최선을 다하고 있습니다. 혁명이 제 때에 일어난다면 혁명이 그 모든 힘들을 집중시키고 [러시아 지식층이] [러시아 지식인이 국가의 모든 살아 있는 힘들을 집중시켜] 지방 코뮌의 질곡을 끊은 봉기rise를

108 Late Marx and the Russian Road, p.105.

확고하게 한다면 코뮌은 곧 러시아 사회를 갱생시키는 요소, 자본주의체제의 노예가 되어 버린 나라들보다 우월성을 나타내는 요소로 발전할 것입니다[109]

하루키 와다는 첫 번째 초고의 내용을 다음과 같이 요약한다.

(1) 러시아에서 마을 코뮌들은 전국적으로 방대한 규모로 보존되어 왔다.

(2) 러시아 코뮌의 구조적인 특징 1. 토지의 공동 소유가 러시아 코뮌에 집단적인 생산과 사용의 자연적인 기초를 부여한다 2. 러시아 농민들이 아르쩰에 친숙하다는 사실이 개인 구획지에 의한 농업으로부터 집단농업으로 이행하는 것을 크게 촉진 시킨다 3. 합동으로 소유한 목초지 착취를 통해 러시아 농민들은 이미 공동 생산의 형태를 실천하고 있다

(3) 역사적인 상황들 1. 개별 구획지 농업이 협동조합적인 노동으로 이행하는 것은 위기에 처한 러시아 농업을 구하는데 중요하지만 이 이행의 물질적인 조건들은 이미 자본주의 체제의 기술적인 성취 형태로 이용할 수 있다 2. 러시아의 공중 - 교육받고 특권을 가진 사회의 부문 - 은 오랫동안 마을 코뮌을 희생하고 그 비용으로 존재해 왔는데 기계경작 도입에 필요한 최초의 진전을 이루었다 3. 그런 길을 따르는 마을 코뮌은 정확하게 시대의 역사적인 흐름이 요구하는 것이고 이것에 대한 준비된 증거는 유럽과 미국에서 자본주의적인 생산을 뒤흔들고 있는

109 앞의 책, p. 117.

치명적인 위기들 안에 들어 있다[110]

첫 번째 초고에서도 마르크스는 러시아가 코뮌 몰락이라는, 서유럽에서와 같은 운명을 왜 피해야 하는지 물어 보면서 러시아 코뮌의 특수성을 상술한다. 러시아는 동인도처럼 남의 나라의 먹이가 된 적이 없고 근대적인 세계로부터 고립된 채 살지 않는다는 것이다. 또한 러시아는 자본주의적인 생산과 동시대를 살고 있고 농민이 한 번도 토지를 사적으로 소유해본 적이 없으며 공동 소유가 집단적인 사용의 토대를 이루기 때문에 그 끔찍스러운 흥망성쇠를 겪지 않고도 자본주의적 생산의 긍정적인 성과물들을 모두 사용할 수 있다는 것이다. 마르크스의 첫 번째 초고와 세 번째 초고에서는 마르크스가 자주 동일한 내용을 반복하는 특징을 보인다. 그 이유는 정확히 알 수 없지만, 그 효과는 마르크스가 주장하는 내용의 핵심을 파악할 수 있게 해주거나 거꾸로 정리를 하는데 장애로 작용하기도 한다. 어쨌든 마르크스는 러시아에서 코뮌은 점차적으로 단편화된 농업을 규모가 크고, 러시아를 물리적으로 배치하는데 특히 안성맞춤인 기계의 지원을 받는 농업으로 대체해 갈 것이고 이것이 러시아를 갱생시킬 것이라고 말했다. 그런데 마르크스는 '의고적'이라는 말을 너무 무서워할 필요는 없다고 하면서 유럽과 미국에서 자본주의적인 생산이 최고 정점에 도달하면서 치명적인 위기 상태에 있고 이러한 위기는 자본주의적인 생산을 제거하고 근대 사회가 가장 의고적인 유형

110 앞의 책, p. 65-66.

의 집단 생산과 사용의 더 높은 형태로 돌아갈 때 끝날 것이라고 말한다.[111]

마르크스에 따르면 이상의 이야기는 이론상의 이야기고 러시아 현실로 돌아가 보게 되면 농노해방 이후 국가가 러시아 코뮌을 비정상적인 경제 상황 안에 놓았고 그 후 국가는 자기 손안에 집중된 사회적 힘을 가지고 코뮌에 대한 압박을 멈춘 적이 없었다는 것이다. 그리하여 코뮌은 세금 요구에 의해 힘을 소진한 채 무역업자, 토지소유자 그리고 고리대금업자들에 의해 쉽게 착취되는 일종의 무기력한 물질이 되었으며 이러한 외부로부터의 억압으로 인해 이미 코뮌의 핵심 안에 존재하는 이익들의 갈등이 분출하게 되었고 급속하게 해체의 씨앗을 발달시켰다는 것이다. 그리고 국가는 농민을 희생시켜 이미 고갈된 지방 코뮌의 피를 빨아먹는 새로운 자본가 기생충을 부유하게 만들었다는 것이다. 그리하여 다소 잘 사는 소수의 농민들은 지방의 중산층으로 변하고 대다수는 프롤레타리아로 변하게 되었다는 것이다. 마르크스가 지역화된 소우주를 이야기하면서 러시아 코뮌이 서유럽에서 그 유례를 찾을 수 없을 만큼 방대한 제국에 걸친 대중들의 삶의 지배적인 형태이지만 지역적인 소우주 상태가 그 허약한 면이 될 수 있다는 점을 지적하고[112] 국가라는 질곡만 제거되면 그 약점이 극복될 수 있을 것이라고 말한 것은 러시아 현실을 지배하는 국가의 이러한 모습을 지적하기 위한 것이었다. 마르크스는

111 이것은 앞의 책, p. 107, p. 114에서 두 번 반복된다.
112 앞의 책, p. 111.

코뮌의 허약성을 극복하기 위해 실제로 정부 기구인 볼로스치волость를 제거하고 농민의회를 세우라고 충고해 주었고 1917년 혁명 이후 농민들은 실제로 볼로스치를 철폐하고 자신들의 볼로스치 위원회를 수립하였다.

결국 마르크스는 오늘날 코뮌의 상황은 더 이상 지탱될 수 없고 결국 러시아 코뮌을 구하자면 러시아 혁명이 필요하다는 결론을 내리게 된다.

자술리흐에게 보낸 세 번째 서한 초고에서 마르크스는 농업코뮌la commune agricole에 대해 이야기한다. 여기에는 러시아 코뮌과 독일의 코뮌이 해당된다고 하면서 독일 코뮌에 대한 이야기를 많이 한다. 이 서한 초고에서 마르크스는 농업 코뮌 안에 내재하는 이원성이 코뮌에 활력 넘치는 생명을 부여하기도 하지만 궁극적으로 해체의 씨앗으로 돌변할 수도 있다고 말한다. 외부의 나쁜 영향력은 차치하고서라도 코뮌은 그 안에 그 생명에 독을 주는 요소들을 껴안고 있는데 사적인 토지 소유권이 정원이 있는 집의 형태로 코뮌 안에 기어들어 와 공동 토지에 반대하는 공격의 강한 점이 될 수 있다고 하면서 러시아 농민이 토지를 한 번도 사적으로 소유한 적이 없다는 종전의 설명과 달리 농민들의 공동 소유가 사적 소유로 변형될 수도 있을 것이라고 말한다. 거기다가 사적인 사용의 원천을 이루는 단편화된 노동으로 인해 생필품, 화폐 심지어는 노예나 농노 같은 동산의 축적이 가능해지고 이로 인해 지방경제 전체에 대한 압박이 점점 더 극심해지고 원시적인 경제적

· 사회적 평등을 해체시키는 요인이 나타났다고 말한다. 여기서 마르크스는 농업 코뮌을 공동 소유에 바탕을 둔 사회에서 사적 소유에 바탕을 둔 사회로 이행할 때 나타나는 한 국면이라고 규정한다.

마르크스는 1881년 3월 알렉산드르 2 세가 암살되자 이 사건이 반드시 '러시아 코뮌'의 수립을 촉진시킬 것이라고 생각했다. 그러나 국가 권력은 양보하지 않았고 대중적인 운동도 일어나지 않았다. 유대인에 대한 대대적인 학살만 일어났다. 1881년 말 마르크스는 12월 2일 아내까지 저 세상에 보내고 병석에 누웠다. 바람을 쏘이러 벤트노어로 갔다가 1882년 1월 16일 런던으로 돌아 온 마르크스는『공산당 선언』러시아어판 서문을 써달라는 라브로프의 편지를 받았다. 그러나 그 초고는 엥겔스가 거의 다 썼고 마르크스는 사인만 했다. 마르크스는 서유럽에서 프롤레타리아 혁명이 발발하는 것이 러시아 혁명의 전제 조건이라고 가정하였고, 엥겔스는 러시아 혁명이 일단 일어나면 독일 혁명이 그 뒤를 따를 것이라고 믿었다. 1882년 마르크스는 보론초프의『러시아에서 자본주의의 운명』을 읽고 그 해 12월 14일 자기 딸 로라 라파르그에게 쓴 편지에서 자기 이론이 러시아에서 크게 원용되고 있고 반동적인 권력에 해를 입힌다는 사실을 두고 가장 기쁜 일이라고 말했다. 하지만 여기서 마르크스는 러시아 혁명을 말하지 않았다. 그리고 마르크스는 1883년 3월 14일 죽었고 34년 후에 러시아에서 10월 혁명이 일어났다.

2

레닌과 코뮌

레닌은 『국가와 혁명』에서 마르크스와 엥겔스의 논의를 따라 프롤레타리아 독재 개념을 구체화한다. 마르크스가 『고타 강령 비판』에서 자본주의사회와 공산주의사회 사이에 과도기적인 정치 형태로 설정한 프롤레타리아트의 혁명적 독재, 엥겔스가 『프랑스 내전』 제 3 판 서문에서 파리 코뮌을 규정한 프롤레타리아 독재에 근거하여 프롤레타리아 독재론을 제기한 것이다. 그러나 레닌은 마르크스가 지배계급으로 조직된 프롤레타리아트 이후의 정치 형태를 발견하려고 하지 않다가 프롤레타리아트들이 발견한 정치 형태들을 연구하기 시작했고 그것이 바로 '코뮌'이라고 말한다.

> 코뮌은 프롤레타리아 혁명에 의해서 '최종적으로 발견된' 정치 형태이며 그 정치 형태 하에서 노동의 경제적 해방이 가능하게 될 것이다. 코뮌은 프롤레타리아 혁명에 의해 시도된 부르주아 국가를 타도하려는 최초의 시도

이며 타도된 국가기구를 대체할 수 있고 대체해야 하는 '최종적으로 발견된' 정치 형태이다. 좀 더 나아가 1905년에서 1917년의 러시아 혁명이 서로 다른 환경과 서로 다른 조건 속 에서도 코뮌을 결성하는 작업을 계속하고 있으며 이로써 마르크스의 찬란한 역사적 분석을 확증해주고 있다[113]

이것은 마르크스의 생각에 대한 레닌의 해석이다. 레닌은 여기서 코뮌이라는 단어를 사용하고 있는데, 그것이 코뮌 일반인지 특정하게 파리 코뮌을 지칭하는 것인지 불확실하지만 이 인용문이 파리 코뮌의 경험을 다른 소설의 마지막 부분이므로 일단 파리 코뮌을 가리키는 것으로 볼 수 있다. 그러나 인용문에서 레닌이 "러시아 혁명이...코뮌을 결성하는 작업을 계속하고 있다"고 말하고 있기 때문에 코뮌 자체에 대한 생각도 레닌에게 있었다고 봐야 할 듯하다.

다른 한 편에서 레닌은 코뮌을 프롤레타리아 혁명에 의해서 최종적으로 발견된 정치 형태라고 했는데, 그렇다면 레닌에게 있어서 프롤레타리아 독재는 코뮌하고 무슨 관계가 있는가? 혹은 프롤레타리아 독재는 코뮌과 아무 연관이 없는 것인가? 레닌이 말한 '최종적인 정치 형태'는 프롤레타리아 독재인가 아니면 코뮌인가? 필자가 이러한 문제를 제기하는 이유는 레닌의 프롤레타리아 독재론이 유행을 타다가 구소련 붕괴 이후 레닌의 프롤레타리아 독재론에 대한 비판적 반성이 이루어졌는데,

113 V. I. 레닌 저/김 영철 옮김, 『국가와 혁명』, 논장, 1988, 74 쪽. 이 인용문은 『국가와 혁명』의 인용문 바로 앞 페이지에 인용문으로 다시 나와 있어서, 이 인용문이 마르크스의 말인지 레닌의 말인지 확인할 길이 없다. 따라서 '코뮌이 노동계급의 정부고 최종적으로 발견된 정치형태'라는 주장이 누구의 것인지 확인할 길이 없다.

과연 레닌은 코뮌에 대하여 아무런 고민도 없었는가 하는 것이다. 박영균이 “레닌의 말이 곧 진리가 되었다”[114]는 이야기처럼 “프롤레타리아 독재에 대한 승인 여부가 곧 혁명적 맑스주의냐 아니냐를 가르는 근본적인 지점”[115]이라는 비난을 레닌에게 다 덮어 씌워도 되는 것이냐 하는 것이다. 물론 레닌이 “프롤레타리아의 혁명적 독재는 부르주아지에 대한 프롤레타리아트의 폭력으로 쟁취되고 유지되는 권력이며 어떠한 법률에도 구속되지 않는 권력”[116]이라고 말했지만, 레닌의 프롤레타리아 독재론이 코뮌에 대한 자신의 구상을 억압한 것은 러시아 혁명 이후 전개된 일련의 사건들 속에서였지 레닌 스스로 코뮌의 구상을 폐기처분하고 프롤레타리아 독재론을 러시아 혁명 이후에도 줄곧 주장했던 것은 아니다. 오히려 레닌의 프롤레타리아 독재론은 멘셰비키였던 보그다노프에 의해 러시아 사회 안에서 ‘프롤레타리아 문화’로 더 구체화 되었던 것 아닌가 하는 생각이 든다. 그리고 레닌에게 있어서 프롤레타리아 독재는 코뮌 국가로 이행하기 위한 - 비록 현실 정치에서 이 구상은 실현될 수 없었지만 - 이데올로기적인 투쟁의 문제였다는 생각이 든다.

레닌은 엥겔스의 말을 인용하면서 다음과 같이 말한다.

> 이것은 어떤 점에서 국가임을 그만둔 국가, ‘이미 본래의 의미에서는 국가가 아닌’ 국가이다. 그것은 파리 코뮌형 국가로서 인민과 유리된 군대와

---

114 <<진보평론>>, 30호

115 앞의 잡지

116 『국가와 혁명』, 168 쪽.

경찰을 인민 자신의 직접적인 무력으로 대치시킨 것이다. 이 점이 부르주아적 저술가들에 의하여 비난되고 중상되며 특히 사회주의를 곧장 '도입'하려는 의도라고 곡해되고 있는 코뮌의 본질이다. 러시아 혁명이 1905년에 만들기 시작한 것은 바로 이런 유형의 국가였다....노동자 · 병사 대표 소비에트는 파리코뮌이 만들었고 마르크스가 '노동의 경제적 해방을 이룩할 수 있는 것으로서, 마침내 발견된 정치 형태'라고 이름 지은 그런 국가 형태의 재현인 것이다[117]

레닌에게 있어서 러시아 혁명이 추구한 국가 형태는 파리 코뮌 형 국가이고 그것은 바로 사회주의와 등치되는 것이 아니다. 레닌에게 있어서 사회주의 국가는 사멸해야 할 국가이고[118] 국가는 국가가 아닌 국가이기 때문이다. 마르크스와 엥겔스가 제기한 프롤레타리아의 혁명적인 독재가 과도기의 정치 형태이듯이 레닌에게 있어서도 프롤레타리아 독재에 의한 프롤레타리아 독재 '국가'는 공산주의로 가기 위한 과도기적인 정치 형태이고 그것의 구체적인 형태는 노동자 · 병사 대표 소비에트이다. 그리고 코뮌은 프롤레타리아가 혁명을 통해 발견한 최종적인 정치 형태이고 프롤레타리아 독재의 구체적인 표현인 노동자 · 병사 대표 소비에트는 프롤레타리아가 마침내 발견한 정치 형태이자 그러한 국가 형태를 재현한 것이다.

박 영균은 다음과 같이 말한다.

---

117 『국가와 혁명』, 193-194 쪽.
118 앞의 책, 201 쪽.

그러나 그럼으로써 '정통' 맑스주의는 맑스가 끊임없이 대결해야 했던 코뮨과의 관계를 맑스주의의 역사에서 삭제하였다. 그것은 무정부주의이다! '프롤레타리아 독재'의 현실성을 부여했던 '코뮨'의 현실적 상태들에 대한 연구의 풍부화는 진행되지 않았으며 양자의 긴장관계와 모순들은 탐구되지 않았다. 그리고 '프롤레타리아 독재'의 구체적인 형태들에 대한 연구보다 '프롤레타리아 독재' = '노동자계급 독재' = '노동자계급의 혁명성'이라는 순수관념들에 매달렸다. 1905년 레닌은 '노동자 농민의 독재' = '혁명적 민주주의의 독재'라는 새로운 제안을 내놓는다[119]

일단 인용문에서 마르크스가 끊임없이 대결해야 했던 '코뮨'을 '어소시에이션'으로 바꾸자. 마르크스는 코뮌이라는 말을 모르지 않았지만 코뮌보다는 어소시에이션을 자본주의사회로부터 공산주의사회로 이행하는 전략으로 상정했기 때문이다. 레닌의 1905년 제안을 비판한 것은 박 영균에 따르면 오히려 프롤레타리아 독재를 노동자계급의 독재로 파악한 트로츠키였다. 박 영균이 인용문에서 문제 제기했듯이 관건은 프롤레타리아 독재와 코뮌의 긴장된 관계에 대한 해석 문제다. 필자는 이러한 긴장 관계가 1917년 러시아 혁명 이후 실제로 전개된 일련의 사건을 통해 프롤레타리아 독재론으로 귀결되었다고 생각한다. 다시 말해 레닌은 프롤레타리아 독재 문제를 그 구체적인 형태를 통해서 해결하려고 하였지만 러시아 혁명 이후의 정치 상황은 거기에 역행했다

---

119 <<진보평론>>, 30 호

는 것이다.

분코 우는 레닌의 사회주의 구상을 전제주의로 파악하는 가운데 각주에서 다음과 같이 말한다.

> 공평성을 잃지 않기 위해서는 레닌이 만년1923년 1월에 「협동조합」에 관한 소논문을 쓰고 그 안에서 협동조합을 재평가하고 국유 · 국영의 국가독점적 구상과는 다른 구상을 드러낸다. 다음과 같다. "우리의 조건 하에(토지와 생산수단이 노동자계급의 국가에 속한) 있는 협동조합은 거의 늘 사회주의와 합치한다...협동조합의 순연한 성장은 사회주의의 성장과 완전하게 일치한다." 그러나 주지 하다시피 이 구상은 국가독점자본주의 구상을 능가하기는 커녕 뿌리내리지도 못했다[120]

레닌은 프롤레타리아 독재를 과도기의 국가라고 보지만 그것은 계급 지배의 기관이지 사실상 국가가 아니다. 따라서 프롤레타리아 독재 '국가'란 프롤레타리아와 노동자계급[121]이 계급 지배를 하는 기관일 뿐이다. 마르크스가 코뮌을 가리켜 이미 본래의 의미에서는 국가가 아니라고 했듯이 프롤레타리아 독재 국가는 코뮌 국가였다. 부르주아 계급과 자본가 계급이 계급 지배를 위해 국가를 이용하듯이 프롤레타리아 독재는 계급 지배를 위해 국가라는 정치 형태를 빌리는 것이다. 레닌에게도 처음에는 마르크스가 밝힌 대로 이미 본래의 의미에서의

---

120 國分 幸, 『デスポティズムとアソシアシオン』, 世界書院, 1998, 211 쪽.

121 노동자계급 = 프롤레타리아의 문제는 그 둘 사이에 긴장 관계가 존재하는 문제다.

국가가 상정되지 않았다. 레닌은 다음과 같이 말한다.

> 여기서 모든 시민은 무장한 노동자인 국가에 고용된 공무원으로 전화한다. 모든 시민이 하나의 전 인민적인 국가적 신디케이트syndicate의 공무원과 노동자가 된다[122]

레닌에게 있어서 프롤레타리아 국가란 모든 시민을 신디케이트로 고용하고 그 활동을 지배하는 것이다. 신디케이트는 모든 시민으로 이루어지고 그 한에서 신디케이트는 총체로서의 국가에 다름 아니다. 즉 레닌에게 있어서 프롤레타리아 국가란 바로 신디케이트인 것이다. 분코 우가 레닌은 사회주의를 국가독점의 사회로 보았고 이것이 1국 · 1 공장(1 사무소 · 1 공장) 체제였다는 말은 레닌이 신디케이트로서의 국가 개념임과 동시에 국가에 의한 명령과 통치라는 한계에서 벗어나지 못했다고 말하는 것과 같다. 신디케이트가 공동판매회사이듯이 1 사무소 · 1 공장 체제는 그러한 국가의 기본 단위이기 때문이다.

그러나 분코우가 말하듯이 레닌이 국가독점자본주의론을 능가하는 협동조합론을 전개하지는 못했을지라도, 실제 현실에서 프롤레타리아 독재 라는 관념 앞에서 코뮌이라는 관념을 포기할 수밖에 없었을 지라도, 앞의 인용문에서 레닌 스스로 말하듯이 레닌은 코뮌 결성 작업을 러시아 혁명 기간과 그 후에도, 그리고 스탈린이 헌법으로 국가를 수립하던

122 앞의 책, 208-209 쪽.

1930년 전까지 줄곧 추진했었다. 레닌의 협동조합론이 뿌리를 내렸는지 못했는지는 역사적으로 별도로 검토되어야 할 사안이다.

프롤레타리아 독재의 재현 형태인 코뮌 국가로부터 당으로 주지하다시피 레닌의 『국가와 혁명』은 1917년 8월과 9월 사이에 쓰인 것이다. 여기서 레닌은 마르크스와 엥겔스, 트로츠키 등의 파리 코뮌에 대한 해석을 이야기하고 러시아에서 실제로 결성되고 있던 코뮌에 대해 이야기한다. 레닌은 『국가와 혁명』에서 마르크스주의와 무정부주의의 차이를 설명하면서 사회주의를 지향하는 투쟁을 위해 국가의 제형태를 이용하는 것이 필요하고 프롤레타리아 독재는 계급 투쟁의 종식이 아니라 새로운 형태로의 계속이라고 말한다. 트로츠키는 프롤레타리아 독재가 프롤레타리아 민주제로 나가야 한다는 레닌의 주장을 비판하면서 프롤레타리아 독재가 프롤레타리아 민주제의 최고 발현이고 프롤레타리아 민주제가 프롤레타리아 독재의 기초라고 말한다. 그러면서 트로츠키는 독재나 민주제나 사회주의 사회의 경제적 · 문화적 조직 속에 해소되어야 한다고 말한다.

레닌은 소비에트가 프롤레타리아 독재의 러시아적인 형태라고 보고 소비에트를 통해 프롤레타리아 독재 [123] 국가를 실현하려고 했다. 이때 프롤레타리아 독재 '국가'는 레닌이 말하는대로 사회주의를 지향하는 국가의 제형태들 중의 하나이고 프롤레타리아 독재가 새로운 형태로

123 『국가와 혁명』, 185 쪽.

계속된다고 할 때의 그 새로운 형태에 해당한다. 그리고 그 프롤레타리아 독재 '국가'의 형태는 민주적인 소비에트를 통해 실현되는 것이다. 레닌은 소비에트를 여섯 가지로 규정하고 트로츠키는 소비에트가, 프롤레타리아가 권력투쟁에 돌입하는 조건 하에서는 통일전선의 가장 발달된 형태라고 본다. 1917년 4월 레닌이 「4월 테제」에서 선언한 '모든 권력은 소비에트로!'라는 구호처럼 소비에트는 권력 획득을 위한 기관, 봉기기관 내지는 독재 기관으로 해석되기도 하였다. 따라서 소비에트는 일종의 이행기 국가였고 그 안에는 무국가statelessness의 요소들이 이미 포함되어 있었다. 레닌이 『국가와 혁명』에서 생각한 것은 이런 것이었다. 소비에트, 즉 코뮌을 새로운 시스템의 핵심으로 파악하는 이러한 레닌의 생각은 이미 1902년에 나온 팜플렛 〈무엇을 할 것인가〉에서도 나타난 것이다. 레닌은 마르크스가 『고타강령 비판』에서 말한 대로 혁명 이후의 낮은 단계의 사회주의를 받아 들여 이행기에는 국가가 프롤레타리아의 혁명적인 독재 형태로 나타날 수밖에 없고 그것을 수행하기 위해서는 소비에트 건설이 필요하다고 본 것이다.

리차드 사크와Richard Sakwa는 레닌이 구상한 소비에트가 오늘날 관점에서 보면 코뮌과 같은 것이고 레닌이 코뮌 국가를 구상했으며 실제로 일시적이긴 하지만 '1981년 모스크바의 코뮌 국가' 형태로 존재했었다고 말하며 그 의미를 다음과 같이 설명한다.

레닌의 코뮌 국가의 구상은 자본주의와 사회주의 사이의 이행 시기를

> 개념화할 때 생기는 진공 상태를 채워 주었다. 처음부터 모든 권력은 소비에트로 라는 이념은 통합된 권력이라는 코뮌적 구상을 반영한 것이었지만 중앙집권화나 탈중앙집권화 혹은 어느 특정한 시기에 당이 할 역할의 정확한 수준에 특정한 지도를 제공해주지 못했다. 그것은 혁명 이후 사회에서 작동하게 될 제도적이고 정치적인 관계들의 유형을 이야기했다. 민주적인 중앙집중주의를 일반적으로 적용하기도 전에 코뮌 모델은 국가와 사회 사이의, 소비에트, 정치 생활과 반대 사이의 관계들을 수립했다. 코뮌 모델이 제도적이고 정치적인 선택의 폭을 제한한 것이다[124]

사크와에 따르면 결국 볼셰비키는 권력을 장악할 때 그 수단을 제공하기 위해 진척시켰어야 할 마스터플랜을 갖지 못한 상태에서 러시아 사회 속속들이 침투하는 관료주의에 당이 흡수되지 않도록 하는 조치를 취했지만 결국 코뮌 국가의 실험모델이 실패로 끝나고 말았다는 것이다. 다시 말해 정치적으로는 프롤레타리아 독재를 코뮌 안에서 실현하고 경제적으로는 국가독점자본주의를 통해 사회주의로의 이행기를 마련하려고 했지만 실제적인 정치 과정에서 좌절되고 말았다는 것이다.

사크와는 레닌의 코뮌 개념이 몇 가지 결함을 갖고 있다고 본다. 첫째 레닌은 산업 사회에서 행정과 관료성의 문제를 지나치게 과소평가했다. 사람들에 대한 통치government를, 일처리administration 및 생산과정 지도로 대체하는 것이 쉽지 않은 일이었다는 것이다. 두 번째 혁명

124 Richard Sakwa, The Commune State in Moscow in 1918, <<Slavic Review>>, Vol. 46, No. 3/4, (Autumn-Winter, 1987), p. 444.

이후 국가에 대한 레닌의 구상에는 코뮌 국가와 공공영역의 정치적인 활동을 통합할 메커니즘이 결여되어 있었다는 것이다. 셋째 사회가 권력을 흡수해야 하는데 권력이 국가와 당에 집중되었다는 것이다. 소비에트, 즉 코뮌이라는 이념이 『국가와 혁명』에서는 민주적이라고 이야기되었지만 사실은 상당히 권위주의적인 함의를 갖고 있었다는 것이다. 이러한 실패가 코뮌 제도 자체의 결함 외에 국가독점자본주의에서 사회주의의 출현을 보려고 한 레닌의 1 국 · 1 공장 경제 체제와, 소비에트를 기초로 하는 정치적인 코뮌 국가 기구 사이의 모순에서 비롯된 것인지 아닌지는 더 자세한 연구가 필요하겠지만, 어찌 되었든 사크와는 레닌이 구상한 코뮌 국가 모델이 실패로 끝나가는, 러시아 10월 혁명 전후부터 1918년 여름까지 1년 몇 개월 되는 정치적인 과정을 세밀하게 추적한다.

1918년 모스크바는 1917년 후반부터 시작한 에너지 위기와 더불어 거의 기아 상태에 들어간다. 모스크바는 곡물을 생산하는 지역으로부터 고립되었고 1918년 5월 체코에서 반란이 일어나면서 볼가 강 지역에서 공급되던 물량이 끊겼다. 1917년 7월 시장에서는 호밀 빵 같은 주요 상품 가격이 거의 71배나 올랐고 1918년 전반기 임금은 두 배로 오르지 않았다. 생산성은 급격하게 떨어져 1917년과 1918년 사이 모스크바의 총생산 가치는 반으로 줄었다. 1917년부터 모스크바를 탈출하는 사람들의 행렬이 이어졌고 1917년 9월과 1918년 8월 사이에 15만 명이 모스크바를 탈출했다. 15만 명은 그 당시 모스크바 인구의 10%를 차지하는 숫자였다. 모스크바의 노동자 숫자는 1917년 2십만5천919명에서 1918년 8월 15만5천26명으로 급감했다. 금속과 섬유 부문의 노동자 숫자는 거의 절반으로 줄어들었다.

1917년 2월 혁명 이후 라이온 두마район дума, 소비에트совет, 공장위원회 등 혁명적인 민주주의가 만개하는 태세로 새로운 제도들이 모스크바에 출현하였다. 그러나 볼셰비키가 정권을 잡은 후 소요가 진정되고 소비에트가 시 정부의 지배적인 제도로 자리 잡았다. 1917년 10월 25일 볼셰비키 스미도비치는 모스크바 노동자 · 병사 소비에트 합동회의에서 권력이 소비에트로 이양될 것이라고 말했다. 그는 레닌과 달리 다른 당에도 손을 내밀어 권력 이양에서 평화로운 해결책을 찾았다. 소비에트에 권력을 이양하기 위해 군사혁명위원회가 만들어졌고 여기에는 멘셰비키도 포함되었다. 1917년 10월 30일 전투가 절정에 이르렀을 때 당위원회의 전투적인 볼셰비키인 우시예비치는 조직리스트를 작성해 자본가 없는 사회주의 정부의 임시위원회를 만들려고 했다. 두마, 젬스뜨보(지방의회)земство, 철도노조위원회가 그 조직리스트에 올랐고 총 17명 대표 중에 볼셰비키는 10명에 불과했다. 비소비에트 조직들도 권력 안으로 들어온 것이다. 노긴이나 르이코프는 정부가 볼셰비키에 의해서만 지배되면 위험하다고 판단해 연합주의적인 사회주의 정부를 지지했다. 모스크바의 중도파들은 소비에트 권력과 모든 민주주의를 포괄하는 권력 사이에 모순이 없다고 생각했고 당의 모스크바지부에 속한 급진주의자들은 볼셰비키가 연합주의 정부 안에서 헤게모니를 쥘 수 있다면 연합주의도 무방하다고 판단했다. 시 두마는 새로운 정권에 반기를 들고 1917년 11월 6일 해산했다. 시 두마의 의원들은 권력 장악에 반대하기 위해 만들어진 파업위원회를 적극적으로 지지했다. 레닌은 다시 한 번 당을 교육시키기 위한 투쟁을 감행해야 했다. 그러나 시정市政은 아직 행정적 인력이나 자원이 부족한 모스크바 소비에트라 아니라 급하게 1917년 11월 8일에 꾸려진 라이온 두마 지국에 이양되었다. 라이온에서도 지역 행정의 주요 업무는 라이온 소비에트район совет가 아니라 라이온 두마가 맡았다. 라이온 두마는 17 개 중 6개가 볼셰비키 수중에 들어가 있었다. 11개의 라이온 소비에트는 시당국보다는 노동자들의 통제 조직으로 구성되어 있었다. 공장위원회에 선출된 대다수의 노동자들은 자동적으로 라이온 소비에트 안의 기업을 대표했다.

이렇게 소비에트 국가 안에는 모스크바 소비에트로 대표되는 정치와 지국 및 라이온 두마로 대표되는 행정 간의 분리로 인해 이중권력이 들어서 있었다. 애초에 코뮌 국가라는 이념은 집행기능 및 입법 기능을 직접적인 행정과 통합시키는 것이었지만 실제로는 그 기능들을 구분하고 중첩된 자원들 사이에 경계구분을 하는 것이 어려웠다. 그리고 소비에트가 그것들 나름의 행정 지부들을 발달시킴에 따라 두마 지국과 라이온 두마는 점점 더 불필요해지기 시작했다. 그리하여 1918년 봄에 두마는 모두 폐지되었고 행정적이고 정치적인 권력은 모두 소비에트로 집중되게 되었다. 이 당시 모스크바 시에서는 제도적인 연합세력들이 모두 사라져 버렸다.

이러한 문제는 소비에트 안에서 재연되었다. 중앙집권주의도 해야 하고 자치도 해야 하는 모순적인 모습이 모스크바 소비에트 안에서 분명하게 드러난 것이다. 모스크바에서 노동자 소비에트와 병사 소비에트는 1917년 2월 때와 다르게 자신들의 정체성을 각자 유지했다. 1917년 10월까지 볼셰비키들은 노동자 소비에트를 지배했고 사회혁명당원들은 병사 소비에트를 장악하고 있었다. 병사는 각각의 대표를 가져야 한다고 주장한 멘셰비키의 반대에도 불구하고 소비에트 두 개가 1917년 11월 14일 통합되었다. 그리하여 합동 소비에트를 이끌 최고회의 간부회가 만들어졌고 이 간부회는 군사혁명위원회의 권력을 이어받았다. 모스크바 당위원회보다 모스크바 소비에트 간부회의가 혁명 이후 몇 달 동안 모스크바의 제도들을 싹쓸이했다. 모스크바 소비에트 간부회의와 그 집행위원회ИСПОЛКОМ가 자문위원회 및 총회를 질식시킬 정도로 소비에트를 장악한 것이다. 사크와는 이상의 과정을 두고 "집행기능과 입법기능을 하나의 몸체 안에서 융합시킨다는 코뮌의 모델로 인해 권력은 총회로부터 소비에트 구조의 정점에 있는 더 작은 집단들로 넘어가게 되었다"[125]고 요약한다.

1917년 11월 이후 비소비에트 정당과 사회혁명당 우파와 그 언론이 폐쇄되었고 같은 해 12월에는 사회혁명당 좌파들은 볼셰비키들과 형식적으로 연합하는데 동의하였다. 1918년 3월 비밀경찰이 만들어졌다. 1918년 4월 모스크바 소비에트 선거에서 볼셰비키는 56.5%, 멘셰비키는

---

125 앞의 글, P. 436.

9.9%을 차지해 볼셰비키가 승리했다. 1917년 6월 볼셰비키와 멘셰비키의 득표율은 각각 32.8%, 31.6%였다. 볼셰비키 중앙위원회가 지지한 선거가 승리로 끝나자 레닌은 지역 소비에트를 지원하기 위한 캠페인에 돌입했다. 멘셰비키였던 보리스 드비노프가 "권력은 처음부터 완벽한 당 독재와 프롤레타리아적인 자유 사이에서 요동쳤다"[126]고 말한 것처럼 프롤레타리아 독재의 재현 형태인 코뮌 국가와 당 사이에서 볼셰비키 중도파들은 동요하고 있었다. 지역의 볼셰비키 지도자인 카메네프는 1918년 6월 14일 나온 중앙집행위원회 결의안에도 불구하고 모스크바 소비에트에서 멘셰비키들을 추방하는 문제를 두고 주저했다. 그러나 혁명적 권위를 가진 레닌의 코뮌 구상에 의해 멘셰비키와 볼셰비키 중도파들은 모두 패배 당했다. 1918년 5월 16일 멘셰비키가 지배하던 보가트리 화학공장은 내전과 볼셰비키의 공급정책에 반대하는 결의안을 제출하고 자유롭게 선출된 입헌의회를 즉각 소집할 것을 요구했다. 1918년 6월 5일에는 4천 명의 노동자들이 모여 볼셰비키의 제도들에 반대하는 집회를 열었다. 레닌은 1918년 6월 28일 제 4차 모스크바 공장위원회 연설에서 노동자들 아무도 저항운동을 지지하지 않고 있다고 주장했다. 당시에 이러한 저항 운동으로 인해 전권대표운동уполномоченное движение이 일어났는데, 사크와에 따르면 전권대표체제 안에 대항국가 조직이 만들어져 볼셰비키 정부가 코뮌(소비에트)을 국가와 동일시하려는 시도에 맞섰다.[127] 이와 달리 윌리엄 로젠버그

126 앞의 글, p. 437.

William Rosenberg는 1917년 러시아에서 국가와 정부를 구분하고 국가는 그 경제적인 장치를 통해 노동자들에게 보급자리 구실을 했지만 정부는 무능력과 부조리에 빠져 있었다고 말했다.[128] 결과적으로 1918년 7월 파업과 소요로 볼세비키에 저항하는 운동은 국면전환의 계기를 상실하였고 내전에 의해 그 움직임마저 묻혀 버렸다.

그러나 문제는 이 때부터였다. 부르주아 국가의 정치적 제도가 완패를 당한 후 프롤레타리아 독재의 코뮌 국가와 당 사이의 동요가 정지되고 그 자리에 새롭고 관료주의적이며 중앙집권화된 체제가 빠르게 들어섰다. 1918년 3월 수도가 페트로그라드에서 모스크바로 옮겨지고 새로운 체제가 모스크바 지역 인민위원회와 합쳐진 후 급속하게 세력을 팽창시켰다. 국가의 기능이 팽창하면서 관료제도 팽창했다. 1 국 · 1 공장 즉 1 사무소 · 1 공장 체제에 따라 1918년 8월 모스크바의 일하는 인구 중 거의 1/3이 사무실에 고용되었다. 옛 시 의회управа에 고용된 공무원 숫자는 러시아 혁명 전에 4만 명이던 것이 1918년 8월 거의 두 배로 늘어났다. 그러나 노동자 계급이 국가 구조 안에 참여했지만 관료주의에 대해 조직을 안정시키지 못했고 개인과 시민, 국가와 사회를 통합한다는 코뮌의 이상은 사회에게 유리한 쪽이 아니라 팽창된 관료주의적인 국가에게 유리한 쪽으로 실현되었다. 프롤레타리아 독재가 트로츠키가 말했듯이 사회적 · 문화적인 제도 안으로 해소되지 못한 것이다.

---

127 앞의 글, p. 443.
128 앞과 같은 곳 재인용.

당시 좌파 공산주의 세력은 진정한 노동자 계급의 권력을 요구했지만 1918년 6월 10일 모스크바 위원회는 라이온이 점점 더 당을 정화하는데 관심을 기울이고 있다고 강조하고 좌파 공산주의자가 당의 일반 노선에 대한 책임을 지지 않으려면 당을 떠나라고 요구했다.

이러한 상황에서도 코뮌의 이상 하에 탈중앙집권화하려는 노력이 없었던 것은 아니다. 1918년 초 모스크바 지역 인민위원 위원회가 결성되었는데 리그비에 따르면 이것은 자급자족적인 경향과 뚜렷하게 지역적인 규칙의 스타일을 표현한 것이었다.[129] 그러나 자율적이고자 했던 인민위원 위원회는 나중에 지역주의областничество로 몰려 문을 닫았다. 사크와는 레닌이 "어떤 경우에도 러시아가 자치적인 코뮌 연방으로 변형되는 것을 상상해보지 않았다"[130]고 말하는데 이것은 레닌이 코뮌이라는 이상 자체를 포기한 것이 아니라 코뮌 국가라는 이상이 점점 무너질 수밖에 없는 상황 때문이라는 것을 의미한다. 다시 말해 윌리엄 로젠버그의 표현을 원용해 말하면 코뮌이 국가와 정부로 양분되면서 코뮌 국가라는 정치 형태가 점점 더 당 안으로 수렴되어 갔고 소비에트 안의 정치적 대립과 공장 안의 노동자들의 불만에 직면하여 볼셰비키 권력이 당 기구 자체에 의존하게 되는 경향이 강화되어 간 것이다. 1918년 5월 18일 중앙위원회 결의안에서는 모든 당원들이 직업과 기능 여하에 관계없이 직접적으로 당 조직 안에 참여해야 한다고 주장되었고

129 앞의 글, p. 438 재인용.
130 앞의 글, p. 439.

제 7차 당 대회를 통해서는 모스크바 당위원회가 중앙위원회의 직접적인 감독 하에 놓이게 되었다. 그리고 1918년 6월 28일에는 국유화가 전면적으로 실시되기 시작했다.

그러나 당시 당은 프롤레타리아 국가를 복제한 것에 불과했다. 레닌이 『국가와 혁명』에서 국가의 사멸을 이야기했지만 러시아 혁명 이후 사라질 위험에 처한 것은 국가가 아니라 당이었다. 1917년 10월 이전에 17,000 명에 달하던 당원들의 숫자는 모스크바 시의 중요 직책을 맡는데 수 천 명의 간부가 필요했고 그 바람에 1918년 중반 경 당원의 숫자가 8천 명 이하로 떨어졌다. 라이온 위원회는 거의 기능 정지 상태였다. 고롯스코이 라이온의 위원회에는 영구적인 비서직을 채울 당원이 나타나지 않았고 풀타임 활동가들도 거의 없었다. 공장에서도 당의 존재 가치는 떨어졌다. 당원들이 공적인 업무에 너무 매달려 있던 탓이었다. 그리하여 노동자들은 점점 더 '덜 볼셰비키적인 정신'을 소유하게 되었고 비당원 노동자들의 운동이 나타나게 되었다. 그리하여 1918년 5월 15-16일에 열린 제 4차 모스크바 지역 당 대회에서는 당 조직을 논의하는데 2시간만 사용하고 나머지 시간은 정치일반토론에 사용하도록 종용받았다.

레닌이 『국가와 혁명』에서 당에 대해 한 마디도 언급하지 않은 것은 우연이 아니다. 레닌은 자기 저서에서 당의 소멸이 아니라 국가의 소멸에 대해서만 이야기했다. 『국가와 혁명』을 집필하던 당시에는 당의 국가화라는 위험성이 아직 진행되고 있지 않아서일까? 어쨌든 레닌은 자기 저서에서 국가 없이도 소비에트를 통해 착취자들을 억압할 수 있기 때문에 한 계급이 다른 계급을 착취하는데 필요한 국가는 불필요하게 된다고 보았다.[131] 이것은 엥겔스가 코뮌을 정확한 의미에서 국가가 아니라고 본 것과 일치하는 것이다. 그러나 실제 현실은 코뮌의 국가화가 진행되는 쪽으로 흘러갔다. 프롤레타리아 독재 국가의 재현 형태인 코뮌이 국가로서의 당으로 변질되어 - 볼셰비키 권력이 당 기구에 의존하였지만 실제로는 당 활동이 위축되었다 - 간 것이다. 엥겔스는 국가가 사실상 사회전체의 대표자가 됨으로써 자기 자신을 불필요한 것으로 만든다고 했지만 국가가 사멸하기는커녕 사회전체의 대표적인 권력으로 남고 말았다.[132] 스탈린은 국가권력의 사멸을 위한 조건으로 국가권력의 가장 고도의 발전이 필요하다고 말하고 그것이 마르크스주의적인 정식이라고 말했지만 실제로 국가권력이 중앙집권화 되었을 뿐 국가는 사멸하지 않았다.[133] 말하자면 국가라는 역설적인 존재가 통하지 않은 것이다. 국가의 사멸이 가능하려면 당이 국가와 분리된 채 관료주의에 흡수되지 않았어야 하는데 당이 국가를 복제함으로써 국가가 사멸하기는커녕 코뮌 국가가 소비에트 사회주의공화국 연방으로 성장할 발판을 마련해 주었고 볼셰비키 당이 추방되는 결과를 빚어냈다.

사크와에 따르면 당시는 당 안에서 코뮌의 형태들이 가장 크게 발전한 시기였다.[134] 모스크바 소비에트 간부회의가 결국 나중에는 모스크바

---

131 『국가와 혁명』, 113 쪽.
132 앞의 책, 196 쪽.
133 앞의 책, 197 쪽.
134 Richard Sakwa, The Commune State in Moscow in 1918, p. 444.

당위원회 위에 서게 되었지만 처음에는 라이온 당 조직들에서 온 대표들로 구성된 모스크바 당위원회가 공장이나 국가 기관에서 일하는 개별 당원들을 약한 수준에서나마 통제하고 있었다. 소비에트 제도 안에서 일하던 당원은 당 조직보다 작업장에 더 충성심을 느꼈다. 실제로 1918년 5월 모스크바 공산주의자들의 조사에 따르면 거의 대다수의 공산주의자들이 명의만 걸치고 있을 뿐 당 작업에 관여하지 않은 것으로 드러났다. 1918년 중반 경 레닌은 노동자계급이 나라를 자기 방식으로 다스릴 능력이 없는 것으로 드러났다고 판단했다. 당이 당원들에 대한 실질적인 통제는 전혀 행사하지 못하고 그저 정치문제 가지고 토론하는 클럽 수준으로 떨어졌기 때문이다. 그리하여 당의 지도적인 위원회에 의해 소비에트 국가 안에서 공산주의 당의 역할이 재검토되기 시작하였고 당의 내부 조직이 향상되었으며 국가 안에서 당이 해야 할 역할이 확고해졌다. 국가가 사회를 지배해야 했고 당은 국가에 대하여 그와 유사한 지배를 행사하려고 애쓰는 정도였다. 당이 국가 안으로 포섭되기 시작한 것이다. 그와 동시에 당 안에 존재하던, 정치적으로 코뮌적인 형태들은 억압받고 소멸하기 시작하였다. 1918년 중반 중앙집권화되고 관료주의적인 국가 형태가 이미 출현한 이후 새로운 국가의 여러 가지 요소들은 겉으로 보면 프롤레타리아 독재의 공동체성communality이 아니라 당이 성취해야 할 것으로 여겨졌다. 1918년 1월 20일 당 서기국은 당이 그 최량의 힘을 분출해야 하며 유일한 치료책은 조직 문제에 대한 관심을 증대시키는 것이라고 말했다. 야코프 스베르들로프는 당 내부 조직과 당의 통합성이 소비에트 같은 대중조직들과의 관계에서 향상되어야 한다고 주장했다. 그리하여 그는 모스크바 당 조직을 당을 자기가 바라는 대로 변화시킬 모델로 생각했다. 이것은 마치 레닌이 당 조직을 향상시키기 위해 볼셰비키 당보다 더 많은 당원을 확보하고 있었던 보그다노프의 프롤레타리아 문화(프롤레트쿨트) 같은 대중적이고 전국적인 조직과 경쟁 관계에 있었던 것과 같다.

사크와는 '소멸'의 문제가 당과 연관해서 조심스럽게 다루어져야 한다고 말한다. 왜냐하면 그 문제가 간부들 숫자는 비록 모자랐지만[135] 당의 지도적인 위원회가 아니라 당원의 조직과 연관시켜 보면 당의 소멸 문제를 쉽게 단정 지을 수 없기 때문이다. 그리고 당의 역할이 강화되면서 코뮌의 형태들이 억압받고 소멸되었지만 다른 한 편에서 보면 당의 활동이 느슨해지고 당이 클럽 수준으로 떨어지면서 그 빈자리를 국가가 차지하게 된 것이기 때문에 당, 코뮌, 국가의 3자 관계 속에서 당의 위치 문제를 가늠해야 하는 것이다.

이러한 정치적인 변화는 경제적인 제도 안에서도 그대로 나타났다. 모스크바 소비에트 경제국은 노동자 통제의 기능을 재정 통제가 아니라 재고 조사에 한정시켰고 경제위원회가 기업들의 경영에 간섭하지 못하게 했으며 노동자 통제 기관을 정부 칙령에 명시된 대로 노동자 소비에트가 아니라 노조에 종속시켰다. 1917년 11월 14일 노동자 통제에 대한

135 1917년 10월 1800명에 불과하던 당원은 1918년 1월 당원 재등록 운동에 의해 2000명으로 늘어났다.

정부 칙령 안에는 노동자들의 통제 기관에 대한 국가 통제의 관념이 나타나 있었지만 노조가 더 큰 권위를 갖고 있었고 소비에트는 직접적인 권위를 박탈당하고 있었다. 그러나 1917년 12월에 만들어진 모스크바 라이온 경제위원회가 제 2차 지역область 경제대회에서 모스크바 지역 경제회MOSNKh로 대체되면서 멘셰비키, 연합주의자들의 목소리가 들어갔고 모스크바 소비에트 경제국은 권력을 새로 구성된 단체에 넘겨주었다. 1918년 6월 23개의 기업들이 모스크바 지역 경제회의 통제를 직접 받았고 14개 회사는 국가 감시 하에 들어갔다. 그리고 나머지 회사들은 공장위원회가 선발한 통제 위원회의 감시를 받았다.

노동 생산성이 급격하게 떨어지면서 작업규범과 성과급을 통해 임금과 생산성을 연결시키려는 노력이 나타났고 엄격한 노동규율, 동일임금에 대한 반대, 테일러 시스템, 경영강화를 요구하는 새로운 노동 과정이 들어섰다. 좌파 공산주의자들은 이에 반해 노동자의 자기규율을 주장했고 멘셰비키들은 테일러 시스템이 노동자를 노동력의 쁘띠 판매원으로 전락시킨다고 비판하면서 시간제 작업을 옹호하고 성과급제를 반대하는 캠페인을 벌였다. 볼셰비키와 가까웠던 금속 노조도 1918년 4월 19-22일에 열린 제 1차 모스크바 지역 대회에서 테일러 시스템과 성과급제에 반대하고 나섰다. 1918년 4월 소비에트 선거에서 볼셰비키와 멘세비키 사이에 논전이 오가는 가운데 1917년 10월에는 300명이나 되던 볼셰비키 당원 숫자가 9명으로 줄어들기도 했다. 그리하여 앞에서 본 것처럼 전권대표운동이 일어나고 반볼셰비키 운동이 격화되었다. 좌파 공산주의자들과 라이온의 당 활동가들은 개인이나 조직의 자율성을 희생시키지 않는 당 조직의 개선을 요구했다. 그러나 1918년 5월 당 부활 프로그램에 따라 당의 입지가 강화되어 갔고 당과 코뮌의 국가화 과정이 진행되기 시작하였고 6월 28일 국유화 조치가 단행되었다.

그리고 1918년 여름 초 탈중앙집권화와 참여를 강조한 코뮌의 이념은 프롤레타리아 독재의 재현 형태로서 소비에트를 통해 잠시 실현되다가 실제적인 정치적 · 경제적 과정 내지는 정치 투쟁을 통해 궁극적으로 당이 지도하는 국가권력의 공고화로 표현되는 프롤레타리아 독재로 변질되었다.

사크와는 제도적인 권력은 소비에트의 손 안에 있었고 정치적인 권력은 볼셰비키 당 안에 있었다고 말한다. 그런데 예기치 않게 관료주의적인 국가 장치가 출현하면서 그것을 통제하고자 당 스스로 관료주의적인 기계로 변형되기 시작했다는 것이다. 사크와는 여기서 관료주의적인 국가 장치가 예기치 않게 출현했다고 말하지만 사실 그것은 레닌의 1 국 · 1 공장체제에 비추어 보면 필연적인 일이었다. 앞에서 본 것처럼 노동자로서 국가 기구에 참여한 숫자가 늘어났기 때문에 관료주의의 출현은 이미 예정되어 있던 것이다.

나가며

정 성진은 이렇게 말한다.

그러나 1917년 10월 이후 전시공산주의 시기부터 이와 같은 『국가와 혁명』의 직접민주주의의 원칙들이 급속하게 퇴조하기 시작했다....『국가와 혁명』에서 천명되었던 국기기구의 파괴와 소멸이 아니라, 경제에 대한 국가 통제로서의 사회주의, 자원을 기업과 개인에게 분배하는 기구로서의 국가의 개념이 레닌의 집권 초기부터 러시아 현실을 지배하기 시작했다. 10월 혁명 성공 후 얼마 되지 않아 레닌은 소비에트 정부를 "프롤레타리아 독재"라고 부르기 시작했다. 1918년 4월 쓰인 팜플렛 「소비에트 정부의 당면 과제」에서 레닌은 "소비에트 권력은 프롤레타리아 독재의 조직화된 형태에 다름 아니다"(레닌, 1991a: 142)라고 정의했는데 이는 『국가와 혁명』에서 찾아볼 수 없는 표현이다. 1920-1921년부터 레닌은 '코뮌 국가'나 '소비에트 민주주의'에 대해 더 이상 말하지 않고, 프롤레타리아 독재를 주장하기 시작했다[136]

정 성진의 이러한 설명은 본문에서 나타난 그대로이고 어쩌면 본문에서 한 얘기를 요약해 놓았다는 느낌도 든다. 사크와가 '1918년 모스크바의 코뮌 국가'라는 표현을 썼듯이 레닌은 초창기에 코뮌 국가의 가능성을 소비에트에서 찾으려고 했지만 소비에트와 코뮌의 국가화라는 함정을 결국 피할 수 없었다. 국가독점자본주의자로서 국가라는 덫을 피할 수 없었던 것이다. 이러한 점에서 레닌은 러시아 역사에서 '옵시치나'община로 대변되는 코뮌의 존재를 알고 있었으면서도, 러시아적인 전통의 특수성을 무시하고 "러시아 촌락공동체의 견고성을 과소평가"[137]했다

136 정 성진 지음, 『마르크스와 트로츠키』, 한울 아카데미, 2006, 161-162 쪽.
137 앞의 책, 136 쪽.

는 하워드와 킹의 주장은 설득력 있는 것이다. 실제로 "한 연구에 따르면 레닌이 『러시아에서 자본주의의 발전』을 집필하던 시기인 1892년 러시아에서 총경지의 무려 43%가 공동체 통제하에 있었다"고 하듯이 레닌은 자신의 이론을 가다듬는 상황에서 러시아 농촌의 특수성을 배제할 수밖에 없었던 것으로 보인다. 그러나 마르크스가 만년에 러시아에 남아있는 공동체를 기반으로 하여 자본주의를 비월飛越해 사회주의로 직접 이행하자는 러시아 나로드니키들에 공감을 표시했다는 주장[138]도 세밀하게 살펴야 할 문제다. 그러나 지젝이 "레닌을 반복한다는 것은 레닌이 한 것을 반복하는 것이 아니라 레닌이 하지 못한 것, 그가 놓친 기회를 반복하는 것"이라고 말했듯이 레닌이 코뮌 국가의 실현에서 실패했지만 만년에 추구한 코뮌 결성 작업, 사회주의로서의 협동조합 론 등에 대해서는 정당한 평가를 내려야 한다. 정 성진은 레닌이 1920년 이후 코뮌 국가에 대해 더 이상 말하지 않았다고 하지만 레닌은 그 후에도 코뮌에 대한 실천적인 작업을 벌였다. 물론 경제주의에 경도된 결과가 코뮌 결성 작업으로 나타난 것이고 애초의 정치적 구상으로서의 코뮌으로부터 물러선 것이긴 하지만 말이다. 파리 코뮌이 실패로 끝났든 코뮌 국가 구상이 실패로 끝났든 코뮌으로서의 국가 내지는 코뮌과 국가의 관계 문제는 지금도 이론적으로 필요한 것이고 따라서 레닌이 하지 못한 것, 놓친 기회를 반복하는 것이 현재에도 요구된다.

138 앞의 책, 138-139 쪽.

3

체르니셰프스끼의 코뮌 이론

체르니셰프스끼1828-1889는 19세기 러시아 역사에서 중요한 위치를 차지하고 있는 사상가다. 투르게네프가 쓴 『아버지와 아들』이라는 소설 제목이 사사하듯이 19세기 러시아 사상사에서 체르니셰프스끼는 아버지 세대에 속하는 1840년대 세대의 사상가들과 달리 아들 세대에 해당하는 1860년대 세대에 속하는 사상가였다. 전자에 속하는 게르쩬의 소설 『누구의 죄인가』처럼 전자의 아버지 세대 혹은 구세대에게 있어서 문제는 러시아를 서구와 비교하는 가운데 농노제를 비롯한 러시아의 낙후된 정치사회 시스템에 대해 반성하는 것이었다. 1840년대의 구세대와 1860년대의 신세대의 대립 이전에 러시아에서는 슬라브주의와 서구주의자의 대립이 있었고 서구주의자들이 1840년대의 구세대를 구성하고 있었다. 체르니셰프스끼는 1860년대의 신세대를 대표하는 사상가로서 포이에르바하 등의 영향을 받으면서 독자적인 사상을 구축해 나갔다. 체르니셰프스끼는 개인의 이익이 사회 전체의 이익과 일치하는 '합리적에고이즘'이라는 생각을 펼치면서 개인의 행복과 사회 전체의 변화가 일치할 수 있는 길을 찾았다. 체르니셰프스끼가 1862년 현 뻬쩨르부르그를 가로질러 흐르는 네바강 옆에 있는 뻬뜨로빠블로프스끄 수용소에 투옥되어 있을 때 쓴 소설 『무엇을 할 것인가』는 바로 그 길을 추구하는 과정에서 나온 작품이었다.

이 소설은 러시아의 '브나로드'(인민 속으로) 운동에서 보듯이 러시아의 인민주의 운동에 영향을 끼쳤고 이 책을 읽은 사람을 중심으로 공동체가 만들어지기도 하였다. 또한 여성들을 부모의 속박으로부터 해방시킨다는 명분 아래 허위로 혼인 신고를 하는 예가 속출하여 당시 러시아 당국을 경악하게 할 정도로 이 소설이 미친 사회적 파장은 대단한 것이었다.[139] 소설 속에 나오는 주인공들 - 베라 빠블로브나, 로뿌호프, 끼르사노프, 라흐메또프 - 은 모두 신세대에 속하는 사람들이다. 그 중에서 혁명가로 나오는 라흐메또프는 신세대에 속할 뿐만 아니라 1866년 알렉산드르 2세를 암살하려다가 실패한 26살의 청년 까라꼬조프를 가리킨다. 까라꼬조프는 귀족의 자제로서 〈토지와 자유의 당〉의 회원이었다. 이러한 면에서 본다면 소설은 인민주의 운동에 영향을 미친 것만이 아니라 인민주의 운동으로부터도 자극을 받았다고 말할 수 있다. 체르니셰프스끼의 소설이 끼친 영향 중에서 가장 주목할 만한 것은 마르크스가 이 소설을 읽고 러시아어를 배우기로 마음먹었다는

139 니꼴라이 체르니셰프스끼 장편소설 서 정록 옮김, 『무엇을 할 것인가』, 열린 책들, 1989, 12쪽. 여성 문제는 소설의 4장 '두 번째 결혼'이라는 장에 잘 나타나 있다.

것이다. 마르크스는 이 소설을 읽고 러시아 혁명의 또 다른 가능성을 러시아의 코뮌에서 찾았다. 특히 자본주의를 비월해 사회주의로 나갈 수 있다고 생각한 체르니셰프스끼의 사상에 영향을 받은 마르크스는 러시아의 코뮌들로부터 영감을 받고 그 후 인도, 스페인 등지의 코뮌을 직접 연구하면서 혁명의 또 다른 가능성을 찾았다. 그러나 마르크스는 러시아 코뮌을 구하자면 러시아 혁명이 필요하다고 말함으로써 코뮌이 사회 변화의 계기로 작용하려면 단순한 경제적 공동체에 머물러서는 안 된다는 것을 암시하기도 했다.

체르니셰프스끼가 소설 속에서 이야기하는 것은 코뮌에 대한 이야기다. 그러나 그 코뮌이 파리 코뮌을 뜻하는 것은 아니다. 체르니셰프스끼가 말하는 코뮌은 협동조합артель으로서의 코뮌이다. 체르니셰프스끼가 말하고자 하는 코뮌은 오웬이 실제로 만든 '뉴 하모니', 푸리에가 만든 '팔랑스테르' 등과 떼어 생각할 수 없는 것이긴 하지만 끄로뽀뜨낀이 말하듯이 코뮌은 수 천년 이래로 존재해 왔던 것이고 특히나 다양성 측면에서는 러시아가 가장 좋은 협동조합 연구의 장을 제공하는 까닭에 러시아적인 맥락을 무시할 수 없다. 끄로뽀뜨낀은 다음과 같이 말한다.

> 러시아에서 그것은 자연발생적이었으며 중세의 유산이었다. 공식 설립된 협동단체는 많은 법적 어려움과 관공서의 의심을 헤쳐 나가야 하는 반면 비공식적 협동조합은 러시아 농민의 핵심 그 자체였다. 러시아 건국 역사 및 시베리아 정착사는 사냥 및 무역의 역사이고 그 뒤를 촌락공동체가 뒤따랐으며 현재 우리는 도처에 협동조합을 볼 수 있다[140]

체르니셰프스끼의 소설 『무엇을 할 것인가』를 두고 '꼬뮨주의적인 사랑'의 문제를 다룬 글이 있다. 정 태윤의 「꼬뮨주의적인 사랑은 어떻게 이루어지는가」라는 글은 코뮌을 사랑의 공동체로 보는 입장이다. 다시 말해 사랑이라는 감정의 공동체로서의 코뮌 문제를 다룬 글이다.[141]

> 지금 당신은 내게 사랑한다고 말했습니다. 그러나 이 사랑은 애정이 아니라 단순한 감정일 뿐입니다. 사랑은 - 강렬한 열정입니다! 당신은 단순한 감정과 애정을 어떻게 구별합니까? - 그것은 강함에 의해서입니다[142]

강도强度로서의 사랑이라는 감정으로 충만한 공동체를 코뮌으로 보는 이러한 입장은 『코뮨주의 선언』이라는 책의 부제인 '우정과 기쁨의 정치학'이라는, 수유 + 공간이 주장하는 코뮌 이론과 연결되어 있다. 이것은 체르니셰프스끼의 소설 『무엇을 할 것인가』에 대한 설득력 있는 또 하나의 해석이다. 체르니셰프스끼의 소설 『무엇을 할 것인가』의 곳곳에 사랑, 기쁨, 행복, 즐거움 같은 감정들이,

> 그러나 이곳에는 그런 빈곤과 고통의 위험은 없어. 오직 만족스러운 자유로운 노동과 풍요로움, 그리고 이웃들과의 즐거움만이 있을 뿐이야[143]

---

140 피트르 알렉세이비치 크로포트킨 지음 · 구 자옥 김 휘천 옮김, 『상호부조 진화론』, 한국학술정보, 2008, 387 쪽.

141 이 글은 고 미숙, 『들뢰즈와 문학기계』, 소명출판, 2002에 수록되어 있다.

142 『무엇을 할 것인가』, 111 쪽.

143 앞의 책, 504-505 쪽.

라든가

> 감각의 강도는 그것이 육체의 얼마나 깊은 곳에서 생겨났는가에 비례하는 법이지.. 즐거움이란 그 뿌리가 상상 속에까지 뻗어 내릴 때 비로소 은밀한 기쁨을 주는 법이니까[144]

라는 식으로 주인공들의 입을 통해 드러나 있기 때문이다. 또 다른 측면에서 체르니셰프스끼의 소설 『무엇을 할 것인가』를 해석해 본다면 이 소설은 코뮌을 감정교육의 장으로 내세우는 작품일 수도 있다. 앞의 예문에서 보듯이 이 감정의 공동체는 노동자들에게 수정궁에서 살아가는 사람들이 누리는 행복의 감정을 배우라고 요구하고 있기 때문이다.

> 게다가 지금과 같은 미래가 계속되리라는 풍족한 기대도 있고 우리의 노동자들도 누구 못지 않게 단단한 근육을 가지고 있고 즐거움을 즐거움으로 느낄 줄 안다지만 저들에 비하면 너무도 거칠고 감수성이 무뎌. 저들이 근육이라고 해 봐야 우리 노동자들과 조금도 다를 것이 없어. 그럼에도 저들의 신경조직은 정신적 문화에 촉수처럼 예민하게 반응하는거야. 그래서 인지는 모르지만 저들의 즐거움, 쾌락, 정열은 우리들보다도 훨씬 더 활기차고 예리하고 폭넓고 달콤해. 진정으로 행복한 사람들이지! 하지만 우린 아직 즐거움이 무엇을 의미하는지 잘 몰라. 저들과 같은 그런 식의 생활을 해본 적이 없거든. 그래, 오직 저들과 같은 사람들만이 완전한 행복과 기쁨을

144 앞의 책, 478 쪽.

알 수 있는 거야![145]

이러한 측면에서 이 소설을 해석한다면 체르니셰프스끼는 자기 소설인 『무엇을 할 것인가』를 통해 이미 19세기에 랑시에르의 주장을 선취하고 있다고 말할 수 있다. 랑시에르는 『프롤레타리아의 밤』1981에서 프랑스 노동자들이 사유할 시간을 갖기 위해 노동자의 권리이자 의무인 밤잠을 포기하고 낮에는 일하고 밤에는 모여 신문을 만들고 시와 노래를 지으며 사회문제를 토론했다고 말한다.[146] 체르니셰프스끼의 소설 『무엇을 할 것인가』에도 노동자들이 책을 읽고 시를 읽는 장면들이 나온다. 앞 인용문에서도 수정궁에서 사는 사람들처럼 노동자들의 감수성을 길러야한다고 주장되고 있다. 경제적인 공동체가 감정의 코뮌으로, 소설에서처럼 봉제조합 내지는 협동조합이 수정궁과 같은 코뮌의 모델로 변하기 위해서는 육체노동과 정신노동의 분리, 랑시에르가 말하는 감성의 분할 같은 것이 지양되어야 하기 때문이다.

체르니셰프스끼의 소설 『무엇을 할 것인가』에 대한 해석은 들뢰즈와 랑시에르 식으로 이루어질 수 있다. 그러나 본고에서는 체르니셰프스끼의 소설 『무엇을 할 것인가』에 나타난 협동조합으로서의 코뮌 문제를 경제적인 측면에서 살펴보고자 한다. 코뮌이 정 태윤의 해석대로 기쁨이 기쁨을 낳는 공명의 집합체가 되려면 무엇보다도 코뮌이 경제적 평등의

145 앞의 책, 504 쪽.

146 심 광현, 「감정의 정치학 : '자기-통치적' 주체의 창조를 위한 새로운 문화 정치적 프레임」, <문화과학>, 제 59호.

공간이 되어야 하기 때문이다. 이 점은 소설 속에서 베라 빠블로브나가 꾼 네 번째 꿈에 나타난 수정궁을 통해 표현되어 있다.

> 자, 이것은 나의 왕국이에요. 여기 있는 모든 것은 나를 위해서 존재해요! 노동이 감성을 개발하고 힘을 비축하기 위한 것이라면 기쁨과 즐거움은 나를 위한 것인 동시에 휴식이죠. 여기에선 내가 생활의 목적이고 삶의 모든 것이랍니다[147]

소설 속에 나타난 수정궁은 오웬의 공동체인 '뉴 하머니'일 수도 있고 푸리에가 말하는 '팔랑스테르'일 수도 있다. 더 나아가 그것은 마르크스가 말한 노동교환의 원리가 지배하는 필연의 왕국이 아니라 자기목적의 원리가 지배하는 자유의 왕국일 수도 있다. 이 점은 앞의 인용문만이 아니라 "여기에서는 행복이 각자의 특성에 알맞게 되어 있어요. 누구나 자기가 바라는 대로 살아갈 수 있고 또 누구나 완전한 자유의지를 갖고 있어요"[148]라는 구절에도 나타나 있다. 체르니셰프스끼의 소설 『무엇을 할 것인가』에 나오는 수정궁은 도스또예프스끼가 비판했듯이 2 X 2 = 4라는 수학적인 논리가 지배하는 사회가 아니라 인간성의 잠재력이 최고도로 발현되는 사회다. 도스또예프스끼는 체르니셰프스끼 등 1860년대 신세대 사상가들을 비판하고자 『지하생활자의

---

147 앞의 책, 505 쪽.

148 앞의 각주와 같은 곳.

수기』를 썼지만 체르니셰프스끼의 소설 『무엇을 할 것인가』에 대한 도스또예프스끼의 다음과 같은 비난은 코뮌이라는 과녁을 완전히 벗어난 것이었다. 수정궁은 인간을 문명과정의 부품으로 전락시키고 인간성이 매몰되어 버리는 지상의 합리적이고 계산적인 사회가 아니라 자유의 왕국이 도래할 미래의 사회주의 사회로 가기 위해 필요한 이행 공간으로서의 코뮌을 가리키는 것이기 때문이다.

> 그때야말로...수학적으로 정확하게 계산된 인스턴트식의 새로운 경제관계가 시작되고 문젯거리란 흔적도 없이 사라져 버린다. 어떤 문제든지 미리 준비된 해답을 즉각적으로 얻을 수 있기 때문이다. 그때야말로 수정궁이 세워지는 것이다. 그때는 - 한마디로 말해서 봉황새가 날개를 펴고 내려오는 것이다.... 어쩌면 당신들은 혼돈이나 암흑이나 저주나 모두 돈에 의해서 계산할 수 있으므로 이 예비적 계산이 가능하다는 것만으로도 모든 것을 저지할 수 있고 결국은 이성의 승리로 끝날 것이라고 말할지 모르지만 그렇다면 인간은 일부러라도 미치광이가 되어 이성을 버리고 자기주장을 관철하고 말 것이다...왜냐하면 인간은 자기가 한낱 핀이 아니라 어엿한 인간임을 끊임없이 증명하고 싶어할 뿐 아니라 인간의 일이란 실제로 그것 한 가지 뿐이기 때문이다[149]

지금까지 도스또예프스끼의 수정궁에 대한 비판은 유럽으로부터 러시아의 혁명 사상에 무분별하게 수입된 과학적 진보사상을 겨냥한 것으로

149 『무엇을 할 것인가』, 11 쪽 재인용.

이해되어 왔다. 그러나 도스또예프스끼의 수정궁에 대한 비판은 한 편으로는 영국의 1851년 박람회에 나타난 실제 수정궁을 겨냥한 문명비판의 일환일 수도 있지만 다른 한 편으로는 당시 러시아나 유럽에 무수하게 존재하던 코뮌, 공동체, 협동조합 등에 대해 전혀 지식이 없는 상태에서 단순하게 인간을 핀으로 전락시키는 자본주의적인 문명을 비판한 것으로 볼 수 있다. 어쨌든지 체르니셰프스끼의 소설『무엇을 할 것인가』에 나타난 수정궁은 협동조합의 이상적인 모델이자 자본주의적인 문명의 결과물인 실제 수정궁을 극복하려는 미래사회의 모델이기 때문이다.[150] 따라서 어떤 면에서는 지하생활자로 사는 화자를 통해 스스로를 '악한 사람'으로 규정하며 사회에 대해 막연한 불만을 드러냈던 도스또예프스끼보다는 바로 그러한 사회를 극복하기 위한 꿈을 주인공 베라 빠블로브나의 꿈, 그리고 그 여자의 꿈에 나타난 수정궁, 그리고 실제의 협동조합인 봉제조합의 건설을 통해 극복하고자 했던 체르니셰프스끼가 더 평가를 받아야 할 것으로 보인다. 스피노자를 원용해 말한다

150 정 태윤은 체르니셰프스끼가 아직 사회주의를 경험하지 않은 점을 상기시키면서 반자본, 반사회주의를 표방하는 아우또노미아운동에 비해 매우 소박한 차원의 제시에 머물러 있다고 말한다. 그리고 러시아 혁명을 추동했던 소비에트가 자발적이고 능동적인 아우또노미아운동의 하나였다고 하면서 체르니셰프스끼가 상상한 미래사회가 국가체제로서의 사회주의가 아니라 그것과 끊임없이 대립하면서 생성의 에너지를 발산하는 아우또노미아를 선취하고 있다고 볼 수 있지 않을까 라고 말한다. 그러나 필자는 체르니셰프스끼가 꿈꾼 코뮌사회로서의 미래사회는 마르크스가 말한 바의 어소시에이션 사회라고 보고 바로 그것이 본문에서 말한 사회주의 사회라고 생각한다. 따라서 국가체제로서의 사회주의를 염두에 두지 않는다는 점에서는 필자의 의견이나 정 태윤의 의견이 일치하지만 국가를 사고 영역에서 배제하고 국가를 우회해 가려고 하는 아우또노미아운동, 그것이 반사회주의적이라고 생각하는 아우또노미아운동에 대해서는 의견을 달리 한다. 한마디로 말해 필자가 생각하는 미래사회란 어소시에이션 사회로서의 사회주의 사회라는 것이다. 체르니셰프스끼의 소설에는 그러한 사회로 가기 위한 이행 단계로서의 코뮌 이론이 나타나 있다. 어소시에이션 사회는 현재와 미래에 우리가 구성해가야 할 세상이지 미리 청사진으로 제시된 것이 아니다.

면 도스또예프스끼는 슬픔의 정동에 충만한 작가인데 비해 체르니셰프스끼는 기쁨의 정동에 충만한 작가처럼 보인다.

3.1 체르니셰프스끼의 소설 『무엇을 할 것인가』에 나타난 코뮌으로서의 협동조합

코뮌이 정 태윤 내지는 수유 + 공간의 코뮨주의 이론처럼 기쁨과 행복을 증식시킬 수 있으려면 무엇이 먼저 필요할까. 체르니셰프스끼는 그것을 위한 코뮌 조직으로서 협동조합에 대해 이야기하고 소설 속에서 협동조합이 기쁨의 정동으로 충만한 코뮌으로 거듭나기 위한 생산과 분배의 원리에 대해 이야기한다. 그리고 무엇보다도 그러한 코뮌의 현실적 토양으로서의 '노동'에 대해 이야기한다.

「그렇지. 운동이야말로 현실 그 자체니까.」 알렉세이 뻬뜨로비치가 말한다. 「왜냐하면 운동은 생명이거든, 그리고 현실적인 것과 생명은 하나의 똑같은 것이니까. 그러나 생명의 주요한 요소는 노동이네. 따라서 현실의 주요한 요소도 노동이라고 할 수 있지. 현실성의 가장 참된 징표는 뭐니뭐니해도 활동성 그 자체니까…

「맞아, 운동의 부재는 노동의 부재와 같은 것이니까.」 알렉세이 뻬뜨로비치가 말한다. 「노동은 인간학적으로 볼 때 운동의 근본적인 형태이지. 그것은 모든 형태의 운동에 토대와 소재를 제공하거든 - 이를테면 오락, 휴식, 유희, 유쾌함 등 말이네. 이것들은 그에 앞서 노동이 없다면 아무런 현실성도 갖지 못하네. 운동 없이는 생명도 없거든. 즉 현실성이 없네. 그러므로 이 토양은 추상적이지. 다른 말로 썩었단 말이네[151]

체르니셰프스끼가 말하는 노동은 자본을 위한 노동이 아니라 운동이자 생명으로서의 노동을 가리킨다. 도랑과 배수로가 없으면 물이 고여 썩고 고인 물은 생명을 잃고 현실성을 상실한다. 인간의 감정에도 도랑과 배수로가 필요하다. 그래야만 흘러가는 물처럼 감정이 흘러가고 더 큰 감정이 생성되기 때문이다. 정 태윤이 말한 것처럼 사랑의 감정은 머무르지 않는 유목주의의 감정이다. 이 감정의 파고를 타기 시작한 소설 속의 주인공 베라 빠블로브나는 고립과 고독의 지하실에서 해방되고 더 나아가서는 '관계의 공동체'로서의 봉제공장을 세우게 된다. 소설 속 3장 4절에서처럼 봉제공장은 처음에 3명의 미싱사로 출발했다.

훌륭한 사람들에 의하면 우리가 아는 어떤 공장에서보다도 훨씬 더 많은 이익이 여러분 자신들한테 돌아갈 수 있는 봉제공장을 세우는 것이 가능하다고 봅니다.

그래서 나는 실험을 해 보기로 했습니다. 첫째 달의 결과를 보고 판단할 때 그것이 가능한 것으로 나타났습니다. 여러분은 정기적으로 임금을 받고 있습니다. 그런데 지금 내가 여러분들에게 말하려고 하는 것은 여러분들의 임금과 다른 비용을 제하고도 매우 많은 돈이 분명한 이윤으로 내 수중에

151 『무엇을 할 것인가』, 222-223 쪽.

남아 있다는 것입니다…

「자, 여러분, 이렇게 많은 돈이 내 손에 남아 있습니다.」 그녀는 계속했다. 「이제 내가 이것을 가지고 어떻게 해야 하겠습니까? 나는 미싱사 여러분들이 벌어들인 이윤을 바로 여러분들에게 나누어 드리기 위해서 봉제공장을 세웠습니다[152]

주지하다시피 자본주의는 노동자의 노동력을 착취해 잉여가치를 생산해내는 체제이다. 인용문에서 베라 빠블로브나의 손에 남은 돈은 바로 그 잉여가치고 이윤이다. 소설 속에 나오는 미싱사 노동자들이 자기들이 받는 임금 외에 남은 돈을 나누어 준다는 베라 빠블로브나의 말에 어안이 벙벙해질 정도로 놀랐듯이 체르니셰프스끼가 자기 소설에서 펼친 이러한 코뮌의 분배 원리는 그 당시 러시아 사회에 충격을 주었을 법하다. 지금은 그러한 시도가 미미하게나마 이루어지고 있지만 당시로서는 회사나 공장이 아무런 잉여가치를 남기지 않겠다고 선언한 것이었으니 말이다. 게다가 공장의 관리권을 조합원 전체에게 넘겨주는 새로운 체제로서의 공장 운영 방식은 20세기의 자주관리 방식을 이미 선취한 것이기도 하다. 그러나 공장의 이익금을 균등 분배한다는 것이 그렇게 쉽지만은 않았다. 노동자들이 베라 빠블로브나에게 전체 이익금의 삼분의 일을 주려고 하자 베라 빠블로브나는 협동조합이 새로운 체제의 실험이라며 이를 거부했다. 그 대신 베라 빠블로브나가 마땅히 받아야

152 앞의 책, 234-235 쪽.

할 몫 이외의 돈은 공동기금으로 쓰였고 그 기금의 차감잔액은 신용조합 설립기금으로 쓰였다. 소설 속에서 베라 빠블로브나의 몫은 이렇게 처리할 수 있었지만 문제는 공장의 이익금을 균등 분배할 때 그 기준이 무엇이어야 하느냐 하는 것이었다.

> 처음에 그녀들은 각자가 받은 임금액의 비율에 따라 이익금을 분배했다. 그 뒤에 그녀들은 만일 누군가가 병이나 다른 중요한 일로 일을 못하게 되었을 때 그녀의 분배몫이 줄어드는 것은 정당하지 못하다고 결론을 내렸다. 즉 그 이익금은 그녀가 며칠 동안 일을 못하는 동안에 다른 조합원들이 열심히 일해서 벌어들인 돈이라기보다는 평소 공장의 충실한 운영으로 얻어진 것이기 때문이었다. 그 뒤에 그녀들은 다시 다른 방안을 마련했는데 특별수당을 받고 있는 재단사와 다른 처녀들은 이미 그들의 직책에 대해서 충분한 보상이 주어졌으므로 그들이 이익금의 분배에 있어서 다른 사람들보다 그들의 임금차의 비율만큼 더 받는다는 것은 공정하지 못하다는 주장에 일치를 보았다. 특별한 직책을 갖지 않은 평미싱사들은 비록 그녀들 자신의 투표로 마련되긴 했지만 몇몇 조처들이 정당하지 못하다는 것을 안 후에도 대개는 그것을 문제 삼지 않고 순응했다[153]

현재 받고 있는 임금액이나 직급, 특별 수당 등의 문제가 이익금의 균등 분배를 어렵게 하는 요인들이었다. 미싱 노동자들이 이익금을 더 받는 것을 자제한다든지 상호 합의가 이루어졌을 때 이익금의 균등

153 앞의 책, 239 쪽.

분배가 실현된다고 보는 것은 순진한 발상일 수도 있다. 근원적인 문제는 임금이 화폐로 제공된다는 것이나 임금제도 자체에 있는지도 모른다. 그러나 임금제도 자체의 폐지랄지 화폐로 제공되는 임금 문제 등은 소설 속에서 나타나지 않는다. 소설 속에서 이익금 분배의 변화는 봉제공장이라는 협동조합이 세워진지 삼년 후에 나타났다.

> 그것은 이익금을 분배받는 것이 그녀들 가운데 어느 한 두 사람의 재능에 대한 보상이 아니라 공장의 전반적인 경영과 관리, 그리고 그 목표의 결과라는 것을 공장의 처녀들이 이해하고 나서였다. 즉 그녀들의 목표가 개인의 특성을 고려하기보다 일에 참여한 모든 사람들에게 가능한 한 이익금을 균등하게 분배하는 것이었고 또 노동자들이 이익금 할당에 참여할 수 있게 된 것은 바로 이러한 조합의 성격에 의거한 것이기 때문이었다[154]

이익금 균등 분배가 어려운 측면이 있긴 하지만 노동자가 이익금 할당에 참여한다는 것은 안 인용문에서 체르니셰프스끼 작가가 말하듯이 협동조합이라는 코뮌 조직이 아니면 불가능한 것이었다. 체르니셰프스끼의 소설 『무엇을 할 것인가』에는 협동조합이 신용조합, 소비조합으로 연결 발전되어 나가는 모습이 타나나 있다. 돈이 필요한 조합원들에게 대출해 줄 때 무이자로 해준다든지 도매가격으로 물건을 살 수 있도록 해주는 신용조합과 소비조합 활동, 공제조합 활동이 나타나 있다. 특히

---

154 앞의 책, 240 쪽.

물건을 같이 사기 위해 공장 근처에 노동자들이 공동 거처를 마련하면서 또 다른 코뮌 조직들이 생겨나기 시작했다. 러시아의 공동 주거 양식은 꼬무날까коммуналка라고 불리는데 이것은 체르니셰프스끼의 소설 『무엇을 할 것인가』에서 처음으로 타나났다고 볼 수 있다. 공동 주거 때 각자가 부담해야 하는 비용에 대해서도 규칙이 정해졌다.

> 8세 이하의 아이들에게는 그 보호자에게 성인 여자의 1/4에 해당하는 비용을 물리고 그 다음 8세부터 12세까지는 1/3을 13세 이상은 1/2을 물리기로 했다. 그리고 어린 소녀들이 13세가 되었는데도 취직을 하지 못하면 대체로 공장에 들어오게 했다. 그리고 그들이 16세가 넘었을 때 숙련된 미싱사의 자질을 보이면 정식 조합원으로 받아들이기로 했다[155]

정 태윤의 주장처럼 코뮌이 기쁨이 증식되는 공명의 집합체라면 그것은 앞에서 보았듯이 협동조합이 또 다른 협동조합을 낳고 협동조합으로서의 봉제공장 외에 신용조합, 소비조합, 공제조합을 증식시키며 이익금의 균등 분배를 실현하며 공장 안에 잉여가치를 남기지 않는 코뮌의 생산 및 분배원리 덕택이다. 베라 빠블로브나가 슬픔보다 기쁨을 느끼는 것은 바로 이렇게 코뮌 조직의 자기증식 능력에 기인한 것이다. 베라 빠블로브나는 소설 속에서 네 번째 꾼 꿈에서 코뮌의 이상적인 형태로서의 수정궁을 보게 되고 자기가 세운 협동조합이 본 궤도에

155 앞의 책, 242 쪽.

오르는 것을 경험하게 된다. 소설 속의 제 3 장에서 베라 빠블로브나가 두 번째 꿈을 꾸고 난 후 봉제공장이 설립된 것처럼 소설 속의 제 4 장 17절에서도 베라 빠블로브나의 네 번째 꿈 이후에 다시 코뮌으로서의 협동조합에 관한 이야기가 구체적으로 나온다.

> 공장 전체는 3개의 블록으로 나뉘어져 있었는데 모두 같은 층에 있어서 블록과 블록 사이의 칸막이를 치우면 하나의 커다란 블록이 돼. 각각의 블록들은 700루블, 500루블, 424 루블해서 모두 1675루블에 빌어썼는데 지금은 3블록을 한꺼번에 5년 계약으로 1250루블에 빌어 쓰고 있어. 방은 모두 합해서 21개인데 그 중의 둘은 매우 커서 창문이 4개씩 달려 있고 그 하나는 응접실로 다른 하나는 식당으로 사용하고 있어....우리는 작업실도 둘러 보았어. 그곳에서 바쁘게 일하고 있는 아가씨들의 복장 또한 관리들의 딸이나 자매 또는 부인들의 차림과 별 차이가 없어 보였어...그녀들 중의 두 명은 매우 폭넓은 독서를 하고 있었어....빈곤 대신에 만족스러운 생활, 불결하지 않은 깨끗한 환경, 약간 사치스러움마저 엿보이는 여유 있는 생활, 그리고 무지 대신에 교양까지 갖춘 그녀들의 모습. 이 모든 것은 아가씨들의 수가 늘어나고 있는 것에서 알 수 있듯이 그녀들의 수입이 증가하고 있다는 것이고 다른 하나는 그녀들이 지출비용을 매우 절약하는 동시에 검소한 생활을 해왔다는 것이야[156]

소설 속에서 베라 빠블로브나는 생활비 절약 방식에 대해 이야기하고

---

156 앞의 책, 510-511 쪽.

그 남편인 끼르사노프는 기업의 수입 방식, 베라 빠블로브나가 세운 협동조합의 노동자들이 다른 공장에 비해 월등히 높은 임금을 받는 이유에 대해 설명한다. 다음은 코뮌의 공동 주거 방식에 의한 생활비 절약 방식이다.

> 단순한 린네르 우산은 보통 2루블쯤 해. 그런데 공장 아가씨들이 25명 있으니까 하나씩 갖추려면 모두 50루블이 들게 돼. 실제로 우산이 없어서 비를 맞으면 옷이 손상돼 2루블 이상을 손해 보게 되니까 우산이 없는 것보다는 있는 편이 유리하다는 것은 말할 필요도 없어. 그런데 아가씨들은 모두 함께 살고 있거든. 또 그녀들은 특별한 일이 아니면 별로 외출을 하지 않는 편이야. 그러므로 실제로 우산은 5개면 충분하다는 것이지. 그래서 그녀들은 실크로 된 우산을 하나당 5루블씩 주고 5개를 샀어. 5루블씩 해서 5개이니까 모두 25루블이면 되잖아. 아가씨들 한명 당 꼭 1루블씩 든 셈이지. 그렇게 해서 아가씨들은 2루블씩 주고 좋지 않은 우산을 쓴 대신에 1루블씩 주고서도 훨씬 좋은 고급우산을 사용하게 되었다는 거야.[157]

다음은 노동자가 노동의 대상이 아니라 노동의 주체로 일하는 코뮌 안에서 노동자가 임금을 더 높게 받는 방식에 대한 끼르사노프의 설명이다.

> 상품매매에 의한 기업의 수입은 일반적으로 3개의 주요한 부분으로 나뉘어 집니다.

157 앞의 책, 512 쪽.

첫째는 노동자들에 대한 임금이고 두 번째는 그 밖에 방세라든지 광열비, 원료비 같은 비용. 그리고 세 번째는 기업주의 이윤 그렇게 세 부분으로 나눠어집니다. 우리도 그런 식으로 가정해 봅시다. 그러면 노동자들의 몫이 반, 그 밖의 비용이 4분의 1, 그리고 나머지 4분의 1이 기업주의 이익금으로 나누어집니다. 그리고 기업주의 이익금으로 50루블이 돌아가게 됩니다. 그러면 여기서 우리 식으로 했을 때 공장의 아가씨들이 받게 될 금액을 생각해 보도록 합시다[158]

그 결과 코뮌으로서의 협동조합인 베라 빠블로브나의 봉제공장에서 일하는 노동자는 다른 일반 공장에서 받는 100루블보다 많은 166루블 67꼬뻬이까를 버는 것으로 나타났다. 게다가 자신을 위해 일하기 때문에 노동에 대한 열의가 있고 숙련도 또한 좋기 때문에 166루블 67꼬뻬이까의 1/5이 증가하여 결국 200루블을 버는 결과가 나타났다. 다른 곳보다 두 배나 되는 임금을 받게 되는 것이다. 문제는 여기서 끝나지 않는다. 다른 곳보다 두 배나 되는 노동자들의 임금은 계속해서 소비재 구입, 방세 등에 긍정적인 영향을 미친다. 가치의 증식 효과가 나타나는 것이다.

뻴로쪼바가 빠울리나에게 보낸 편지로 되어 있는 소설 속의 이 절은 코뮌의 자기증식 효과들에 대한 이야기를 하고 있다. 뻴로쪼바는 이것을 기적이라고 불렀다. 체르니셰프스끼의 소설 『무엇을 할 것인가』 마지막

---

158 앞의 책, 513-514 쪽.

장은 '새로운 인민의 출현과 대단원'이라고 되어 있다. 여기서 체르니셰프스끼가 말하는 새로운 인민의 출현이란 바로 이러한 코뮌의 출현을 뜻한다. 새로운 인민으로서의 코뮌의 출현. 이것이 체르니셰프스끼가 자기 소설 『무엇을 할 것인가』에서 꿈꿨던 미래 사회의 모습이다.

4

끄로뽀뜨낀의 코뮌 이론

뾰뜨르 알렉세비치 끄로뽀뜨낀1842-1921은 아나키즘의 선구자로 알려져 있다. 아나키즘의 선구자로는 바꾸닌1814-1876을 들 수도 있지만 같은 아나키즘이라도 두 사람은 정확하게 말하면 서로 다르다. 아나키즘은 한마디로 뭉뚱그릴 이론이 아니라 그 안에 아나키적 자본주의, 녹색 아나키즘, 아나키적인 신디칼리즘 등 많은 조류가 있다. 바꾸닌과 끄로뽀뜨낀의 경우도 마찬가지다. 후자가 아나키적 - 집산주의 혹은 집산주의적 아나키즘에 속한다면 전자는 아나키적인 공산주의 혹은 공산주의적 아나키즘에 속하기 때문이다.[159] 나이로 치자면 바꾸닌이 먼저 아나키즘 활동을 하기 시작했지만 끄로뽀뜨낀이 아나키즘의 선구자라는 뜻은 아나키즘 안의 공산주의를 고려했을 때 그렇다는 말이다.

---

159 폴 애브리치는 자기 책 『아나키스트의 초상』에서 끄로뽀뜨낀을 윤리적 아나키스트로 본다. 폴 애브리치의 책 『아나키스트의 초상』을 번역한 하 승우는 anarchist communisn을 다나키스트 꼬뮨주의로 번역한다. 끄로뽀뜨낀이 아나키즘적인 공산주의자인지 아니면 아나키즘적인 꼬뮨주의자인지는 더 따져 봐야 할 문제다. 집산주의와 아나키즘의 차이에 대해서는 폴 애브리치, 『아나키스트의 초상』(갈무리, 2004), 110 쪽 참고.

바꾸닌이나 끄로뽀뜨낀이나 폭력을 동반한 아나키적인 활동을 지지했지만 바꾸닌보다 끄로뽀뜨낀에 대해 이야기하려는 이유는 끄로뽀뜨낀의 아나키즘, 더 정확하게 말해 끄로뽀뜨낀의 공산주의적인 아나키즘에 코뮌과 옵시치나에 대한 사고가 들어있기 때문이다.

> 아나키적인 공산주의는 사회적인 조직의 자유로운 형태가 현실적으로 자치적인 코뮌과 옵시치나로 이루어진 사회, 생산수단의 집단적인 사용이 조직되어 있고 직접 민주주의, 즉 집단적이고 협동적인 의사결정의 원칙이 영향력을 가지며 수평적이고 수직적인 수단을 통해 이 코뮌들이 동맹 혹은 연방으로 통일되어 있는 사회에서나 가능하다고 확신한다[160]

끄로뽀뜨낀은 러시아의 코뮌 외에 전 세계에 수천 년 전부터 존재해 왔던 코뮌에 대해 연구해 왔다. 그가 쓴 『상호부조의 진화론』은[161] 생물들이 경쟁보다는 연대와 협동의 원리에 따라 생활하는 모습에 대한 인류학적인 고찰을 한 저서로 유명하다. 이러한 점에서 끄로뽀뜨낀은 기본적으로 생물학에서 얻은 통찰을 기반으로 하여 자본주의의 원리인 경쟁에 대해 적대적인 입장을 취하는 것인데, 그보다 중요한 것은 그가 코뮌의 원리에 대해 이해하고 있었다는 점이다. 그리고 끄로뽀뜨낀의 코뮌에 대한 관심은 체르니셰프스끼가 자기 소설 『무엇을 할 것인가』에서 제시했던 다음과 같은 내용과 이어져 있다.

---

160 http://www.wikipedia.org

161 끄로뽀뜨낀의 이 책은 『만물은 서로 돕는다』라는 제목으로도 최근에 다시 번역되어 나왔다.

진지하고 현명한 사람들의 책에 이 세상 사람들이 함께 더불어 살아가는 방법에 대해서 쓴 것이 있습니다. 즉, 모든 사람들이 인생을 즐겁게 살 수 있는 방법에 대해서 말입니다. 그들이 말하는 방법의 중요한 원리는 〈새로운 체제〉로 공장을 운영하는 데 있습니다[162]

끄로뽀뜨낀의 공산주의적인 아나키즘 사상은 지금까지 한마디로 부정되었다. 그 이유는 끄로뽀뜨낀의 아나키즘만이 아니라 아나키즘이 국가를 이해하는 방식에 문제가 있었다는 데에 있었다. 그러나 아나키즘과 국가의 관계를 한마디로 무정부주의라는 말로 정리하는 것은 그야말로 문제가 있을 수 있다. 끄로뽀뜨낀이 공산주의에 대해 아나키즘을 대안으로 제시하는 것은 사실이지만 왜 그런 결론에 이르게 되었는지는 다시 생각할 필요가 있다. 최근에 할러웨이는 『권력으로 세상을 바꿀 수 있는가』라는 책에서 국가의 물신성을 주장하면서 국가와 권력 혹은 국가 권력의 관점에서 세상을 바꿀 수 있다는 데에 회의를 보낸 바 있다. 그러나 국가를 직접 관통하고 국가에 대해 직접적으로 대결하지 않고 세상을 바꾼다는 것도 문제이지만 그렇다고 해서 그것만으로도 세상의 변화는 불가능하다는 것이 필자의 생각이다. 끄로뽀뜨낀을 포함하여 아나키즘은 전자에 대해 사고하기를 거부하지만 끄로뽀뜨낀을 통해 아나키즘을 다시 사고할 필요는 있다고 여겨진다. 특히 이제까지 끄로뽀뜨낀의 아나키즘은 그가 『상호부조의 진화론』에서 탐구한 코뮌의

162 니꼴라이 체르니셰프스끼 장편소설 · 서 정록 옮김, 『무엇을 할 것인가』, 열린 책들, 1989, 236 쪽.

문제를 배제한 상태에서 일면적으로 이해되어 온 측면이 크기 때문에 끄로뽀뜨낀의 아나키즘을 아나키즘 일반과 뭉뚱그려 평가한다면 일면적인 결과만 나타날 수 있다. 무엇보다도 끄로뽀뜨낀이 공산주의에 대해 어떻게 생각했고 공산주의가 왜 실패했다는 것인지 그의 생각을 한번쯤은 들여다볼 필요가 있다고 생각한다. 그래야만 그러한 그의 사고 과정에 나타난 문제점을 비판적으로 바라보고 미래사회에 대한 새로운 전망을 세울 수 있기 때문이다. 다시 말해 그의 아나키즘적인 공산주의는 공산주의의 실패에 대한 대안으로 나타난 것이기 때문에 공산주의의 실패에 대한 그의 견해를 들어봐야만 그가 제시한 대안에 대해서도 생각할 여지가 생긴다는 것이다. 본고는 이러한 점에서 무엇보다도 끄로뽀뜨낀의 아나키즘을 더 올바르게 이해하기 위해 끄로뽀뜨낀의 코뮌 이론과 국가의 문제를 다루고자 한다.

4.1 끄로뽀뜨낀의 공산주의론

끄로뽀뜨낀은 사회주의적인 발전의 궁극적인 목적이 자유로운вольный 공산주의의 발전이라고 전제한 후[163] 공산주의를 가장 넓은 의미에서 두 가지로 나누어 파악한다.[164] 그것은 우두머리가 있는начальническ

163 Пётр Кропоткин, 『Анархия, её философия. её идеал』, Эсмо, 2004, с. 596.
164 앞의 책, с. 594.

ий 공산주의와 무정부주의적인(우두머리가 없는безначальный) 공산주의이다. 끄로뽀뜨낀은 이것을 다시 종속하는подначальный 공산주의와 자유로운вольный 공산주의로 나누어 생각한다.[165] 다음과 같은 구절도 마찬가지다.

> 그렇게 볼 때 공산주의적인 국가는 유토피아다. 여기서는 이전에 유토피아를 옹호했던 것들 자체가 거부되기 시작한다, - 그리고 오래전부터 다른, 훨씬 더 진지한 질문을 던질 때가 되었다. 다시 말해 무정부주의적인, 즉 자유롭고свободный 국가государство 없는 공산주의도 개성의 발전에 대해 위험한 것인가?[166]

끄로뽀뜨낀은 начальник(우두머리, 책임자)가 지배하는 체제, государство(국가)가[167] 지배하는 체제가 개성의 발전을 억압한다고 보지만, 그렇다고 해서 무작정 책임자와 국가의 권력화를 비판하는 것은 아니다. 앞 인용문에서처럼 국가 없는 공산주의가 개성의 발전에 대해 어떤 영향을 미칠지 진지하게 고려해보자는 것이 끄로뽀뜨낀의 입장이다. 끄로뽀뜨낀이 우두머리에게 종속하는подначальный 공산주의를 비판하는 것은 그것이 있을 경우 러시아적인 코뮌인 옵시치나가 불가피하게 몰락하기 때문이다. 그러나 러시아에서 옵시치나, 미르 등이 파괴된

---

165 앞의 책, с. 616.

166 앞의 책, с. 608.

167 끄로뽀뜨낀은 정부правительство와 국가를 구별한다. 러시아어로 국가는 государство인데 이 단어는 나으리, 즉 관리 내지는 관료를 뜻하는 государь라는 글자에서 왔다.

것은 자본주의적인 생산양식이 진행된 것도 또 하나의 원인이기 때문에 그 과정에서 우두머리가 공동체의 파괴에 권력을 통해 개입했을 수는 있어도 옵시치나의 몰락을 권력의 문제로만 치부할 수는 없다. 끄로뽀뜨낀이 국가 없는 공산주의를 주장한 것은 수천 년에 걸친 코뮌의 역사에서 국가가 코뮌을 어떻게 사멸시켰는지 보았기 때문이다. 따라서 끄로뽀뜨낀이 아나키스트라는 주장의 근거를 국가 권력에서만 찾는 것은 문제가 있다고 말할 수 있다. 그가 국가의 권력을 부정한 것은 국가가 권력을 이용해 코뮌을 없애버렸던 역사를 강조하기 위한 것이기 때문이다.

> 그 다음 3세기 동안 유럽 대륙 및 선마라 영국의 왕국들(잉글랜드 왕국과 스코틀랜드 왕국 : 역자 주)은 상호부조의 성향을 나타낸 이전의 모든 조직들을 체계적으로 제거해 버렸다. 촌락공동체주의자들은 민회, 재판소 및 독립행정권을 빼앗겨 버렸고 토지는 몰수되었다. 길드는 재산과 자유를 박탈당하였으며 국가 관리의 통제, 변덕 및 뇌물관행하에 놓이게 되었다. 도시들은 주권을 박탈당하였고 그 생명의 내부 활력소들 - 민회, 선출 판사 및 행정, 독립교구와 독립길드 - 은 멸절되었다. 국가 기능이 이전의 유기적 통일체와 연계된 모든 것을 앗아 갔다[168]

끄로뽀뜨낀이 자유로운 공산주의 즉 국가 권력, 관료들의 권력이 닿지 않는 공산주의를 우두머리가 있는 공산주의의 대안으로 생각하고

168 피트르 알렉세이비치 크로포트킨 지음/구 자옥 · 김휘천 옮김, 『상호부조 진화론』, 한국학술정보, 2008, 336-337 쪽.

아나키즘을 주장한 이유는 명백하다. 공산주의는 옵시치나를 파괴하지 말고 그러한 과거의 공동체들이 부활하도록 만드는 것이어야 한다는 것이다.

> 공산주의는 자유로울 수вольный 있고 19세기의 도시에서 공산주의가 완전하지 않았을 때에도 그랬던 것처럼 새로운 문명, 그 당시 유럽을 갱신시킨 새로운 생활을 다시 탄생시킬 수 있다[169]

끄로뽀뜨낀이 말하는 자유가 무엇인지는 분명하다. 그것은 한 편으로는 개성의 자유로운 발전을 뜻하지만 다른 한 편으로는 억압되거나 사라진 코뮌의 부활을 뜻한다. 끄로뽀뜨낀은 공산주의가 개인의 자유를 축소시키거나 죽일 수도 있지만 이 자유를 극한까지 확장시킬 수도 있다고 믿는다. 물론 아나키즘적인 공산주의일 때에만 그러하다는 것이다. 그가 "모든 것은 우리가 어떠한 세계관의 기초를 가지고 공산주의에 접근하는가에 달려 있다"[170]고 말하는 것은 그 때문이다. 그러나 끄로뽀뜨낀은 "공산주의가, 당연한 말이지만, 우두머리가 있는 것일 수 있고 강제적일 수 있으며 - 이 경우에는 경험이 시사해주듯이 옵시치나가 바로 무너진다 - 혹은 무정부주의적일 수 있다"[171]고 말한다. 끄로뽀뜨낀이 같은 논문에서 반복해서 말하듯이 그가 말하는 아나키즘은 옵시치나

---

169 Пётр Кропоткин, 『Анархия, её философия. её идеал』, с. 616.
170 앞의 책, с. 611.
171 앞의 책, с. 613.

같은 자율적인 코뮌의 존재를 전제로 한 것이다. 그러나 아나키즘의 문제는 그것이 국가 권력을 부정한다는데 있다기 보다는 과거의 코뮌이 사라진 오늘날 국가가 자본의 집행위원장 역할을 하면서 한층 더 강화된 상태를 극복할 수 있는 대안을 제시하지 못한다는데 있다.

끄로뽀뜨낀이 공산주의자의 실패를 거론하고 공산주의가 끝났다고 생각하는 이유는 다음과 같다. 여기에는 자유, 개성의 발전 문제만이 연관되어 있는 것이 아니다. 그는 임금 지불이 노동이 아니라 화폐로 이루어지고 소비자들이 개인 기업 안의 일처리를 하는데 있어서 극단적으로 목소리를 내지 못한다고 생각한다.[172] 끄로뽀뜨낀에 따르면 체르니셰프스끼의 소설 『무엇을 할 것인가』에 나오는 봉제공장은 공산주의를 실현하지 못하고 있는 것이다. 이익금의 균등분배가 실현되고 있지만 임금을 화폐로 받고 있기 때문이다. 그러나 다른 한 편으로 보면 봉제공장의 노동자들이 공장 경영에 참여한다는 점에서는 공산주의적이라고 말할 수 있다. 끄로뽀뜨낀은 공산주의가 실패한 이유를 다음과 같이 정리한다.

이제까지 공산주의의 시도가 실패로 끝난 이유는 다음과 같다 :

종교적인 성격을 큰 부분으로 갖고 있었다. 그리하여 코뮌에서처럼 생산과 소비의 경제적 수단을 단순하게 봐야 했다

172 앞의 책, c. 601.

사회, 사회의 생활과 투쟁에서 소외되었다

우두머리를 내세워 지도하는начальствование 정신에 침투 당했다

동맹으로 통합되기보다 고립적이었다. 옵시치나가 너무 적었다

당원에게 어떤 여가도 남겨주지 못하는 노동의 양을 요구했고 당원들을 흡수해 버리려고 노력했다

가부장제적이고 종속된 가정으로부터 떨어져 나옴으로써 오히려 거꾸로 가장 완벽한 개성의 해방을 기본 목적으로 삼을 수밖에 없었다[173]

끄로뽀뜨낀은 같은 글 다른 곳에서 공산주의적인 옵시치나들이 거의 반半종교적인 매력의 힘에 토대를 두고 있었던 탓에 은둔자의 고풍에 빠져 있었고 가족의 모델에 맞춰 형제와 누이의 위대한 가족을 토대 지우려 한 것도 공산주의자들의 실수라고 말한다. 공산주의자들은 아무것도 필요하지 않은 사람들에게 그들 자신과 다른 누군가가 되기를 요구했고 두 형제도 한 집에 같이 살지 않는 마당에 한 핏줄 아래 밀접하게 동거하는 쉽지 않은 문제를 너무 쉽게 보았다고 말한다.

지금까지 끄로뽀뜨낀의 공산주의에 대한 입장을 살펴본 것처럼 끄로뽀뜨낀의 공산주의에 대한 비판적인 입장이 궁극적으로는 아나키즘적인 공산주의 내지는 자유로운 공산주의로 귀착하기는 하지만 그러한 비판적인 입장이 어떤 견해들 때문에 나오게 되었는지 생각할 여지가 있다. 첫 번째 끄로뽀뜨낀을 아나키스트라는 말 한마디로 규정해 무조건 폐기

173 앞의 책, c. 615.

처분해버릴 일이 아니다. 두 번째 끄로뽀뜨낀의 아나키즘이 우두머리를 내세워서 지도하는начальствование 것에 대해서만 대립하는 것이 아니라는 점이다. 끄로뽀뜨낀의 아나키즘적인 공산주의 안에는 코뮌의 문제, 가족의 문제, 여가와 노동의 문제, 화폐와 노동의 문제 등 여러 가지 생각할 여지들이 담겨 있다고 봐야 하기 때문이다. 끄로뽀뜨낀은 공산주의의 흐름을 크게 아나키즘적인 것과 우두머리가 있는 것으로 나누는 가운데 타협을 추구하는 중간 형태들에 대해서 언급한다. 그에 따르면 그것들은 국가자본주의(국가가 생산과 생활에 필요한 모든 것을 소유하는 것), 집산주의(노동시간에 따라 화폐로 제품 수량제 공임이 모두에게 지불되는 것), 협동조합(생산과 소비의 아르쩰), 도시사회주의(시의 자치조직 혹은 지자체가 도입한 반半사회주의적인 제도)로서 끄로뽀뜨낀은 이러한 것들을 현재의 사회와 공산주의적인 체제의 거래의 산물이라고 본다. 그러면서 그는 거대한 운동 속에서 지난 30년 동안 다음과 같은 세 가지 점들이 사회적인 의식 안에 침투했다고 생각한다.

1) 자본가가 노동자에게 주는 제품 수량제 공임이라는 질서의 철폐 - 이 시스템은 고대노예와 농노제의 현대판에 불과하다

2) 사회에 생산을 위해 필요한 것을 개인이 소유하는 것의 철폐

3) 개성과 사회를, 경제적인 노예상태를 지지하고 보존하는데 봉사하는 정치적 노예화의 형태로부터 해방시키는 것[174]

174 앞의 책, c. 595.

끄로뽀뜨낀의 이러한 주장을 보면 그가 막연하게 자유를 주장했던 것이 아니고, 앞에서 보았듯이 공산주의가 필연적으로 자유를 축소시킨다고 주장했던 것도 아님을 알 수 있다. 그가 말하는 자유는 개성의 자유일 뿐만 아니라 사회 전체가 정치적이고(국가) 경제적인(임노동) 노예 상태로부터 해방되는 것이었으며 2) 같은 경우는 소유의 사회화에도 직결되는 주장이었음을 알 수 있다.

끄로뽀뜨낀은 아직 공산주의로 가는 이행기가 미 발육 상태라고 보면서 두 가지 주목할 것들이 있다고 말한다. 끄로뽀뜨낀은 산업이 발전하면서 개수제個數制 임금지급노동이 점점 사라지고 일급日給이 더 선호되며 노동자를 착취하는 범주가 여성, 지역노동자, 날품팔이 노동자, 그리고 노동자로 나누어진다고 말한다.[175] 이것은 자본주의의 발전 형태인 신자유주의 하에서 노동자들 사이에 위계분할이 극한적으로 치닫고 있는 오늘날의 상황에도 어울리는 인식이다. 클리포트 기어츠가 식민지 자바의 농업 경제 연구에서 이 현상을 두고 퇴축involution이라고 파악했듯이[176], 이미 끄로뽀뜨낀도 자본주의의 발전에 따른 노동의 위계 상황에 대해 주장했던 것이다. 노동이 분할되는 상황에 주목하면서 끄로뽀뜨낀은 공산주의로 가는 방향에서 만들어진 '제한된 공산주의' 혹은 '부분적인 공산주의'의 흐름에 주목한다. 그는 3/4세기 전에 이루어졌던 오웬과 프루동의 노동전표가 그 후 어디에서도 뿌리를 내리지

175 앞의 책, c. 596-597.
176 마이크 데이비스 지음|김 정아 옮김, 『슬럼, 지구를 뒤덮다』, 돌베개, 2007, 233 쪽 재인용.

못했다고 비판하면서 수백 개 이상으로 존재했던 공산주의적인 옵시치나에 대해 우리가 잘 모르고 있다고 말한다. 끄로뽀뜨낀은 오히려 부르주아들이 제한된 공산주의의 형태가 자신들에게 얼마나 큼 이득이 되는지 잘 알고 있었다고 하면서 공산주의적인 종류의 도시제도, 학자공동체, 아르쩰의 생활 등 구체적으로 많은 예를 든다. 끄로뽀뜨낀이 우리는 약 100개 정도의 옵시치나에 대해서만 알고 있다고 말하는 것은 결국 코뮌의 수많은 종류들에 대해 언급하는 것이다. 앞에서 종속적인 공산주의와 자유로운 공산주의 사이의 타협적인 형태라는 것도 결국엔 코뮌의 문제이다. 코뮌은 끄로뽀뜨낀에게 있어서 종속적인 공산주의에서 자유로운 공산주의로 가기 위한 이행 단계에 속하는 것이기 때문이다.

4.2 끄로뽀뜨낀의 코뮌 이론

끄로뽀뜨낀은 코뮌에 대해 상당한 식견을 갖고 있었다. 그가 미국의 캠브리지에 갔을 때 학생들이 식당에서 음식 값을 돈이 아니라 노동으로 지불하는 것, 소련의 국영농장이나 집단농장 안에 있는 특정 농장인 페름(ферма)이 대학 안에 있는 것을 본 것도 그의 코뮌에 대한 관심사에서 나온 것이었다. 그의 코뮌에 대한 관심은 그가 인류학자로서 많은 여행과 탐사에 의해서도 촉발된 것이었지만 무엇보다도 상호부조를 자연법칙이자 진화의 주요 원인으로 생각한 러시아의 동물학자 키슬러의 영향을 받은 것이었다.

분명히 하건대, 본인은 생존경쟁 법칙을 부인하지 않지만, 동물계의 긍정적인 진보는, 특히 인간계에 있어서는, 상호경쟁보다 상호협동에 더욱 잘 기인한다고 본다.

모든 생물은 두 가지 필연적인 요구에 직면하는데, 이는 영양조건과 종의 번식조건에 있다. 전자는 전쟁과 상호멸종의 위기에서 비롯되는 반면에 종의 유지본능은 서로 가깝게 다가서고 서로 협동하게 한다. 그러나 본인은 생물의 세계에서 이루어지는 진화는 결국 생물의 긍정적인 변신을 뜻하는 점에서 개체 간의 상호부조가 상호 경쟁보다도 훨씬 더 중요한 몫을 가진다고 생각한다[177]

끄로뽀뜨낀은 키슬러의 영향 하에 토마스 H. 헉슬리의「인간사회의 생존경쟁」, 헉슬리에게 논거를 제시한 홉스의 이론 등에 대해 동물학자로서, 그리고 인류학자로서 논쟁을 벌였다. 그가 쓴『상호부조 진화론』은 동물학계에서 동물학적이고 인류학적으로 검증된 상호 부조 내지는 상호 협동의 원리를 인간 사회에 적용하여 원시사회로부터 중세를 거쳐 근대사회에 이르기까지 상호부조의 원리가 구체적으로 어떤 조직이나 제도를 거쳐 진화해 왔는지에 대해 밝힌 책이다. 앞에서 끄로뽀뜨낀이, 우리가 공산주의적인 옵시치나에 대해 잘 모른다고 이야기한 것처럼

177 피트르 알렉세이비치 크로포트킨 지음|구 자옥 · 김 휘천 옮김,『상호부조 진화론』, 한국학술정보, 2008, 58 쪽.

그의 책에는 수많은 부족과 수많은 마을공동체village community가 언급된다. 그것도 러시아만이 아니라 유럽 전체 및 인도 등에 이르기까지 인류학적으로 존재한 수많은 옵시치나 형태에 대한 보고서가 그의 책의 전부라고 해도 좋을 정도이다. 가령 몽고족의 오우러스oulous, 자바인의 데사Dessa, 말레이시인의 코타Kota 또는 토파Tofa 남슬라브족의 자드루가Zadruga라는 복합가족. 민회, 미르(러시아의 원시촌락 공동체), 암카리amkari, 헤타리아리hetariai, 협족phratry, 아르젤 같은 길드 조직들, 중세도시 리첼Rietschel, 라인 강 중부지역에 존재하던 31,473 개의 생산 및 소비조합, 세르비아의 길드인esnafs, 상호부조하던 아랍족의 젬마djemmaa와 아프가니스탄의 푸라purra, 스위스의 바오드Vaud와 바레Valais라는 공동체 숲 등 끄로뽀뜨낀이 코뮌, 길드, 협동조합, 중세도시, 중세의 조합Burgerschaft, 마을공동체 등에 대해 언급하는 범위는 시간적이고 공간적으로 매우 광범위하다.

끄로뽀뜨낀의 책에서 흥미로운 것은 이것만이 아니다. 15세기 플로렌스라는 도시공동체 해체처럼 왕권에 의해 공동체 조직들이 해체되어 나가던 중세 시대의 상호 부조 문제가 근대로 이어지면서 국가에 의해 코뮌 조직들이 해체되어 나가던 역사에 대해 끄로뽀뜨낀이 구체적인 사례를 들어가며 언급하고 있다는 것이다. 이것은 단지 흥미로운 거리에 지나지 않는 것이 아니라 코뮌이 명멸하는 역사에서 국가와 권력이 어떻게 개입했으며 그것을 끄로뽀뜨낀이 어떻게 이해하고 있었는가와 연관된 중요한 문제라고 할 수 있다.

지나친 정부 신뢰의 결과 그들 스스로에 대한 신뢰는 끝장이 났다. 그들은 새로운 문제 제기도 할 수 없었다. 국가는 간섭만 했으며 그들의 마지막 자유까지도 짓밟았다.

그럼에도 상호부조의 흐름은 사람들의 마음속에서 죽지 않고 살아 있어 심지어 패배한 뒤에도 계속되었다[178]

국가가 사회의 모든 기능을 흡수함에 따라 필연적으로 속 좁은 개인주의만 고삐 풀린채 자라나는 데에 유리해졌다. 국가에 대한 의무가 늘어날수록 시민들 상호간에 져야할 의무가 줄어들 것은 뻔한 사실이다[179]

1380년의 농민반란이 실패로 끝난 뒤 15세기에 이르러 영주들은 촌락공동체 토지를 강탈하기 시작하였는데...18세기 중엽 이래 다른 국가처럼 영국에서도 공동 소유의 흔적을 조직적으로 깡그리 뿌리 뽑는 것이 정책의 일부가 되었다[180]

프랑스의 경우, 촌락공동체들은 일찍이 16세기에 독립을 박탈당하고 토지를 강탈당하기 시작했다....물론 이런 불법행위에 대한 국가 대책이란 공동체가 더욱 잘 국가에 복종하라는 것이었으며 국가 자체도 강탈을 자행하였다. 실제로 2년 뒤 공동체의 모든 현금 자산을 왕이 몰수하였다. 공동체가 소유한 토지 비율은 갈수록 낮아졌고 그리하여 다음 세기에는 귀족과 성직자가 광대한 면적의 토지를 이미 소유하고 있었다[181]

---

178 앞의 책, 330 쪽.

179 앞의 책, 338 쪽.

180 앞의 책, 345 쪽.

181 앞의 책, 341 쪽. 여기서 2년 뒤란 토지를 뺏기 위해 가공架空의 부채를 요구한 루이 14세의 1668년 포고가 나온 지 2년 뒤란 뜻이다.

끄로뽀뜨낀에 따르면 엔클로저법의 목적은 공동체 시스템을 제거하는 것이었으며 1760년과 1844년 사이에 무려 4천 개에 달하는 법에 의해 공동체가 철저하게 말살되었다는 것이다. 코뮌의 파괴는 이러한 국가권력의 개입만이 아니라 기근, 전쟁에 의해서도 촉발되었다. 끄로뽀뜨낀이 거의 말살에 가까운 코뮌의 파괴를 언급하면서 강조하고 싶어하는 것은 국가의 개입에도 불구하고 상호부조의 관습이 끈질기게 남아 있다는 것이다. 그가 국가가 없는 공동체를 주장하게 된 것은 공동체 파괴의 역사에서 국가가 저지른 행위를 보았기 때문이다. 국가라는 것이 수없이 존재하던 어소시에이션을 뚫고 등장한 괴물이듯이 국가가 나서서 토지를 강탈한 코뮌의 역사를 살펴보면서 끄로뽀뜨낀이 느낀 것이 결국 '국가 없는' 코뮌의 문제였다는 것은 쉽게 수긍할 수 있는 일이다. 끄로뽀뜨낀을 아나키스트로 규정하기보다 왜 그가 국가를 배제한 아나키스트로 돌아설 수밖에 없었는지 이해할 수 있는 대목이 있다는 말이다. 끄로뽀뜨낀의 이론에서 또 한 가지 홍미로운 것은 그가 노동조합을 중세 시기에 있었던 길드 등의 코뮌 조직의 연장선 위에서 이해하고 있다는 점이다. 따라서 근대에 들어 와 국가가 노동조합을 불법화한 것은 그 이전시기에 국가가 코뮌을 파괴한 것과 같은 맥락에서 이해할 수 있다.

> 18세기 전 기간 내내 국가는 노동조합을 불법화했고 1799년 마침내 온갖 결사를 중벌로 위협하며 금지하였다....다수 시민 사이의 결사(행위)는 모든

민중을 똑같이 보호한다고 여기던 국가주권에 반역하는 시도로 간주되었다. 중세 조합의 파괴 작업은 이렇게 완료되었다.....18세기를 통틀어 노동조합은 계속해서 재결성되었다....

1825년의 단체행동법 파괴는 이 운동에 새로운 추진력을 제공하였다. 노동조합과 전국단위의 동맹이 모든 직종에서 결성되었다. 그리고 로버트 오웬이 전국대연합노동조합을 시작하자 몇 달도 안 되어 50만 명의 회원이 가입하였다[182]

끄로뽀뜨낀에게 있어서 노동조합은 코뮌이자 중세 조합이다. 코뮌과 노동조합에 대한 국가의 태도는 역사적으로 동일하다. 앞의 인용문에서 보았듯이 코뮌과 노동조합의 파괴는 끄로뽀뜨낀이 보기에 시민들 간의 의무가 국가에 대한 의무로 변질되고 국가라는 괴물이 탄생하기 위한 과정에서 일어난 것이다. 앞의 인용문에 나타난 대로 국가가 사회의 모든 기능을 흡수하기 시작했다는 끄로뽀뜨낀의 주장은 국가가 길드 등 코뮌이 원래 가지고 있던 행정권, 사법권, 경찰권을 박탈해 갔다는 것을 의미한다. 그에 따르면 중세 코뮌은 전쟁도 불사할 정도로 군사권도 행사했다. 국가가 토지를 강탈하고 토지 공유제 시스템을 파괴하고 코뮌을 파괴한 것만이 아니라 코뮌의 여러 가지 기능들을 박탈해 자기 것으로 만들어 버렸다는 인식이 중요하다. 코뮌의 여러 형태들은 막강한 권력의 실체인 주권체이기도 했고[183] 독자적인 사법권과 행정권을 갖고

182 앞의 책, 379-380 쪽.

183 앞의 책, 241 쪽. 끄로뽀뜨낀은 여기서 이렇게 말한다. "비록 가장 잔혹한 폭군왕정하에서도

있었다.

그러나 코뮌은 단지 국가의 한 자치단위가 아니었다. 그런 애매모호한 말은 그 당시까지는 아직 만들어지지 않았다. 그것은 그 자체로 하나의 나라였다. 코뮌은 전쟁과 평화를 결정할 권리를 가졌으며 또한 이웃 코뮌과 연합하고 동맹을 맺을 권리도 있었다. 주권을 가지고 독자적으로 일을 처리했으며 거기에는 어떠한 혼란도 없었다...

도시는 하나의 나라였다......그들은 소위 말하는 국가의 정치권력에는 별로 의존하지 않았다. 겉으로는 비정상적으로 보이는 이런 수수께끼는 중세 도시가 중앙집권국가가 아닌 데에 있었다[184]

코뮌을 하나의 나라로 파악하는 끄로뽀뜨낀은 국가를 상정할 필요가 없었는지 모른다. 게다가 도시가 형성되고 나서 몇 세기 동안 중앙집권체라는 것을 몰랐던 상황에서 중앙집권적이지 않은 코뮌을 끄로뽀뜨낀은 아나키즘의 모델로 생각했을 수 있다. 자유, 독자의 행정, 평화의 보장이 중세 도시의 주된 목표인 것처럼 끄로뽀뜨낀의 아나키즘 또한 여기에서 모델을 봤을 수도 있다. 그러나 그가 코뮌의 주권체적인 성격을 어떻게 이해했는지는 불분명하다. 다시 말해 국가가 환수해 간 코뮌의 기능들을 코뮌에게 다시 돌려주는 문제, 그리고 그것을 어떻게 재탈환할 것인지에

마을공동체의 민회와 그네들의 관습법은 광범한 범주의 사건에 주권체(막강한 권력의 실체)로 남겨져 있다."

184 앞의 책, 279-280 쪽.

대해 어떻게 생각했는지 정확하게 알 수 없다. 그것이 코뮌의 국가화를 초래하는 것으로 부정되었는지 알 길이 없다는 말이다. 다만 폴 애브리치가 말하듯이 끄로뽀뜨낀이 분명하게 지지했던 것은 지역적인 자족체계이자 상호부조론이다.[185]

185 폴 애브리치 지음 | 하 승우 옮김, 『아나키스트의 초상』, 갈무리, 2004, 110-116 쪽 참고.

5

소련의 프롤레트쿨트와 문화운동

새로운 프롤레타리아문화의 고안이 아니라 프롤레타리아독재의 시기에 맑스주의적인 세계관과 프롤레타리아투쟁의 조건이라는 관점에서 기존문화의 가장 좋은 모델들의 발전

- 레닌

우리시대는 아직 새로운 문화의 시대가 아니라 그 서문에 불과하다

- 트로츠키

20세기 초 서유럽에서는 몇몇 선진적인 활동가만이 혁명의식을 지니고 있었지만 소련에서는 많은 노동계급이 혁명적인 의식을 함께 지니고 있었다. 1905년 소비에트 안에 있는 공장평의회 대표들은 최소한의 경제적 요구조차 투쟁을 하지 않고는 실현할 수 없다는 사실을 인식하여 그들의 최우선 과제를 정치적인 총파업에 두었다. 노동자 수가 소련보다 3배나 많은 독일에서 연평균 파업 참가자 수가 8만4천 명이었던데

비해 소련에서는 1905년 혁명 이전에도 연평균 4십9만3천 명이 파업에 참가하였다. 당시 소련의 노동계급은 약 3백 만 명 정도였지만 단결면에서 다른 나라를 압도했고 어느 나라에서도 보기 드문 전투성을 과시했다. 이러한 점은 '8시간 노동제와 총을!'이라는 슬로건에 잘 나타나 있다. 소련에서 공업이 발달하면서 국가는 무차별적으로 모든 집단의 노동자를 억압하고 그들이 분파적인 조직화를 하는 것조차 금지시켰다. 1905년 2월 보통선거를 통한 제헌의회 소집 요구에 차르 정부는 총으로 대응했다. 이러한 일은 서유럽에서는 일어나지 않았다. 서유럽에서는 자본주의 발전이 떨어트린 떡고물을 주어먹을 수 있었고 자본주의체제를 위협하지 않는 한 스스로를 조직할 권리가 주어졌다. 그래서 서유럽에서는 개량주의적인 방법을 통해 사회주의로 갈 수 있다는 믿음이 노동자에게 생겼고 개량주의자와 노조가 소비에트(노동자 평의회) 조직의 성장을 저지하고자 하였다. 소련의 경우에는 1905년과 1917년에 노동조합과 작업장 조직보다 소비에트가 먼저 만들어졌고 노동계급은 소비에트에 충성을 바쳤다.[186]

독일에서는 문화 문제에 가장 관심을 가진 것이 당 내의 개량주의자와 수정주의자였다. 미카엘 다비드 - 폭스Michael David - Fox에 따르면 독일의 경우 1860-70년대에 나타난 노동계급의 사회문화적 분위기가 1890년대에 노조에 스며들었고 그 후 당 안에서 점점 더 중요해지기 시작하였다.[187] 독일사민당이 대안문화를 촉진하는 쪽으로 정책을 추진

186 사회실천연구소, 『실천』, 2007/9월 호, 53-59 쪽.

했다면 러시아에서는 사실상 한 줌 밖에 되지 않는 이론가들이 '당 밖에서' 부르주아문화에 대립하는 프레타리아문화를 창조해 내려고 했다. 1905년 2월 혁명이 실패로 끝난 후 1909년 카프리에서 당시 창신론創神論[188]에 빠져 있던 고리키와 루나차르스키, 사학자 포크로프스키, 나중에 〈프롤레트쿨트〉 초대 의장직을 맡은 레베제프 - 폴랸스키가 보그다노프와 합류하여 〈전진〉vpered 그룹[189]을 만들었다. 1905년 혁명이 실패로 끝난 후 보그다노프를 위시한 이상의 '볼셰비키 좌파들'은 소련에서 당 내의 볼셰비키인 레닌, 플레하노프, 트로츠키와 대립하면서 자신들의 이론을 실천해 나간다. 〈프롤레트쿨트〉, 즉 〈프롤레타리아문화〉라는 전국적인 문화조직은 〈전진〉 그룹을 모태로 하여 태어나 1932년 〈라프〉RAPP의 마지막 공격으로 해체될 때까지 소련의 문화운동의 역사에서 큰 자취를 남기게 된다. 〈프롤레트쿨트〉는 소련의 역사에서 혁명, 내전, 신경제, 제 1차 5개년 계획과 겹치면서 1905년 2월 혁명 이후부터 소비에트사회주의공화국 연방의 성립1932 때까지 활동하게 된다. 본고에서는 〈프롤레트쿨트〉가 1909년부터 1932년 사이에 벌인, 사회주의를 위한 문화적 실천의 내용을 미학의 사회화라는 관점에서 재평가해 보고자 한다. 〈프롤레트쿨트〉의 실천적인 내용을 소비에트

---

187 Michael Davod Fox, 「What is Cultural Revolution?」, 《Russian Review》 vol 58/number 2, 1999/4, p. 189.

188 사회주의가 인간종교의 힘을 가져다줄 수 있고 개인은 자신을 넘어 더 높은 선, 모든 인류의 운명을 포괄하는 것을 지양해야 한다고 믿는 것.

189 카프리의 당 학교가 문을 닫을 때 보그다노프, 루나차르스키 등의 강사만이 아니라 학생들이 모여 자기들 모임에 새 이름을 부여한 것이 <전진>이었다. <전진>은 볼셰비키 당에 의해 '문학그룹'으로만 인정되고 있었지만, 정작 그룹 안의 활동가들은 볼셰비키 당 조직 문제, 프롤레타리아 문화 문제 등을 다 다루었다.

문학으로 축소시켜 살핀 적은 소소하게나마 있지만 사회적 - 미학적인 문화운동의 관점에서 살핀 적은 없었다. 부르주아 국가권력에 직접적인 도전을 하는 무장된 정치조직 소비에트, 19세기 러시아 역사에 풍부하게 나타나는 협동조합artel, 토지를 공유하는 미르mir, 생산수단을 집단적으로 소유하는 옵시치나obschina의 전통을 배경으로 나타난 경제조직 코뮨kommuna에 이어 〈프롤레트쿨트〉는 프롤레타리아'만의' 문화를 만들어 나가려고 했던 문화조직이었다.

5.1 〈프롤레트쿨트〉의 전사인 〈전진〉 그룹

앞에서 밝혔듯이 소련 노동계급의 전투성에 대한 유토피아적인 확신은 볼셰비키좌파들로 하여금 문화와 예술에 대한 전투적인 입장을 갖게 만들었다. 레닌은 볼셰비키 좌파들의 입장을 모험주의라고 비판하였지만 볼셰비키 좌파들은 문화와 이데올로기가 훨씬 더 창조적이고 중요한 역할을 할 수 있다고 믿었다. 이데올로기적인 상부구조가 사회의 경제적인 토대를 반영하는 것 이상의 역할을 할 수 있다고 생각했던 것이다. 그래서 이러한 생각을 실천에 옮기기 위해 볼셰비키 좌파들은 1909년 여름 카프리 섬에 있는 고리키의 별장에 노동자 간부들을 위한 망명학교를 연다. 보그다노프, 루나차르스키 등 볼셰비키 좌파들은 사회주의 운동사, 문학과 시각예술, 선동기법, 신문기사 작성법, 선전 같은 커리큘

럼을 갖고 학교 사업을 벌여 나간다. 하지만 이 첫 번째 실험이 성공적인 것은 아니었다. 고리키는 루나차르스키 및 보그다노프와 결별하고 학생 5명이 〈전진〉 그룹을 탈퇴하여 레닌과 합류한다. 레닌은 1909년에 보그다노프를 볼셰비키에서 추방하고 프랑스 파리에 〈롱쥬모〉Longjumeau 당 학교를 만들어 〈전진〉 그룹을 흡수하려고 했다.

〈전진〉 그룹을 주도한 보그다노프는 강령을 만들어 당에 대해서는 당이 협소한 정치적이고 경제적인 이해를 넘어 이데올로기적으로 다가올 혁명을 준비해야 한다고 주장했다. 문화에 대해서는 문화가 인간의 지각을 조직하고 세계 안에서 행위를 빚어내는 기능을 갖고 있는데 사회 계급들이 존재하는 바람에 인간 지각에 대한 통일되고 공통적인 토대를 마련할 수 없으므로 프롤레타리아가 그 일을 맡아 프롤레타리아만의 이데올로기, 프롤레타리아만의 문화, 인간의 경험을 조직하는 프롤레타리아만의 방식을 창조해야 한다는 것이었다. 그렇지 않으면 프롤레타리아는 영원히 부르주아의 가치에 의존해야 할 것이기 때문이다. 보그다노프의 입장은 문화 혁명을 계급이데올로기로 보는 부하린의 입장과 일치하는 것이기도 하지만, 특이한 것은 문화를 프롤레타리아계급의 이데올로기로 사용하기 위해 문화를 통해 인간의 지각과 경험을 조직하여 이데올로기적인 상부구조를 재구축할 수 있다는 믿음이었고 실제로 그것을 문화적인 실천을 통해 보여주었다는 것이다. 그러나 이러한 입장은 1925년 「예술문학 영역에서 당 정책」이라는 글에서 '이데올로기적인 상부구조 전체의 전투적인 재작업과 그 결과로 나타날 프롤레타리아의 문화적 헤게모니'를 주장한 아베르바흐Averbakh, '문화혁명이란 이데올로기 영역에서 계급투쟁의 강화다'라는 스탈린의 유명한 입장과 맥락이 일치하는 것으로서, 보그다노프가 레닌의 볼셰비키당에는 각을 세웠지만 부르주아문화의 대당 개념인 '프롤레타리아문화'라는 개념 자체가 혁명적인 전투성을 상실하고 국가에 의해 흡수될 수 있다는 것을 보여주는 것이다.

〈전진〉 그룹은 1910-1911년 겨울 사회주의 도시 볼로냐Bologna에서 한 번 더 자신들의 실천을 실험해 보지만 1911년 보그다노프가 〈전진〉 그룹을 탈퇴하면서 그 활동은 일단락되었다. 그러나 이것은 볼셰비키 좌파에 대한 레닌의 통제에 대해 보그다노프의 도전이 실패로 끝났다는 것이지 '프롤레타리아문화'라는 개념 자체가 폐기되는 것을 뜻하는 것은 아니었다. 보그다노프는 정치적인 실패 이후 이론적인 작업을 계속 했고 루나차르스키는 1913년 파리에 프롤레타리아문학서클을 만들어 예술과 이데올로기에 대해 꾸준하게 작업하면서 망명 노동자 작가들인 알렉세이 가스체프, 표도르 칼리닌, 미하일 게라시모프를 훈련시켜 〈프롤레트쿨트〉 초기에 영향력 있는 작가들로 키워냈다. 세계 제 1차 대전이 발발하자 레베제프 - 폴랸스키는 스위스 제네바에 〈전진〉 그룹을 다시 만들어 유럽의 사회주의자들이 유럽 국가들의 전쟁을 지지한 이유가 그들의 이데올로기적인 입장이 허약했기 때문이라고 비판하며, 예전의 입장처럼 노동자들의 부르주아에 대한 의존성을 끝장내기 위해서 '프롤레타리아문화'를 발전시켜야 한다고 주장했다. 루나차르스키와 레베제프 - 폴랸스키는 1915년 〈전진〉 그룹 기관지인 《전진》을 다시 냈다. 1917년 혁명이 일어나기 일주일 전 인 10월 중순 경 루나차르스키를 비롯한 지식인과 이전의 많은 〈전진〉 그룹 회원을 포함하여 약 200명의 사람들이 페트로그라드에서 '제 1차 프롤레타리아 문학 - 교육 조직 대회'를 소집했다. 볼셰비키들은 무장봉기 준비 차림으로 참석했다. 멘셰비키들은 《노동신문》, 《새로운 삶》 같은 매체를 통해 이 대회에 주목하였다. 혁명이 임박한 때에 소집된 이 대회에서 조직위원회 서기장이었던 바실리 이그나토프는 '프롤레타리아 문화교육조직'을 줄여 '프롤레타리아문화'라고 부르자고 제안했다. 그러나 이 대회에서 '프롤레타리아문화'라는 개념이 이론적으로 정립된 것은 아니었다.

5.2 〈프롤레트쿨트〉의 조직과 이론

이러한 여세를 몰아 1918년 9월 15-20일 모스크바에서 '제 1차 전소 프롤레타리아 문화 - 교육 조직대회'가 열렸다. 이주일 전에 레닌 암살 기도가 있었고 시베리아, 우크라이나 등이 반 소비에트세력의 수중에 넘어가 있던 절박한 시점에 열린 이 대회를 계기로 해서 정식으로 〈프롤레트쿨트〉가 탄생했다. 보그다노프와 당 학교를 운영한 적이 있던 레베제프 - 폴랸스키가 초대 의장으로 선출된다. 레닌은 명예의장으로 추대되어 대회에 참여할 수 없었다. 보그다노프는 중앙위원회 위원과

〈프롤레트쿨트〉의 기관지인 《프롤레타리아문화》 편집자들 중 한 명으로 선발되었다. 이 대회에는 330명의 대표들이 참석했는데 그 중 170명은 볼셰비키들이었고 〈프롤레트쿨트〉 회원은 아니지만 공감을 가진 대표가 54명, 아무 분파에도 속하지 않는 대표가 65명, 사회혁명당, 멘셰비키, 무정부주의자 대표 41명이 대회에 참가했다. 종류별로 보면 공장위원회, 노조, 소비에트, 작가 모임 등에서 온 대표들이 대회에 참가했다. 〈프롤레트쿨트〉에 막대한 보조금[190]을 지급한 인민계몽위원회Narkompros 소속 자격으로 크룹스카야, 그리고 과거에 카프리 당 학교에서 일한 루나차르스키, 포크로프스키도 참가했다.

1918년 소련 전체적으로 〈프롤레트쿨트〉 조직은 147 개가 있었고 1920년 말에 그 숫자는 1381 개로 늘어났다. 그 중 826 개는 공장 안에 있었고 35개는 주에, 247개는 지역에 존재하고 있었다. 회원 숫자는 1920년 말 4십만 내지 5십만 명이었고 그 중 스튜디오에서 적극적으로 운동하는 활동가들이 있었다. 그 외에 1919년에 〈프롤레트쿨트〉가 발의하여 모스크바에 〈프롤레타리아대학교〉가 세워져 450명의 학생들이 카프리와 볼로냐에 있던 당 학교 프로그램에 따라 공부했다.[191]

〈프롤레트쿨트〉는 강령에서 "프롤레타리아가 새로운 지식으로 무장하고 새로운 예술의 도움을 받아 자기의 감정을 조직하며 자기의 삶의

190 당시 인민계몽위원회가 대학에 지급한 보조금은 16,605,700 루블이었고 <프롤레트쿨트>에 지급한 보조금은 9,285,700 루블이었다.

191 Zenovia A. Sochor, 『Revolution and Culture The Bogdanov -Lenin Controversy』, Cornell UP, 1988, p. 127-129.

관계들을 새롭고 진실로 프롤레타리아적인 즉 집단적인 정신으로 전환시킬 수 있도록, 프롤레타리아문화는 혁명적인 사회주의의 성격에 상응해야 할 것"[192]이라고 밝히고 이 강령을 실천하기 위해 다음과 같은 조직을 만들었다.

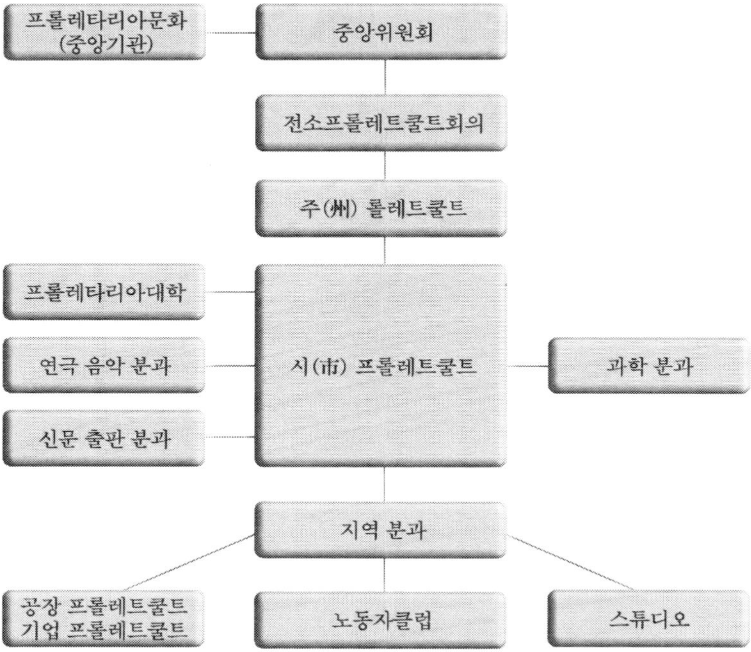

〈프롤레트쿨트〉는 일반적으로 '스튜디오들의 네트워크'라고 불리운

192 Gorsen & Knodler-Bunte, 『Proletkult 1』, Friedrich Frommann, 1974, p. 61.

다. 〈프롤레트쿨트〉는 문학, 드라마, 음악, 조형예술, 과학 분과를 담당하는 스튜디오들을 중심으로 하여 보그다노프의 말대로 사회적 경험을 조직하려고 했다. 〈프롤레트쿨트〉 중에서 공장 안의 프롤레트쿨트와 노동자클럽이 프롤레타리아 의식을 발전시키는데 가장 큰 영향력을 나타냈고 스튜디오 활동 중에서는 문학과 연극 분과가 가장 큰 성공을 거두었다. 20세기 초 노동자클럽은 페트로그라드에만 해도 150개가 있었고 회원은 10만 명이나 되었다. 지방의 소비에트나 노조와 달리 공장위원회에는 〈전진〉에서 온 문화활동가가 참여하여 프롤레타리아 문화 네트워크를 조직하는 등 소기의 성과를 거두었다. 1917년 7월 전국노조대회에서 멘셰비키인 마이스키는 노조에 문화교육 책임을 요구하고 "노동자운동은 문화운동이다"라고 주장했지만 호소에 그치고 말았다.[193] 제노비아 A. 소커는 〈프롤레트쿨트〉의 부의장인 칼리닌의 말을 인용하며 노동자클럽에 대해 다음과 같이 말한다. "클럽은 미적인 욕구를 만족시켜야 했다. 예술은 인간의 심리를 형성하는데 영향을 미치고 인간을 편견으로부터 해방시키며 노동자들이 사회주의적인 이상을 위해 사회투쟁을 더 해나가도록 준비시킬 수 있는 가장 성공적인 수단일 수 있었다. 클럽은 사실상 새로운 삶의 양식을 발전시키기 위한 '살아있는 실험실'로 불렸다".[194]

프롤레타리아만의 문화를 창조해 내려는 〈프롤레트쿨트〉의 이론은

193 Mally Lynn, 『Culture of the Future : The Proletkult Movement in Revolutionary Russia』, California UP, 1990, p. 24.

194 『Revolution and Culture The Bogdanov -Lenin Controversy』, p. 131.

보그다노프의 『조직학Tektology』1913에서 비롯한다.[195] 〈프롤레트쿨트〉는 감정의 조직, 사회적 경험의 조직, 심리의 형성이라는 말을 자주 구사하고 나아가서는 프롤레타리아적인 심리와 프롤레타리아적인 감정의 조직 같은 말을 사용하기도 한다. 보그다노프는 토대가 변해도 이전 시대에서 넘어온 이데올로기적인 잔존물들이 남아 있어서 이러한 문화적인 지체가 사회를 개조하기 위한 혁명적인 목적을 좌초시킬 수 있다고 생각했다. 따라서 이러한 문화적이고 이데올로기적인 찌꺼기를 없애 상부구조 및 사회를 완벽하게 전환시키지 않으면 프롤레타리아적이고 사회주의적인 사회가 형성 · 조직될 수 없다고 생각했다. 1905년 소련에는 혁명 실패 후 지식인들이 사회문화운동의 일환으로 〈민중의 집〉, 〈민중대학〉, 〈노동자회〉 등을 만들고 있었다. 19세기 러시아에서 일어난 〈일요일학교〉 운동을 이어받은 지식인들의 활동은 〈프롤레트쿨트〉의 노동자지식인들이 보기에 아무런 의미가 없는 것은 아니지만 부르주아적인 문화활동으로 여겨졌다. 〈과학과 삶〉 같은 페트로그라드의 교육회는 볼셰비키가 장악한 단체로서 1914년 파업활동의 중심지이기도 했지만 〈프롤레트쿨트〉가 주장하는 프롤레타리아'만의'조직, 그리고 프롤레타리아적인 문화, 심리, 감정의 구성과는 무관한 것이었다. 〈프롤레트쿨트〉는 이렇게 볼셰비키 좌파적이고 극단적인 사고를 하면서 문화예술 활동을 통해 프롤레타리아'만의' 심리를 조직하는 것이 가능하다고 생각했다. 보그다노프는 문화예술 활동을 '창조적인 활동'으로 일반화시

---

195 그리스어로 tektology는 구성, 구축consrtruct의 의미다.

키면서 프롤레타리아적인 창조의 길을 11개의 테제로 정리하였다. 보그다노프가 11개의 테제 중 "창조적인 활동은, 완성된 견본의 재생산이 아니라 뭔가 '새로운 것'이 산물로 나타나는 하나의 노동에 다름 아니다"[196]라고 말했을 때 이것은 '프롤레타리아적'이라는 것은 재료의 조합과 선별에 의해 '새롭게' 나타나는 것이고 이것은 육체적인 노동과 정신적인 노동의 요소들을 결합함으로써 가능하다는 뜻이었다. 요소(활동)들로 이루어진 시스템을 주장하는 보그다노프의 '조직학'을 원용하면 그 자체가 창조활동인 프롤레타리아적인 노동과 이데올로기의 중요한 요소인 문화활동을 통해 프롤레타리아문화라는 문화시스템을 구성 · 조직할 수 있다는 것이다. 〈프롤레트쿨트〉는 금속노동자, 섬유노동자, 건설노동자들을 배우, 뮤지션 등 예술 전문가들로 변형시키고자 했다. 프롤레타리아적인 노동이나 문화활동이나 같은 것이기 때문이었다. 이와 마찬가지로 〈프롤레트쿨트〉는 스튜디오 회원들 사이에 구별을 두지 않고 극작가가 비평가, 배우, 감독이 되는 창조과정을 중요하게 생각했다. 이것은 지식의 분과화를 우려한 보그다노프의 생각과 일치하는 것이었지만 노동자를 문화예술 전문가로 전환시켜 '프롤레타리아 - 예술가'를 만들어내는 과정에서 노동계급의 세계관이 상실되는 것 아니냐는 염려가 생겨나, 같은 〈프롤레트쿨트〉 진영 안에서 케르젠체프 Kerzhentsev와 루나차르스키는 서로 정반대의 의견을 내기도 하였다.[197]

---

196 『Proletkult 2』, p. 47.

197 후자는 프롤레타리아독재 시기에는 생활 전체가 프롤레타리아 이데올로기로 물들어 있으므로 공장을 떠난다고 해서 노동자 이데올로기와 심리와 갑작스러운 단절이 일어나는 것은 아

조직적인 측면에서 〈프롤레트쿨트〉는 볼셰비키 당과 의견충돌을 빚었고 이러한 갈등은 특히 보그다노프와 레닌의 갈등에서 첨예하게 나타났다. 조직 면에서 볼세비키 당을 넘보는 〈프롤레트쿨트〉의 회원 숫자도 문제였지만 소련의 내전 기간 동안 〈프롤레트쿨트〉가 보여준 폭넓은 문화 활동도 볼셰비키에게는 큰 정치적인 부담이었다. 인민계몽위원회 안에 〈성인교육분과〉가 설치되면서 〈프롤레트쿨트〉의 활동이 이 분과의 활동과 중복된다는 비판이 나왔고 〈성인교육분과〉의 분과장인 크룹스카야는 〈프롤레트쿨트〉가 국가 재건이라는 중대한 사업에서 노동자들을 이탈시키는 것 아니냐는 우려를 나타냈다. 보그다노프와 함께 카프리에서 당 학교 활동을 했고 인민계몽위원회 위원장 일을 하고 있던 루나차르스키도 〈프롤레트쿨트〉가 과연 프롤레타리아문화를 창조하는데 적합한 기구인가 라는 회의를 표명했다. 임시정부 안에 〈프롤레타리아문화분과〉가 설치되어 있고 〈프롤레트쿨트〉의 중요 이론가인 칼리닌이 장을 맡고 있는 상황을 고려하면 무의미한 의견들이 아니었다. 〈성인교육분과〉에 지급된 보조금 32,500,000 루블보다 약 3 배나 많은 보조금을 받고 있는 임시정부의 예산도 문제였다. 노조는 노조대로 〈프롤레트쿨트〉가 노동자클럽의 활동이 여가보다는 교육에 맞춰져 있는 것을 비판하고 있었다.

이러한 상황에서 〈프롤레트쿨트〉 대회가 소집된 1920년 10월 5일 부하린과 루나차르스키를 불러 〈프롤레트쿨트〉를 인민계몽위원회에

니라고 생각했다.

종속시키는 방안을 논의하였다. 이 자리에서 루나차르스키가 〈프롤레트쿨트〉의 완벽한 자율성을 주장하자 레닌은 10월 8일 「프롤레타리아문화」라는 결의안을 만들어 정치국 논의를 거쳐 〈프롤레트쿨트〉를 인민계몽위원회에 종속시킨다. 레닌은 〈프롤레트쿨트〉가 '프롤레타리아문화'라는 가면을 쓰고 철학적으로는 마하주의, 문학적으로는 미래주의를 노동자들에게 각인시켜 왔다고 보고 트로츠키, 부하린, 〈프롤레트쿨트〉의 의장직을 맡았던 플레트네프Pletnev의 반대를 무릅쓰고 야코블레프Iakovlev를 시켜 1922년 10월에 《프라브다》 지를 통해 「프롤레타리아문화와 프롤레트쿨트에 관하여」라는 글을 발표하게 한다. 〈프롤레트쿨트〉의 〈프롤레타리아대학〉이 이미 1920년에 〈스베르들로프 공산주의자대학〉으로 흡수되었고 1922년 초에는 인민계몽위원회가 〈프롤레트쿨트〉에 대한 보조금 지급을 중단시켰던 터였다. 이리하여 혁명적이고 창조적인 스튜디오 회원들, 자율적이고 독립적인 노동자 지식인, 프롤레타리아 예술가들로 이루어진 풀뿌리 문화운동이었던 〈프롤레트쿨트〉는 1921년에 이르자 회원수 50만에서 5천 명, 3백 개에서 4-50 개의 조직으로 현격하게 축소되고 1924년에는 11개만 남게 되며 〈프롤레트쿨트〉 중 가장 오래된 전통을 자랑하던 트비리의 〈프롤레트쿨트〉가 문을 닫게 된다.

5.3 문화운동으로서의 〈프롤레트쿨트〉와 그 한계

〈프롤레트쿨트〉는 한마디로 말하면 "하층계급을 위한 포괄적인 문화교육 프로그램"[198]으로서 광범위한 노동대중이 19세기 러시아지식인의 엘리트문화를 향유하고 세상에 대한 프롤레타리아만의 독특한 비전을 조직하기 위한 실천 프로그램이었다. 이론이 아니라 실천적인 측면에서 〈프롤레트쿨트〉는 과거의 이데올로기적인 찌꺼기를 청산하자는 보그다노프의 이론적인 주장과 달리 1905년 혁명 실패 후 러시아 지식인들이 운영하던 〈민중의 집〉 등에서 다루던 러시아와 세계의 문화유산을 지역 단위 〈프롤레트쿨트〉에서 수용하였다. 린 맬리Lyn Mally는 이러한 점에서 〈프롤레트쿨트〉를 10월 혁명 전에 있던 러시아문화센터의 활동과 유사한 측면을 갖고 있다고 말한다.[199] 지역조건에 따라 같은 〈프롤레트쿨트〉라고 하더라도 기금, 숙련된 교사, 창작물의 부족 때문에 19세기 러시아와 세계의 문학예술을 참조할 수밖에 없는 현실적인 문제도 있었다. 마야코프스키처럼 개인적으로 창작하는 예술가는 19세기 러시아문학을 배 바깥으로 던져버리자고 주장했지만 현실적으로는 고전문학과 예술을 스튜디오, 노동자클럽, 워크샵 등에서 활용할 수밖에 없었다. 〈프롤레트쿨트〉에는 문학LITO, 연극TEO, 음악MUZO, 조형예술IZO 4 개 분과가 있었고 스튜디오, 클럽, 워크샵이 거기에 결합하여 프로그램을

198 『Culture of the Future : The Proletkult Movement in Revolutionary Russia』, p.152.
199 앞의 책, p. 132.

짠 후 이것을 노동계급들과 공유하는 시스템이 있었고 강의, 세미나, 전시회, 오케스트라 등을 통해서 노동계급들의 미적인 욕구를 만족시키고 창조해 나갔다. 코스트로마에 있는 〈노동자들의 '사회주의자 제 1 클럽'〉은 노동자들에게 아파트, 가구, 음식까지 제공해 주었다. 칼리닌은 노동자클럽을 가리켜 '살아있는 실험실'이라고 말했지만 지역 〈프롤레트쿨트〉 전부가 그 정도의 역할을 한 것은 아니다. 특히 내전 기간 동안에는 종이 등 물자 부족으로 힘겨운 나날을 보내야 했고 예술스튜디오가 선동열차와 선동배를 치장하는 혁명적인 사업에 차출되는 등 애초에 〈프롤레트쿨트〉가 내걸었던 '새로운 삶의 양식의 창조'나 '프롤레타리아적인 감정의 조직' 같은 이론적인 구호가 바로 작업 결과로 나타나지는 않았다. 루나차르스키에게서 배운 게라시모프 같은 작가는 자신의 창작에서 '프롤레타리아적인 이미지'를 창조하는데 성공을 거두었고,[200] 아르세니 아브라모프 같은 실험적인 음악가들은 17음계, 지휘자 없는 오케스트라 등 예술영역에서 혁명적인 실험을 해 나갔다. 이탈리아의 뤼기 루솔로Luigi Russolo가 주장한 '소음의 예술'을 받아 들여 모터, 펌프, 피스톤, 레일에 의해 나는 소리를 통해 전진하는 혁명의 리듬을 창조하는 실험을 하기도 했다.

10월 혁명이 임박한 시기에 열린 '제 1차 프롤레타리아 문학 - 교육 조직대회'에서 '프롤레타리아문화'가 무엇인지 정확히 개념 규정되지

200 게라시모프는 자기 시 「녹색 꽃」에서 부드러운 자연에 몰입하는 부르주아의 예술과 다른, 프롤레타리아적인 이미지로서 '강철꽃'을 창조하고 이것을 미에 대한 노동계급의 독특한 이미지로 승화시키는데 성공했다.

않았지만 〈프롤레트쿨트〉는 전국적인 규모의 문화조직으로서 새로운 삶의 양식을 창조하는데 있어서 적극적인 역할을 했다. 문화를 예술, 이데올로기, 일상의 조합으로 파악하던 〈프롤레트쿨트〉가 내전기, 레닌의 신경제정책 시기에 벌였던 부르주아 이데올로기에 저항하는 선동작업은 부하린이 강조하던 '계급이데올로기로서의 문화혁명'의 역할을 충분하게 소화해낸 것이었다. 〈프롤레트쿨트〉만이 아니라 미래주의, 상징주의, 구성주의 등 문화의 백가쟁명 시기였던 소비에트 초창기에 그 나름대로 주목할 만한 문화적인 창조성을 발휘하기도 했다. 문학, 연극, 음악, 조형 예술 분과마다 탄탄한 프로그램을 가지고 지역마다 편차는 있지만 경제적으로 어려운 시기에도 노동자클럽, 스튜디오, 워크샵을 성공적으로 운영했다. 가령 1922년 칼리닌이 연 〈모스크바 프롤레트쿨트〉 중앙클럽은 12월 1일부터 1923년 5월 15일까지 이론적인 문제들, 예술문제들에 대한 보고대회를 열었다. 이 대회에 참가한 이론가와 강의 내용은 다음과 같다.[201]

201 『Proletkult 2』, p. 88-92.

이론	예술
부하린, 「문화의 문제설정」	렐레비치, 「타라소프-로디오노프의 단편 〈초콜렛〉과 리베진스키의 〈일주일〉」에 대해
부브노프, 「부르주아의 이데올로기 전선에 대한 공격」	코간, 「세라피온형제」
루나차르스키, 「자본주의시대 문화의 근본특징」	스타치코, 「가로수길소설」
프레오브라젠스키, 「사회주의사회의 문화의 물질적인 기초」	플레트네프, 「프롤레타리아 시작법의 길」
프리체, 「사회의 상이한 계급들을 이해하는 있어서 삶의 의미 문제」	문학의 미래주의에 대해
라이스너, 「사적유물론에서 심리문제」	아르바토프, 「극장은 노동계급을 왜 필요로 하는가」
스투코프, 「청년 교육에 대하여」	아르바토프, 「예술과 생산」
팔크너-쉬미트, 「노동하는 인류의 에너지원천」	프롤레타리아의 신체문화에 대하여

1920년대 소련의 문화예술계에서는 'byt'(브이뜨, 생활양식) 문제가 화두로 등장했다. 〈프롤레트쿨트〉 소속은 아니지만 추작은 '삶의 창조'를 자신의 창작의 원천으로 삼아 인간의 심리가 철저하게 배제된 실험소설을 쓰기도 했다. 벤야민에게 영향을 미친 트레지야코프는 공장에서 연극을 하는 실험을 했다. 부르주아 예술처럼 예술과 삶이 분리되어 있고 서로 나누어져 있는 예술의 형식들이 융합되는 실험이 각각의 예술 영역에서 시도되었다. 농촌경제학을 전공했으면서도 연극 비평가 활동을 한 케르젠체프는 '리얼라이프 쇼'를 통해 일상의 모든 것을

무대에 올려 삶을 극장화하고자 하였다. 형식면에서는 아방가르드적인 창작 안에 프롤레타리아적인 내용 - 혁명, 내전 - 을 삽입시키는 시도였다. 〈프롤레트쿨트〉는 내전 기에 선전 선동 작업에서 볼셰비키를 도와 이러한 일을 하기도 했지만 새로운 문화, 즉 프롤레타리아문화를 급속하게 전파해야 한다는 사명감으로 인간 영혼의 모든 영역들 - 과학, 예술, 일상생활 - 을 변혁시키고 도덕, 동지관계, 사회주의적인 사고와 감정, 브이뜨, 새로운 감정과 분위기를 갖춘 새로운 개인을 조직하고 만들어내고자 하였다.

〈프롤레트쿨트〉의 이러한 노력은 1920년 적군이 전선에서 승리를 거두고 나서 당과 더불어 정치계몽 작업, 문화적인 계몽 작업을 벌이면서 볼셰비키 당과 충돌하게 되고 정부 조직 급의 인민계몽위원회에 대한 경제적인 의존 등 때문에 몰락의 걸어갔지만 볼셰비키, 노동자, 농민, 아방가르드적인 혁명적인 예술가들과 함께 문학예술의 혁명을 넘어, 그리고 부분적으로 문학예술의 힘을 빌려 일상의 혁명적인 변혁을 꾀하는데 있어서 어느 정도 역할을 했다고 말할 수 있다. 물론 일상을 혁명적으로 변혁시키려고 한 결과가 무엇이었는지 불확실하고 〈프롤레트쿨트〉 몰락 이후에 그 결과가 구체적으로 도출되지 않았으며, 혁명에 대한 전투적인 유토피아 경향이 강하고 문학예술 중심적이었을 뿐 '새로운 사회주의 사회와 문화'에 대한 이행 프로그램이 없었다고 비판할 수 있다. 〈프롤레트쿨트〉가 노동 계급을 중심으로 노동자클럽, 스튜디오 등 소련 사회의 문화적인 기반을 마련한 것은 어느 정도 사실이지만 레닌이 이끄는 볼셰비키 당, 특히 인민계몽위원회의 국가 주도적인 문화 인프라 구축 사업을 따라잡기에는 역부족이었다.[202] 인민계몽의원회의 〈정치교육분과〉 또한 〈프롤레트쿨트〉 못지않게 소련 인구의 80%나 되는 농민들의 문맹 문제를 해결함으로써 '프롤레타리아 이데올로기'의 이데올로기적인 주입보다 더 실질적으로 농민들을 소비에트 체제 안으로 편입시키는데 성공했다.

이러한 평가를 무릅쓰고라도, 문화운동의 측면에서 볼 때 주목할만한 것은 〈모스크바 프롤레트쿨트〉가 지원해 나타난 '생산예술' production art이라는 〈프롤레트쿨트〉의 이론과 실천이었다. 삶과 예술의 경계를 없애고 예술창조를 산업과 융합시키려는 생산예술가의 시도는 프롤레타리아적인 창작물이 공장 안의 노동 과정에서 나오고 창작 과정이 곧 노동 과정이라는 보그다노프의 주장과 일치할만한 것이었다. 실제로 〈프롤레트쿨트〉는 생산예술을 공식적인 미학적 강령으로 받아들였다. 생산예술의 성과는 무엇보다도 문학 및 예술의 형식에 일대 혁신을 가져다주었다는 사실이다. 회화, 조각, 포스터예술, 책 디자인, 가구 스타일, 옷, 극장, 음악, 춤, 건축, 시 등 문학과 예술의 전 영역이 기계, 기하학, 기능주의의 이미지에 따라 혁신되었다. 첫 번째 성과와 연관된 것이기는 두 번째로 아르바토프Arvatov를 위시한 생산예술가들의

---

202 노동자클럽, 지역 독서실, 도서관 등 문화교육 조직의 숫자는 1917년 16,000 개에서 1920년 95,000 개로 늘어났고 신문, 라디오, 박물관, 도서관, 극장 또한 증가했다. 지역 독서실만 해도 1923년에는 11,357 개이던 것이 1925년에는 24,924 개로 늘어났고 제 13차 당대회에서 채택한 '시골에 눈을 돌려라'라는 캠페인에 따라 콤소몰(공산주의자 청년동맹) 회원 수는 1925년 말 9십 만 명으로 2년 전보다 3배 이상 증가했다.

실천을 통해 예술이 비로소 '공공영역'에 주목할 수 있었다는 것이다. 이젠 예술을 부르주아적이고 개인주의적인 예술 창조 방식으로 파악하여 캔버스를 거리로 옮겨 놓거나 1918년 페트로그라드에서 처음으로 '공장사이렌 콘서트'를 여는 활동을 통해서 〈프롤레트쿨트〉는 예술을 공공영역으로 되돌려 놓고자 했다. 물론 이것으로 예술의 공공성이 분명하게 드러난 것은 아니지만 사회 안에서 예술의 기능을 처음으로 고민했다는 점에서 생산예술의 역할을 그냥 지나칠 수는 없다. 일상생활을 기계, 시간, 노동의 이미지로 채우고 혁명적인 포스터와 플랫카드로 뒤덮은 것을 두고 미학적인 것의 사회화라고 할 수는 없겠지만 〈프롤레트쿨트〉의 국가 주도의 혹은 국가주의적인 미학이 당시 소비에트체제의 긴급 과제였던 산업화와 근대화의 필요성 때문에 생긴 것이라는 한계를 감안한다면 미적인 것을 새롭게 창조하고 그렇게 해서 창조된 미학적 형식과 내용을 사회 전체에 파급시킨 것을 오늘의 관점에서 비판하는 것도 무리일 것이다. 페트로그라드라는 도시 전체를 공연 장소로 삼아 벌인 '공장사이렌콘서트'나 '소음심포니'가 청각에 불협화음의 느낌을 주었다고 해서 그것을 반미학적인 실천으로 폄하할 수는 없을 것이기 때문이다. 〈프롤레트쿨트〉의 문화예술적인 실천은 자본으로부터의 독립을 통한 예술 공공성의 확립과는 애초부터 무관했다. 레닌이 도입한 신경제정책으로 인해 자본이 소비에트 예술의 창작 과정에 눈에 띄게 개입할 정도로 발전했다는 흔적은 찾을 수 없기 때문이다. 레닌이 노동자로부터 3배 이상의 노동을 쥐어짜내는 부정적인 측면을 인정하면서도 노동생산성 면에서 막대한 결과를 가져올 테일러리즘을 도입하고자 했지만 신경제기간 동안에도 농민들만 도시로 직업을 찾아 몰려들었을 뿐 숙련된 노동력 자체는 1917년 이전 상태에 머물렀다.[203]

또 한 가지 문화운동 측면에서 주목할 만한 것은 〈프롤레트쿨트〉가 문학예술을 넘어 도시 건설 문제에 관심을 기울였다는 사실이다. 〈프롤레트쿨트〉의 이론가인 레베제프 - 폴랸스키는 새로운 예술이 프롤레타리아 창조력의 원천으로서 도시와 작업장에 초점을 맞출 것을 주장하였다. 〈프롤레트쿨트〉의 긴즈부르그Ginzburg는 한 걸음 더 나아가 '녹색도시' 건설을 주장하고 연립주택을 이상적인 건축물로 제시하였다. 앞부분과 뒷부분의 보루가 측면과 접하고 녹색지대가 주택을 둘러싸고 있으며 집 양 쪽으로 이웃이 줄지어있는 형태의 연립주택, 그래서 반半사적이고 반半공동체적인 생활이 가능한 연립주택, 버스정거장은 독서정거장 역할을 하고 주차장, 250명을 수용할 수 있는 카페테리아, 근처에 스포츠, 문화, 교육, 공동이용시설(유치원, 세탁소 등)이 있는 녹색도시 안의 연립주택이 긴즈부르그가 1929년에 제시한 도시프로젝트였다.[204]

---

203 1917년에는 노동자 수가 3백만 명이었고 1920-1921 년에는 백5십만 명으로 줄었고 1924-1925 년에 2백2십만 명으로 약간 늘었다가 1928년에 이르자 1917년 수준으로 되돌아갔다.

204 Richard Stites, 『Revolutionary Dreams ; Utopian Vision and Experimental Life in the Russian Fevolution』, Oxford Up, 1989, p. 195.

〈프롤레트쿨트〉 초창기의 〈전진〉 그룹에서 활동한 가스체프Gastev는 시인, 엔지니어로 활동하다가 레닌의 권고에 따라 코뮌운동에 뛰어들었다. 1918년에 500-600개 정도였던 코뮌은 1921년 3,000 개 이상으로 늘어났고 1931년에는 그 숫자가 7,600개나 되었다. 볼셰비키 당은 〈토지위원회〉 안에 〈코뮌분과〉를 설치하여 코뮌운동을 벌여나갔고 코뮌을 지역 생산과 생활의 최고 형태로 환호했다.[205] 1921년 벤데로프Venderov는 푸리에의 팔랑스테르 모델을 따라 소비에트 팔랑스테르를 만들었고 1922년 레오니드 베스닌Leonid vesnin은 모스크바에 클럽 등을 포함한 12개의 코뮌 빌딩을 만들었으며 〈현대건축회〉는 '하우스 코뮌'을 만들었다. 1924년에는 페트로그라드 학생들이 '청년코뮌'을 만들었다. 1928년에는 노동자코뮌 중에서 가장 유명한 〈AMO 코뮌〉(〈프롤레타리아지역주거코뮌〉)이 건설되었다. 이러한 분위기 속에서 가스체프는 〈노동중앙연구소〉를 차린 뒤에 〈프롤레트쿨트〉의 프롤레타리아문화운동을 생산문화운동으로 전환시켜 나갔다. 레닌은 노동생산성과 경영의 문제를 해결하기 위해 〈NOT〉(notovtsy, 〈노동의 과학적인 조직〉의 약자) 운동과 〈시간동맹〉 운동을 지지하였는데 전자는 가스체프가 후자는 케르젠체프와 가스체프의 친구였고 연극이론가였던 메이에르홀드가 주축이 되어 1923년에 만들었다. 전제정치 시대의 명령과 복종 체제에 익숙한 나머지 자발적으로 자기 자신을 위해 일하는데 익숙하지 않은 소련의 농민 · 노동자들의 노동생산성을 높이기 위해 레닌은 공장, 사무실,

205 앞의 책, p. 208-209.

적군 안에 소규모 단위로 NOT를 설치 · 지원하였고 노동자들이 제 시간에 일을 하는 공장생활의 습관을 몸에 배도록 하기 위해 〈시간동맹〉을 지지하였다.[206] 그러나 〈NOT〉는 영화나 연극을 집단 관람하게 하여 사적인 시간과 공간을 허용하지 않았고 시간딸론time talon을 거실에 걸어 놓고 스스로 엄격하게 시간을 지키게 했으며 속옷에 이르기까지 모든 개인 재산을 집단화하였다. '공포의 지배'라고 불리울만큼 억압적이었던 성격 탓에 〈NOT〉는 〈시간동맹〉이 1925년에 해체하면서 같이 사라졌다.

〈프롤레트쿨트〉는 문화를 예술, 이데올로기, 일상의 조합으로 파악하였다. 〈프롤레트쿨트〉는 문학예술 중심으로 노동자들의 미적인 감각에 초점을 맞추어 미학의 사회화를 꾀하긴 했지만 또 다른 측면에서 문화를 과도하게 이데올로기적으로 파악했다. 특히 〈프롤레트쿨트〉의 이론적 지주였던 보그다노프는 문화를 이데올로기와 동일한 것으로 파악하였고[207], 〈프롤레트쿨트〉는 보그다노프의 이론을 따라 '프롤레타리아문화'라는 이데올로기를 확산시키는데 중점을 두었다. 아르바토프, 가스체프, 케르젠체프 등이 개인적으로 〈프롤레트쿨트〉의 이데올로기 중심의 문화운동을 사회운동으로 전환시키려는 노력을 했지만, 〈프롤레트쿨트〉 조직 자체는 문화의 이데올로기 환원주의에서 벗어나지 않았다. 물론 문학예술 중심으로 혁명적 낭만주의, 장식주의, 구성주의, 생산주의

206 『Revolution and Culture The Bogdanov -Lenin Controversy』, p. 116.
207 앞의 책, p. 68.

등 '프롤레타리아 미학의 요소들'을 창조했다는 사실을 폄하할 수는 없다.

나가며

보그다노프는 당의 지도적인 이념이라는 생각을 거부하고 〈프롤레트쿨트〉를 기존 정치제도에 대한 대안으로 내세웠다. 잘 조직된 전위정당이 필요하긴 하지만 그것 만으로는 충분하지 않기 때문에 〈프롤레트쿨트〉를 통해 노동계급의 의식 안에 침투한 물신주의, 개인주의 등을 불식시키고 사회주의로 이행하기 위한 새로운 태도, 새로운 문화를 만들어야 한다는 것이 보그다노프의 입장이었다. 〈프롤레트쿨트〉가 주장한 프롤레타리아문화는 그러한 입장에서 나온 문화적 기획의 산물이었다. 그러나 〈프롤레트쿨트〉는 상부구조의 요소인 이데올로기, 혹은 문화에 집착한 나머지 노조, 소비에트 등 국가를 구성하는 전체적인 요소들이 어떻게 배치될 수 있는가 하는 문제를 배제해 버렸다. 그 결과 농민을 배제한 산업 프롤레타리아만 고려하게 되었고 산업 프롤레타리아 중심의 '프롤레타리아문화'만 주장하게 되었다. 레닌은 노동자와 농민의 직접적인 접촉을 증대시키기 위해 아래로부터 '도농연대체'smychka[208]를 구상하고 당, 노조, 개인으로 구성되는 공장노동자들의 '어소시에이션'을 만들며 당을 중심으로 하여 코뮌을 창조해 나갔다.

208 1925년에 백만 명이 넘는 사람들이 이 연대체에 가입했다.

그러나 보그다노프 및 〈프롤레트쿨트〉는 하위 체계(연대체, 코뮌, 소비에트, 노조, 프롤레트쿨트 등)와 상위 체계(당, 당 내 인민계몽위원회, 당 내 코뮌분과, 정치계몽 분과 등)의 소통 구조를 창출하려던 레닌의 볼셰비키 당과 달리 당을 〈프롤레트쿨트〉 조직으로 대체하고, 〈프롤레트쿨트〉 중심으로 모든 것을 사고하는 한계에 갇혀, 아래로부터 구성되어 올라오는 조직, 전체 구조 안의 다른 요소들과 소통하는데 실패하고 말았다. 이러한 한계 때문에 〈프롤레트쿨트〉의 문화운동을 사회운동으로 확장시키려는 개별 이론가들의 개인적인 노력도 큰 빛을 발휘하지는 못했다.

4절. 러시아의 코뮌 운동의 현대적 의미

자본주의적인 시장 위에 '새로운 시장'은 가능한가? 자본이 자본 내부에 그 외부를 만들어내는 것이 얼마나 가능한가? 최근 자본주의 자체를 극복한다기보다는 자본주의 안에 그 외부를 만들어내려는 운동이 국내적 · 국외적으로 일어나고 있다. 사회적 경제 · 사회적 기업, 공정 무역, 대안기업, 사회적 책임경영CSR, 협동조합, 생협 운동 등 이윤 축적 도식 C - M - C를 원리로 하는 자본주의 안에 그 외부를 만들어내려는 운동이 여러 가지 형태로 실험되고 있다. 자본주의 안에 그 외부성을 생성해 내려는 운동이 자본주의의 모순에 대한 정확한 인식에서 출발했는지는 알 수 없다. 그러나 그렇다고 해서 자본이 그 내부에 외부를 만들고 있는 움직임을 무조건 폄하할 수만은 없다. 문제는 그러한 움직임들을 국가와 자본 양자에 대한 대항운동 내지는 대안운동으로서의 코뮌 운동에 연결시키는 문제다. 파리 코뮌에서부터 러시아의 코뮌 운동에 이르기까지 코뮌 운동은 한 축으로는 노동운동, 다른 한 축으로는 어소시에이션 운동을 통해 국가와 자본(주의)에 대한 대안 운동으로 형성되어 왔다. 그러나 코뮌 국가는 기존의 국가라는 괴물을 대체하지 못했고 더 나아가 국가는 사회 안에 존재하던 많은 어소시에이션들을 자체 안에 흡수시키면서 등장했으며 자본주의는 국가를 매개로 경쟁과 독점을 기반으로 하여 그 시장을 국내적 · 국외적으로 넓혀 왔다. 따라서 국가와 자본 양자에 대한 이제까지의 코뮌 운동은 사실상 실패한 것이나 다름없다. 코뮌 운동의 실패 속에서 자본 안에 그 외부를 생성해 내려는 많은 움직임들은 코뮌 운동의 흔적들을 유지하는 공동체

운동의 차원에 머물러 있다.

강 수돌은 맑스가 『독일 이데올로기』에서 말한 '참된 공동체'에 대해 언급한 후 다음과 같이 말한다.

> 여기서 우리는 맑스가 말하는 '참된 공동체'란 결국 코뮌주의를 말함을 알 수 있다.
>
> 즉 맑스의 코뮌주의kommunismus는 그 자체가 어떤 상태Zustand나 이상Ideal이 아니라 '현실 변화를 이루려는 운동'wirkliche Bewegung, welche den jetzigen Zustand aufhebt을 지칭하기도 하면서 동시에 연합된 개인들의 조직체Assoziation der Individuen 또는 사회적 인간을 가리키기도 한다. 앞서도 본 바 원래 개인이라는 말이 더 이상 나누어질 수 없는 존재라는 뜻에서 왔듯 이미 그 말 속에는 포괄적 공동체가 전제되어 있다. 요컨대 공동체의 사회 관계들이 소유 및 분업을 매개로 분할된 결과가 오늘날의 개인 즉 소외된 개인(사회에서 소외되고 또 사회를 스스로 소외시켜 나간 개인들)으로 되었음을 알 수 있다. 따라서 참된 자유나 해방은 소유 관계와 분업 관계를 근본적으로 바꿈으로써 자유로운 개인들의 '연합적 생활 구성체'가 창조될 때 가능하다[209]

강 수돌이 생각하는 코뮌주의는 맑스가 말하는 참된 공동체wirkliche Gemeinschaft나 연합적인 생활 구성체를 가리킨다. 물론 거기에서는 소유 관계와 분업 관계가 근본적으로 변해 있다. 강 수돌이 생각하는 코뮌주의

---

209 강 수돌 ·하이데 공저, 『자본을 넘어, 노동을 넘어』, 이후, 2009, 375-376 쪽.

는 “결국 맑스가 말한 코뮌주의 내지는 새로운 공동체 형성의 토대가 될 수 있다”라고 말하듯이 새로운 공동체의 형성을 뜻한다.[210] 강 수돌은 이진경의 공산주의와 코뮌주의의 차이를 인용한 후 맑스가 모순 극복 이후의 대안 사회나 현실 모순의 극복 과정으로 코뮤니즘kommunismus을 사용한다고 말한다.[211] 이 진경이 말하는 코뮌주의는 자본이 지배하는 세계 안에서 다양한 양상으로 창안되고 창출될 수 있는 현재의 시제를 갖는 이행 운동을 가리킨다. 필자가 강 수돌과 이 진경의 코뮌주의 해석을 거론하는 이유는 맑스의 코뮌주의를 새로운 공동체 이상으로 해석하지 않음으로써 국가와 자본 양자에 대한 대안사회로서의 코뮌주의의 모습을 제대로 혹은 적극적으로 되살려내지 못하고 있다는 판단 때문이다. 앞에서 말한 대로 러시아의 코뮌 운동, 혹은 코뮌주의란 노동 운동과 어소시에이션 운동의 결합 형태를 가리키는데 강 수돌과 이 진경의 코뮌주의는 필자가 생각하는 코뮌주의의 일부 한 축인 어소시에이셔니즘에 가깝다고 할 수 있다. 필자가 생각하는 코뮌주의는 자본에 대항하는 노동 운동과 국가에 대항하는 어소시에이션 운동의 결합 형태를 가리킨다. 강 수돌과 이 진경의 코뮌주의에는 국가에 대한 언급이 빠져 있다. 브로델이 말하듯이 “독점으로서의 자본주의가 국가를 매개로 해서만 형성”[212]된다면 코뮌주의에서 국가에 대해 언급하지 않는 것은 코뮌주의를 자본에 대한 노동 운동과 연결시키지 않음으로써 국가로부

210 앞의 책, 376 쪽.
211 앞의 책과 같은 곳.
212 백 승욱 지음, 『자본주의 역사강의』, 그린비, 2006, 80 쪽.

터 뭔가 자율적이고 독립적인 것으로 보이게 만드는 착각을 일으킨다. 그러나 본문에서 살폈듯이 국가는 늘 코뮌을 억압하고 해체시켜 왔고 따라서 코뮌주의는 자본만이 아니라 국가도 대항의 대상으로 설정해야 한다. 코뮌 운동이 이 시대의 진정한 대안이 되려면 국가와 자본을 동시에 살펴볼 줄 알아야 한다. 다시 한 번 브로델이 말하듯이 자본주의는 국가 없이 불가능하기 때문이다.[213]

강 수돌은 「맑스의 공동체론과 현대 공동체 운동」에서 공동체 운동을 다섯 가지로 압축시켜 이야기한다.[214] 그러나 강 수돌은 오늘날 국가가 국내적 · 국외적으로 주도하는 어소시에이션의 흐름에 대해서, 그리고 국가와 기업이 공동으로 주도하는 여러 가지 흐름들에 대해서 이야기하지 않는다. 강 수돌이 말하는 공동체는 결국엔 국가와 자본 안에 존재하고 다만 기존의 자본주의와는 다른 소유 관계와 분업 관계를 지향하는 것이다. 그러나 그와 동시에 동일한 국가와 자본 안에 국가와 기업이 주도하는 별도의 흐름들이 존재한다. 따라서 동일한 자본주의와 자본주의적인 국가 안에 존재하는 이러한 동시화 현상, 즉 마이크로크레디트, 사회적 기업, 사회적 책임 경영처럼 위에서 아래로 흘러가는 하방의 흐름과 협동조합 운동처럼 아래에서 위로 흘러가려고 하는 상방의 흐름이 자본과 국가 안에 동시적으로 존재하는 현상에 대해 더 깊은 고민을 하지 않는다. 하방 운동과 상반 운동 사이에 불일치, 차이 혹은 비동시성

---

213 앞의 책, 82 쪽.
214 『자본을 넘어, 노동을 넘어』, 364-365 쪽.

이 가능하다면 오늘날 공동체 운동의 미래가 그렇게 녹록하다고만은 볼 수 없기 때문이다. 최근 한겨레가 〈한겨레경제연구소〉를 중심으로 사회적 기업에 대해 유달리 많은 관심을 보이고 이에 비해 경향신문이 협동조합, 무지개개발 등 상방의 흐름에 대해 많은 관심을 보이는 것 간의 차이도 주목해볼만하다.[215] 전자가 국가와 자본 중심의 하방 운동에 관심을 갖는 것이라면 후자는 풀뿌리운동 내지는 공동체 운동 중심의 상방 운동에 관심을 갖는 것이기 때문이다. 오늘날 자본주의는 지배적이고 다수자적인 이윤 축적운동이고 자본 안에 외부를 생성하려고 하는 공동체 운동은 소수자적인 운동이다. 공정 무역이 자본주의 전체의 무역 중에서 차지하는 비중이 0.01%라는 사실만 봐도 그렇다. 일본의 사회적 경제 규모가 15%이고 한국의 사회적 경제 규모가 1%라는 사실만 봐도 그렇다. 윤리적 소비라는 것도 자본주의적인 소비문화를 생각하면 소수자적인 위치에 머물러 있다. 그런데 문제는 국가가 개입하는 사회적 기업의 규모마저도 공동체의 규모보다 크다는 사실이다. 최근 한국에서는 삼성재벌, 시중은행들 중심으로 약 2조원 규모의 미소금융재단이 출범했다. 이것이 방글라데시의 그라민 은행처럼[216] 사회적 기업으로 성장할 수 있는지의 여부는 더 지켜봐야 하겠지만 국가와 자본이 주도하는 이러한 하방 운동에 비해 신용협동조합 같은 상방 운동의 흐름은 존재하지 않는다.[217] 물론 같은 하방 운동의 흐름이라고 해도 가령

215 물론 그렇다고 해서 한겨레가 풀뿌리운동에 대해 경향이 사회적 기업에 대해 관심을 갖지 않는다는 말은 아니다.

216 그라민은 방글라데시언어로 마을이라는 뜻이다.

박 원순 씨의 아름다운 재단은 국가와 자본 주도의 흐름은 아니다. 그러나 아름다운 재단이 하나은행과 함께 추진하는 희망재단의 경우에는 금융자본의 힘을 빌린 경우다. 앨빈 토플러는 자기 책에서 시간의 생태학에 대해 말한 적이 있다. 호수 속의 무수한 생명들 중에서 빠르게 번식하는 종이 있고 느리게 번식하는 종이 있어서 무수한 생명들이 생태학적인 발레를 추는 현상을 두고 앨빈 토플러가 한 말이다.[218] 호수라는 자본주의 안에서 국가와 자본이 주도하는 사회적 기업, 마이크로크레디트 사업 등의 번식 속도와 국가와 무관하게 혹은 국가와 자본 안에서 자본의 외부를 만들려고 하는 풀뿌리 공동체 운동의 번식 속도 사이에는 시간의 차이가 존재한다. 따라서 토플러의 말을 원용해 말해본다면 자본주의 안에서 시간의 생태학은 파괴되어 있다고 말할 수 있다. 공동체 운동에 대해 이야기하더라도 이렇게 파괴되어 있는 시간의 생태학의 복원 문제를 고려하지 않으면, 공동체로서의 혹은 이행 운동으로서의 코뮌주의의 문제가 해결되지 않고 동시에 대안 사회로서의 코뮌주의 문제가 해결되지 않는다.

---

217 우리의 경우 농협 신협은 일반 금융 기관처럼 자본 축적 내지는 폐쇄적인 금융 기관으로 전락해 있다.

218 앨빈 토플러 · 하이디 토플러 지음 · 김 중웅 옮김, 『부의 미래』, 청림출판, 2006, 81-82 쪽.

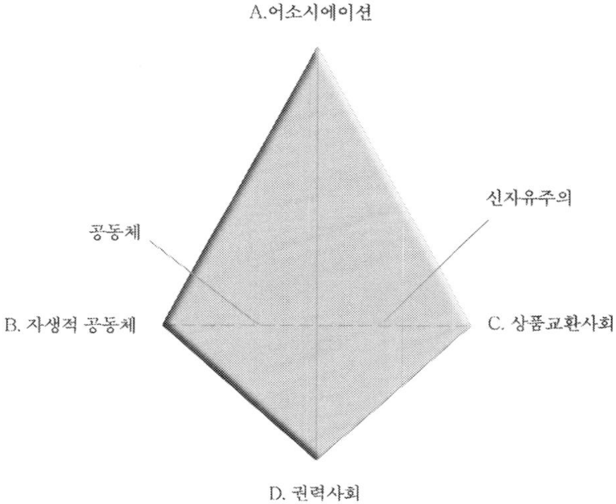

지금까지 말한 것을 결론짓기 위해 그림을 빌려 말해보자. 필자가 앞에서 코뮌주의를 노동운동과 어소시에이션 운동의 결합 형태라고 말했던 것을 상기해보면 그 코뮌주의가 그림에서 A 즉 어소시에이션으로 나타나 있는 것을 알 수 있다. 이 점을 혼동하면 안 된다. 그림에서 A는 자본의 모순을 극복한 이후의 대안사회로서의 어소시에이션 사회를 가리키고 노동운동과 어소시에이션운동의 결합 형태가 코뮌주의라고 말할 때의 어소시에이션은 협동조합 등 모든 형태의 연합조직체 혹은 정치적 결사체로서의 어소시에이션을 가리킨다. 강 수돌이 말하는 공동체 운동은 연합조직체를 가리키는 것이지 정치적 결사체로서의 어소시에이션을 가리키는 것이 아니다. 그림을 보면 파리 코뮌부터 러시아 코뮌 운동에 이르기까지 코뮌 운동은 B - C - D가 A로 흡수되는 운동이자

A - B - D면과 A - C D면 사이의 A - D 선을 고민하는 운동이다. 그러나 국가에 대한 논의를 배제한 공동체 운동, 혹은 코뮌주의는 B보다는 C에 더 가까운 신자유주의에 대해 C보다는 B에 더 가까운 현실을 만들어내려는 운동을 가리킬 뿐이다. 강 수돌의 현대 공동체 이론이나 수유+공간의 코뮌주의에는 A - D 사이에 존재하는 긴장 관계가 고려되어 있지 않다. 강 수돌이 말하는 마을공동체는 그림에서 B를 가리키는데, 이것은 러시아에도 무수히 존재하던 것으로서 이것이 A로 전화되는 과정에 대한 고민, A - D 사이를 분할하는 코뮌과 국가 사이의 비율 문제, A - C 사이를 분할하는 자본(주의)와 대안사회로서의 어소시에이션 사회 사이의 비율 문제에 대한 고민이 존재하지 않는다. 최근 「노동운동의 생태주의적 대전환」이라는 글에서[219] 노동운동과 생태운동의 연대를 더 적극적으로 제안하고 있는 강 수돌의 논의는 일면 타당한 것이지만 그 연대가 무엇을 위한 것인지 분명하게 제시되지 않고 있다. 강 수돌은 노동운동이 새로운 공동체 운동의 선두주자로 나서지 못하는 이유가 노동운동이 자본의 합리성 안에 갇혀 있기 때문이라고 말한다.[220] 물론 노동은 자본 없이 존재할 수 없는 것이지만 거꾸로 말하면 자본 또한 노동 없이 존재할 수 없는 것이기 때문에 자본의 합리성이라는 것이 질곡인 줄 알면서도 노동운동은 임단협을 하는 것이다. 따라서 노동운동이 새로운 공동체운동의 선두주자로 나서지 못하는 이유는 노조운동으

219 이 글은 <문화과학>, 제 60호에 실려 있다.
220 『자본을 넘어, 노동을 넘어』, 376-377 쪽.

로서의 노동운동을 포기하는 것이 근본적으로 불가능하기 때문이다. 이것은 노동3권 자체를 해체하려고 하는 오늘날의 현실에서는 사실상 더 불가능하다. 새로운 공동체운동이 노동운동을 담보해주는 것은 아니기 때문이다. 물론 그렇다고 해서 공동체 운동의 확산이 불필요하다는 것은 아니다. 공동체 운동은 어소시에이션 운동의 기초이기 때문에 현대에 이르러 그것은 전국적으로 그리고 지구적으로 더욱 더 확장될 필요가 있다. 현대의 공동체 운동은 ABD면이 ACD면을 대체할 때까지, 그리고 국가와 자본이 주도하는 하방 운동의 규모를 압도할 정도로 맑스가 러시아 공동체 운동을 보고 말한 바의 소우주를 형성할 필요가 있다. 그리고 노동운동과 연결될 필요가 있다.

이러한 관점에서 강 수돌이 분류한 공동체 형태를 도표를 통해 살펴보자. 그리고 나서 최근의 또 다른 공동체 운동의 흐름을 살펴보기로 한다. 이러한 작업은 정보 제공 차원에서도 계속 업데이트할 필요가 있고 코뮌 운동의 형성을 위해서도 공유할 필요가 있는 자료들을 제공해 줄 수 있을 것이다. 더 나아가서는 실제로 활동하고 있는 국내의 갖가지 공동체의 현황을 묶는 단행본의 출간도 공동체 간의, 공동체 운동과 노동운동의 소통과 구체적 연대 사업을 위한 중요한 작업이 될 수 있다. 강 수돌이 분류한 공동체 형태를 소개하는 것도 그 러한 작업에 필요한 하나의 작은 사례를 보여주려는 것이다. 강 수돌은 공동체를 그 동기나 강조점에 따라 생산 공동체, 마을 공동체, 교육 공동체, 소비 공동체, 화폐 공동체 등 다섯 가지로 분류한다.[221]

<table>
<tr><td rowspan="4">생산공동체</td><td rowspan="2">노동자협동조합</td><td>한국 : 논골의류생산자 협동조합, 안산의 자활 공동체 〈실과 바늘〉(의류봉제), 고양의 〈협성 생산공동체〉, 〈우리건설〉 노동공동체</td></tr>
<tr><td>외국 : 스페인의 〈몬드라곤〉</td></tr>
<tr><td rowspan="2">유기농업공동체</td><td>한국 : 〈공생농 두레〉, 〈변산공동체〉, 〈한울 공동체〉</td></tr>
<tr><td>외국 : 미국 테네시 주의 〈팜 공동체〉, 호주나 스위스의 퍼머컬쳐</td></tr>
<tr><td rowspan="2">마을공동체</td><td colspan="2">한국 : 산청 안솔기 마을(농), 홍성 문당리(농)[222], 부산의 물만골(도), 〈산안마을〉(농), 문경의 〈작은누리 공동체〉</td></tr>
<tr><td colspan="2">외국 : 독일의 레벤스가르텐(농)과 우파 파브릭(도), 미국 애리조나 주의 아르코산티(도), 덴마크의 크리스챠니아(도) 마크의 〈스반홀름 공동체〉(농), 인도의 〈농민의 길〉, 브라질의 〈토지 없는 농민 운동〉</td></tr>
<tr><td rowspan="2">교육 공동체</td><td colspan="2">한국 : 다양한 공동 육아나 각급 대안 학교 신청 제천 금산 간디학교, 실상사 작은 학교, 분당 이우학교, 함양 녹색대학 등</td></tr>
<tr><td colspan="2">외국 : 영국의 슈마허 칼리지</td></tr>
<tr><td rowspan="2">소비공동체</td><td colspan="2">한국 : 〈한살림〉, 〈아름다운 가게〉, 〈녹색 가게〉, 대전의 〈민들레 의료생협〉</td></tr>
<tr><td colspan="2">외국 : 미국이나 일본의 CSA(공동체 지원 농업)</td></tr>
<tr><td rowspan="2">화폐공동체</td><td colspan="2">한국 : 〈신나는 조합〉, 〈사회연대은행〉, 〈신협〉, 대전의 한밭레츠</td></tr>
<tr><td colspan="2">외국 : 캐나다 레츠(LETS)운동, 미국의 이타카 아워즈, 방글라데시의 〈그라민은행〉</td></tr>
</table>

221 앞의 책, 364-366 쪽.

222 홍성 문당리 마을 공동체는 <경향신문> 2009/12/14일 자 기사에 자세히 소개되어 있다.

앞의 자료가 충분한 것은 아니지만 일단 한국의 공동체 운동에 대해 많은 정보를 제공하고 있다. 이러한 공동체 운동에 전북 남원의 농촌 지역을 근거로 한 영농조합 〈새벽〉,[223] 1992년 부천지역에서 노동운동을 하던 활동가들이 시작한 부천생협을 모태로 하는 〈iCOOP 생협연대〉 등이 첨가될 수 있다. 이 외에 공정무역[224]에 관여하는 아름다운 가게, YMCA, 여성민우회 등의 단체, 마포의 〈성미산 공동체〉 같은 교육 공동체, 단순한 공동체라고 보기 어려운 마포구의 〈민중의 집〉 등 많은 조직들이 있다. 여기에다가, 홍성 문당 마을을 구성하는 홍성풀무 생활협동조합이 예비사회적 기업으로 인정돼 노동부로부터 사회적 일자리 창출과 관련해 인건비를 지원받고 있는 경우처럼 국가로부터 자유롭지 않은 사회적 기업 형태의 공동체도 첨가할 수 있다. 이런 경우는 사회적 기업과 공동체의 혼합형이라고도 부를 수 있다. 이와 달리 국가와 자본이 주도하는 사회적 기업[225]은 자유로운 개인들의 연합적인 생활 구성체로서의 참된 공동체와 무관하고, 연합체이면서 정치적인 결사체인 어소시에이션과는 더욱 더 무관하다. 작년 말 한겨레와 경향이 앞

223 <경향신문>, 2009/10/7일 자 참고.

224 공정무역에 대해서는 <문화과학> 제 56호에 실린 이 동연의 글, 「생태주의 대안운동의 가능성과 한계」 참고. 공정무역의 시발은 1983년에 남미의 멕시코 오아하까 커피생산자들을 중심으로 형성된 UCIRI(이스트모지역의 원주민 공동체 조합)이다. UCIRI는 멕시코 남동부어 위치한 오아하까 주의 남부후아레스산악지역에 위치한 후치탄, 떼우안떼뻭, 야우떼뻭, 사까떼뻭 등의 4개 군에 속한 17개 마을공동체들의 조합이다. 커피를 생산하는 UCIRI는 공정무역 회사인 막스 하빌라르를 만들었으며 칠레 산티아고 빈민가에서 사목활동을 하던 프란스 신브와 멕시코 오아하까 떼우안떼뻭 대교구의 아르투로 로노 레예스 대주교가 만나면서 UCIRI가 만들어졌다. 더 자세한 사항은 국제인류문화학회 국제심포지엄에 발표된 김 세건의 「새르운 시장 그리고 농민공동체운동 : 멕시코 UCIRI를 중심으로」(2007) 참고.

225 이에 대해서는 <한겨레> 2009/11/13일 자 기사 참고. 이 기사에는 1981년 설립한 아소카 재단의 사회적 기업가인 CEO 빌 드레이턴이 소개되어 있다.

다뤄 사회적 기업에 대해 소개하면서 예전보다 조금은 더 익숙해 졌지만 사회적 기업을 어소시에이션 조직으로 생각하는 경우도 있다. 1990년부터 5년 동안 〈존스 홉킨스대학 비영리섹터 비교조사 프로젝트〉를 수행한 레스터 살라몬Lester M. Salamon이 대표적이다. 그는 20세기 후반에 비영리섹터가 세계적으로 급성장한 사태에 주목하면서 이것을 '어소시에이션의 혁명'이라고 불렀다.[226]

> 조직된 자발적 활동이라든가 민간의 비영리적인 혹은 비정부적인 조직의 창설이라는 점에서 오늘날 지구 곳곳에서 거대한 자각이 일어나고 있다. 북미, 유럽, 아시아의 선진국들로부터 아프리카, 라틴아메리카, 구소련 블록의 발전도상국에 이르기까지 사람들은 인적인 서비스를 제공하거나 풀뿌리 경제발전을 추진하기도 하며 환경악화를 방지하고 시민적 권리를 옹호하기도 하며 이제까지 성찰되지 않았던 혹은 국가에 위임 되었던 많은 목적들을 수행하기 위해 어소시에이션이나 재단, 그리고 이와 유사한 단체들을 형성하고 있다[227]

살라몬은 어소시에이션 개념을 비영리조직인 NPO, 비정부조직 NGO를 포함해 매우 폭넓게 생각한다. 그의 논의에 따르면 마치 1990년대부터 한국 사회에서 급성장한 시민단체도 어소시에이션에 포함되어야 할 것처럼 보인다. 그는 1999년에 「기로에 선 비영리섹터 - 합중국의 경우」

226 살라몬의 홈페이지 http://www.jhu.edu/ips/maps/faculty/salamon.html 참고.
227 田畑稔 外,『アソシエション革命へ 理論・構想・實踐』, 社會評論社 , 2003, p. 14.

에서 비영리섹터가 위기에 처하게 된 원인을 다음과 같이 밝혔다. 80년대 정부의 긴축재정에 따른 비영리섹터의 수입에 대한 압박, 전통적으로 비영리행위로 간주되었던 영역에 영리비즈니스 침입, 비영리조직의 효율성과 책임능력에 대한 의문 등이 그것이다. 20세기에 들어와 우리의 비영리영역에서도 이와 유사한 일이 발생했고 국민의 정부 이후 영리비즈니스 마인드가 비영리섹터에도 침입하기 시작하였다.

살라몬의 견해대로라면 풀뿌리 경제발전을 추진하는 조직도 어소시에이션이므로 경제적인 공동체를 어소시에이션으로 볼 수 있다. 그러나 그는 협동조합 같은 생산공동체를 자기가 생각하는 어소시에이션 개념에서 배제시킨다. 사회적 기업 또한 살라몬의 견해대로라면 어소시에이션으로 볼 수 있다. 살라몬이 생각하는 어소시에이션은 경제적인 섹터를 뜻하는 것이기 때문에 폭넓게 사용하면 본서 도표에서 본대로 국가 영역에서 생성되는 NPO, NGO, 기업 영역에서 생성되는 커뮤니티 유니온, 시장 영역에서 생성되는 소비자운동, 레츠, 지역사회와 가족 영역에서 생성되는 공동하우스, 문화스포츠클럽, 자녀교육네트 등을 다 포괄하는 것일 수 있다. 사회적 기업, 마이크로크레디트 사업도 기업과 시장 영역에서 생성되는 어소시에이션 조직으로 이해할 수 있다. 살라몬이 19세기 후반에 국민국가가 대두했듯이 이제 20세기 말에 어소시에이션 혁명이라고 부를 정도로 각종 어소시에이션 조직이 대두하고 있다는 주장은 한 번 곱씹을 필요가 있는 말이다. 어소시에이션 운동에서는 국가의 문제가 중요하기 때문이다. 그러나 살라몬은 어소시에이션을 정치적인 결사체라든지 코뮌주의를 구성하는 한 부분으로 파악하지 않는다. 강 수돌이 말하는 바의 자유로운 개인들의 연합적인 생활 구성체는 살라몬이 생각하는 어소시에이션 개념에 포함시킬 수 있지만 살라몬이 노동조합운동, 노동운동 같은 것을 연합체로서의 어소시에이션 조직으로 생각하는 것은 아니다. 경향신문은 250여개 사회적 기업이 한국 사회에 생각보다 큰 파장을 일으켰다고 평가하면서 공정무역, 착한 덤핑 등의 개념을 던지고 있지만[228] 이러한 사고방식은 비영리섹터를 경제적인 영역으로만 생각하는 사고에서 벗어나지 못하는 것이다. 어소시에이션은 무엇보다도 정치경제적인 조직이기 때문이다.

러시아의 코뮌 운동은 현재 진행형이다. 구 소련의 역사에서 토지코뮌의 역사는 1930년에 막을 내렸지만[229] 러시아의 코뮌 운동은 토지 문제에만 한정된 것은 아니었다. 그것은 본서에서 살펴본 대로 문화, 경제, 국가, 혁명, 당 등의 문제와 연결된 것이었다. 공동체의 역사는 시공간적으로 매우 뿌리가 깊은 것이다.[230] 국가, 기업, 시장, 가족과 지역사회 영역에서 생성되고 있는 어소시에이션은 정치적 결사체로서의 어소시에이션 조직은 아니지만 풀뿌리 공동체들처럼 코뮌 운동의 인프라 역할을 할 수 있다. 그것들이 국가를 대체할만한 조직으로 성장할지

---

228 [사회적 기업이 희망이다](38) “사회적 기업도 경영 효율성 전문성에 눈떠야”. <경향신문> 2009/12/2.

229 구 소련의 경제사적인 측면에서 코뮌을 연구한 것으로는 Robert G. Wesson, Soviet Communes, Rutgers UP, 1963. Dorothy Atkinson, The End of the Russian Land Commune 1905-1930, Stanford UP, 1983. D. J. Male, Russian Peasant Organization before Collectivisation, Cambridge UP, 1971이 있다.

230 러시아의 꼬발레프스끼는 19세기 말에 인도, 스페인, 영국, 프랑스, 미국 등지의 옵시치나 토지소유 문제를 다룬 바 있고 맑스는 공동체 연구를 위해 이 책을 탐독했다. **М. Ковалевский, Общинное ЗемлевладѣIE Ⅰ Ⅱ, Москва**, 1879.

혹은 성장하지 못할지는 코뮌 운동의 역사에 대한 깊은 탐구와 함께 그 방향을 올바르게 잡을 때 결정된다. 국내에서 이미 코뮌 운동이 실험되고 있다. 마포에 세워진 〈민중의 집〉이 그 모델인데 국가를 규제하고 자본을 통제하는 코뮌 운동의 모델은 이미 개발되어 있다.[231] 노동조합, 풀뿌리 공동체, 어소시에이션 조직들, 당을 어떻게 네트워크할 것인가가 관건이다. 마르크스가 말한 대로 자본주의 하에서 독점은 기하급수적으로 비대해지고 있는데 이에 대응하는 어소시에이션은 부재하다.[232] 거기다가 국가는 어소시에이션 조직들을 감탄고토하는 일종의 괴물로 작동하고 있다. 국가가 흡수해버린 사회를 국가로부터 탈환하고 어소시에이션을 전국화하는 작업이 코뮌 운동의 시작이다. 러시아 코뮌 운동이 자본주의적인 독점 강화가 지배하는 현대 사회, 특히 신자유주의화된 자본주의로 인해 일그러진 대한민국 사회에 주는 교훈은 여기에 있다.

---

231 제 3회 맑스 코뮤날레 조직위원회 편,『21세기 자본주의와 대안적 세계화』에 실린 심 광현 · 이 득재, 「코뮌주의적 생태문화사회구성체 요강」, 문화과학사, 2007과 심 광현의 「코뮌적 생태문화사회의 필요조건」. <문화과학> 50, 53호에 실린 심 광현의 「맑스적 코뮌주으 의 문화사회적 경격과 이행의 쟁점」, 「21세기 코뮌주의와 문화혁명」 참고.

232 국가와 자본에 대항하는 어소시에이션 운동에 대해서는 <문화과학> 제 32호에 실린 「국가와 자본에 대항하는 투쟁 · 보이콧」을 보라.

용어정리 : 코뮌коммуна(commune)이라는 용어를 둘러싼 문제

코뮌주의는 '함께', '묶음' 라는 뜻의 com 과 '선물'이라는 뜻의 munis 가 합쳐진 말이다. 이런 면에서 보면 코뮌은 선물의 공유라는 뜻으로 볼 수 있다. 간단하게 말하면 코뮌은 자원이 공유되는 공동체라고 할 수 있는데, 이렇게 되면 코뮈니즘communism과 코뮤날리즘communalism을 구분할 수 없다. 또한 communism을 종전대로 공산주의로 번역하지 않고 코뮌주의로 번역하는 것도 거기에 어떤 의미가 있어야 그 번역어가 성립할 수 있다. 코뮈니즘은 사회주의와 떼어내서 생각할 수 없는데 국내에서는 기존의 '공산주의'라는 용어와 구별 짓고자 communism을 코뮌주의로 번역하려는 경향이 있다. 코뮌주의의 라틴어 어원은 '공통적인 것'이기 때문에 자율주의에서 말하는 공통성의 이론과도 연관될 수 있는 것이 코뮌주의다.

사회운동의 측면에서 보면 코뮌주의는 자파티스타운동에서부터 2005년 남아프리카에서 Abahiali basedolo가 시작한 판자 집 거주자 운동, 홈리스 노동자 운동, 무 토지 노동자운동, 스쾃squatting 운동 등 다양한 것들까지 모두 코뮌운동에 포함시킬 수 있다. 국내적으로 볼 때 광주민중

항쟁이나 2005년 부안항쟁도 코뮌운동의 다양한 형태라고 볼 수 있다. 일면 무리한 주장이라는 비판을 받을 수도 있지만 다른 한 편에서는 그럴 수 있다는 가능성도 완전히 배제할 수는 없는 것으로 보인다. 연구공간인 수유 + 너머가 일본에 코뮌으로 소개된 적이 있는데 코뮌은 이렇게 학술 연구 공간에도 적용될 수 있는 말이다.

코뮌이라는 단어는 또 다른 한 편에서 소비에트soviet,[233] 노동자 평의회worker's council 등과 혼동되어 쓰이기도 한다. 어소시에이션[234]이라는 것도 코뮌이라는 말의 정의를 혼동시키는 장애로 나타난다. 이것은 코뮌이라는 말을 가라타니 코진이 이론적으로 확장시킨 이후에 발생한 것으로 여겨진다. 같은 지시 대상을 코뮌으로 읽느냐, 어소시에이션으로 읽느냐 하는 것은 그 선택에 따라 강조점이 달라진다.

코뮌이라는 단어 자체를 둘러싸고 용어 상, 그리고 사회 운동적으로 다양한 정의가 존재하듯이 러시아적인 경험에서도 코뮌은 다른 여러 가지 용어들과 더불어 사용된다. 그렇다면 무엇보다도 러시아 역사 속에서 러시아인들이 경험한 코뮌과 그것을 전후해 등장한 용어들에는 무엇이 있고 또 그 관계는 무엇인가?

먼저 프랑스의 경우를 살펴보자. 러시아어로 까무나, 즉 코뮌은 프랑스

---

233 소비에트는 러시아어로 '충고하다'라는 뜻의 동사인 советовать의 명사형을 우리 말로 발음한 것이다. совет을 소비에트로 읽은 것인데 이것도 '충고'라는 뜻을 갖는다. 사전에는 소비에트가 소련의 행정 입법 기관, 이사회, 소비에트정권 등으로 번역되어 있다.

234 어소시에이션은 영어의 association을 일본의 가라타니 코진이 읽은 것인데 국내에서는 그대로 사용되고 있다. 일본 책을 보면 어소시에이션을 '연합조합', '생산협동조합', '협동사회'로 번역한다. 어소시에이션은 파리 코뮌에 실제 등장했던 것이고 따라서 아쏘씨아씨옹이 원래 프랑스 발음이다.

사회주의로부터 러시아어로 넘어 온 것이다. 중세 시대의 자유 도시를 코뮌이라고 불렀다. 따라서 초기부터 코뮌이라는 용어는 일반 민중의 자유론적인popular-libertarian 의미를 함축하고 있었다. 프랑스 혁명 당시 지역 교구들이 선출된 자치위원회가 있는 코뮌으로 바뀌었다. 그 중 많은 코뮌들이 혁명 위원회를 구성하였다. 이것보다 더 중요한 사실은 1792년 파리의 지역 정부가 봉기적인 성격의 코뮌으로 대체되었는데 후자는 군주제를 근절시키는 운동을 이끌었다. 코뮌과 국민의회의 관계는 그 후 몇 달 동안 마치 페트로그라드[235]의 소비에트와 1917년 러시아의 임시정부가 가졌던 관계와 비슷한 것이었다. 그러나 로베스피에르가 몰락한 후 보수적인 세력들이 승리를 거두었고 코뮌의 지도자들은 참수당했다.

19세기에는 프랑스 사회주의자, 프루동, 카베 등이 그들의 이상적인 사회의 단위 세포들을 지칭하기 위해 코뮌이라는 용어를 사용하였다. 이 때 코뮌에 유토피아적인 의미가 부여되었다. 1871년 파리의 코뮌이 단기간의 사회주의자 정부를 수립했는데 레닌은 이것을 소비에트 국가의 원형이라고 생각했다. 파리 코뮌이 무참하게 무너진 후 코뮌이라는 용어에는 혁명적인 아우라가 덧칠해졌고 프랑스와 러시아의 사회주의자 서클에서는 코뮌이 열화와 같은 급진주의의 열정을 대변한 것으로 사용되기 시작하였다. 볼셰비키 혁명 당시에 코뮌이라는 용어는 매우 대중적

235 요즘에는 쌍뜨-뻬쩨르부르그라고 부르며 구 소련 시절에는 레닌의 이름을 따서 레닌그라드라고 불렸다.

인 언어로 사용되었고 구 소련의 공산당 기관지 〈프라우다〉[236]지는 파리 코뮌을 소비에트 국가와 등치시켰다. 즉 현실 정치에서 소비에트 국가가 코뮌으로 발전한 것은 아니었음에도 불구하고 소비에트 국가 = 러시아 코뮌으로 이해되었던 것이다. 〈프라우다〉지는 심지어 낙관적인 전망을 하는 가운데 '세계 코뮌'까지 언급했었다. 당원인 젊은 공산주의자들은 코뮈나르로 불렸고 1918년 3월 14일 페트로그라드는 공식적으로 '페트로그라드 노동자 코뮌'으로 선언되었으며 〈프라우다〉지는 모든 인민들의 통일, 형제애와 공동체를 선포했다. 그러나 이것은 재조직이 아니었고 단지 코뮌이라는 말의 유희에 불과한 것이었다. 레닌은 러시아 혁명 전에 코뮌을 미래 질서의 세포들로 보고 다음과 같이 말한 바 있다. "미래의 사회주의 사회는 의식적으로 생산과 소비에 대해 설명하는 생산자 - 소비자의 코뮌들의 네트워크에서만 생겨날 수 있다." 그러나 이러한 코뮌이나 지역 정부는 그 후에 나타난 총체적 공유의 코뮌과 하등 관계가 없는 것들이었다.

러시아어인 까무나는 혁명적인 지역 정부로부터 유토피아적인 공동체에 이르기까지 그 의미의 스펙트럼 폭이 넓다. 먼저 러시아 역사에서 두 가지 코뮌을 분명하게 구별해야 한다. 하나는 혁명의 코뮌commune of Revolution으로서 이것은 초기에 매우 수사적으로 사용되었던 점을 차치하면 주로 어느 정도 공통의 재산을 갖고 경작하며 살았던 집단을 의미한다. 또 한 가지는 옛날에 있었던 '마을 코뮌'village commune이다.

---

236 러시아어로는 쁘라브다правда로 읽으며 뜻은 '진리', '진실'이다.

까무나라는 용어를 둘러 싸고 혼동이 일어나는 것은 주로 러시아어인 까무나коммуна와 옵시치나Община를 영어로 번역할 때 모두 마을코뮌village commune으로 옮겼기 때문이다. 간혹 마을코뮌이 소비에트 코뮌을 가리킬 수는 있으나 각 각의 제도는 서로 판이하다. 마을코뮌은 수세기 동안 실제로 러시아의 모든 농민들을 포함한 것이었고 말 그대로 연합체corporate body로서 옛날에 있었던 마을을 가리키는 것이다. 마을코뮌은 1929년 그것이 집단화되기 전까지 대규모의 농민들이 거기서 살았다. 소비에트의 농업생산의 대부분은 마을코뮌에 속한 농민들이 공급한 것이다. 그런데 러시아농민들 중 약 1% 정도가 소비에트 코뮌에 가입했고 마을코뮌을 떠나 다른 형태의 집단 농장에 가입한 숫자는 1-2%을 넘지 않았다.

마을코뮌과 소비에트 코뮌 사이에는 상당한 차이가 존재한다. 전자가 주로 토지를 나누어 비교적 자유롭게 스스로를 위해 경작할 수 있었던 것이라면 후자는 훨씬 더 평등주의적이고 집단적인 것이었다. 비교적 부유한 농민 혹은 꿀락кулак은 다른 사람들처럼 마을코뮌에 소속해 있었다. 또한 마을코뮌은 가부장적이고 전통에 매인 정신을 갖고 있었지만 소비에트 코뮌은 이 정신과 매우 먼 곳에 떨어져 있었다. 급진주의자들은 전자를 경멸하고 후자를 찬양했다.

이러한 분명한 차이에도 불구하고 러시아에서는 까무나와 옵시치나가 분명하게 구별되어 사용하지 않았다. 옵시치나라는 용어는 공동체를 의미하고 러시아 혁명 이전에 유토피아적이고 사회주의적인 공동체에 적용된 말이다. 러시아 혁명기에 아나키스트들과 종교적인 집단은 자신들의 사회를 까무나 라기 보다는 옵시치나라고 불렀다. 그들 자신이 공유문제에서 매우 공산주의적communistic이었기 때문이다. 소비에트 코뮈나르들 조차도 옛날에 있던 러시아 마을코뮌을 언급하며 자신들의 사회를 옵시치나라고 불렀다. 볼셰비키들이 옵시치나라는 용어보다 까무나라는 외래어를 선호한 것은 그들이 비교적 서구 편향적이었다는 사실을 나타내는 것이다. 19세기 러시아 역사에 있었던 서구주의자와 슬라브주의자 사이의 논쟁에서 그 후에 러시아에 수용된 마르크스주의에 연루되었던 사람들이 모두 서구주의자들이었던 것처럼 까무나와 옵시치나라는 용어는 이러한 것을 배경으로 한 용어선택의 문제이기도 했다.

소비에트 코뮌이라는 용어도 단일하지 않기 때문에 만족스럽게 정의할 수 없는 용어다. 소비에트 코뮌은 종종 재산 없는 질서를 수립하려는 유토피아적인 목적을 가졌었고 평등과 집단주의의 강한 정신이 그 특징으로 여겨진다. 1953년에 나온 〈소련대백과사전〉 제 22 권에는 '농업적 코뮌'에 대해 다음과 같이 말하고 있다.

> 농업 생산자들의 협동적이고cooperative, 집단 농장의 형태들 중의 한 형태.
>
> 협동적인 농민 생산자들의 사회주의적인 유형의 기업enterprise. 농업적인 아르쩰Артель과 달리 모든 생산수단들은 건물이든 도구든 가축이든 들이든 예외 없이 집단화된다. 코뮌의 회원들은 개인 생산을 하지 않는다. 소비와 매일 매일의 요구는 완벽하게 집단적인 것에 의해 돌봄을 받는다. 소비에트 국가가 지배하던 초창기에 코뮌은 집단 농장의 지배적인 형태였다. 코뮌은

주로 이전의 영지estate와 수도원의 땅 위에 조직되었다. 최초의 코뮌은 주로 농촌으로 돌아갈 도시 노동자, 빨치산, 프롤레타리아화된 빈농과 농장 노동자들의 지도자들로 구성되었다. 그러다가 집단 농장의 다른 형태들이 지배적인 역할을 하기 시작했다. 1921년 집단 농장 중에서 코뮌은 약 15%를 차지했다. 집단 농장 운동이 발달하면서 기술적 후진성과 제한된 생산 때문에 코뮌은 농업적인 아르젤보다 가동력이 떨어지는 형태인 것으로 판명되었다. 그리하여 코뮌이 아르젤로 변해 버렸다.

이렇게 코뮌은 훨씬 덜 집단화된 아르젤로 대체되었고 이것이 소비에트의 집단 농장 즉 꼴호즈의 유일한 형태가 돠었다. 코뮌이 훨씬 더 급진적이고 반 소유이며 집단 생활을 선호하고 개별적인 가구를 초월하고자 한 것이었다면 아르젤은 경작지, 말, 주요 도구들이라는 생산의 주요 수단들을 소유하고 있었고 그 회원들은 합동으로jointly 경작했지만 개별적인 가구를 유지했다.

잠시 동안이지만 숫자 면에서 코뮌과 아르젤을 능가한 또 다른 형태가 있었다. 러시아어 사전에는 토지 공동 경작 조합으로 번역되는 또즈тоз가 그것이다. 이것은 러시아어 사전에 집단 농장화 이전의 집단 경영의 초기 형태로 정의되어 있는데, товарищесто по совместнойобработке земли, 즉 같은 자리에서 땅을 경작하는 우애를 뜻한다.[237] 또즈는 아르젤보다 훨씬 덜 집단주의적이었고 협동하여 들판의 주된 과제들만

---

237 товарищесто는 회사, 조합이라는 뜻도 갖고 있다.

수행했으며 공통의 재산은 거의 갖지 않았다. 코뮌은 코뮌에 속한 사람들의 생활을 완벽하게 흡수했지만 또즈는 전혀 그렇지 않았다. 그러나 다른 한 편에서 양자는 분명하게 나누어지지 않았고 집단화 초기에 양자는 서로 뒤섞이기도 했다.

코뮌, 아르쩰, 또즈는 모두 집단 농장, 즉 꼴호즈колхоз[238]라고 불린다. 이것들은 자치적이고 자발적인 농민들의 어소시에이션이다. 1920년대부터 정부가 집단화 정책을 더 세게 밀어 붙이기 전까지는 그랬다. 이것과 달리 국영 농장인 소브호즈совхоз[239]가 있다. 이것은 형태적으로 정부 기관으로서 관리자가 지명되고 노동자가 고용되는 구조를 갖고 있다. 소브호즈는 정기적으로 임금을 농민에게 지불하였다.

<table>
<tr><td rowspan="2">마을코뮌</td><td>까무나</td></tr>
<tr><td>옵시치나</td></tr>
<tr><td>소비에트 코뮌(혁명의 코뮌)</td><td></td></tr>
</table>

옵시치나 : 미르мир의 결의에 따라 토지를 이용하는 토지분배공동체

후또르хутор : 독립자영농. 20세기에 스톨리핀은 농민들의 복지를 위해 독립자영농에 관심을 기울였다.

238 коллективное хозяйство의 약자.

239 советское хозяйство의 약자.

꼴호즈	코뮌
	아르쩰
	또즈
소브호즈	

아르쩰Артель : 보통 선출된 지도자 하에 같이 일하고 그 순수 수익을 나누는 팀. 전 산업적인 작업-어소시에이션, 협동조합cooperative은 전통적인 노선을 따라 운영하고 종종 러시아 시골의 장인과 마을 바깥에서 활동하는 농민-노동자 갱, 즉 지역에 집을 짓는 계약을 맺고 같은 그 지역에서 오는 계절별 건설노동자들이 그 노선을 사용한다. 생산, 소유권과 토지점유에서 나타나는 모든 유형의 전통적인 상호협동co-operation을 가리킬 때 '아르쩰 관계'라는 말을 쓴다. 여기에는 농민토지코뮌(=옵시치나)도 포함된다.

볼로스찌Волость : 농민의 지방 행정을 영토별로 하위 구분한 것으로 많은 농민코뮌은 여기서 만들어진다. 볼로스찌는 농민 중 어른과 국가의 농노제가 통제하는 행정관이 다스린다. 그 관할구역에는 농민만 들어간다

어소시에이션 : Association

일반 명사로서는 공동의 목적을 가진 단체결성 · 협동행위, 결성된 협회 · 조합.

사전적으로 association은 socius(동료 무리)에 접두사 ad, 동사어미 ate가 붙은 것으로 원래는 '동료가 된다'는 뜻이고 '무리가 된 상태'라는 뜻도 가진다. 프랑스어로 sociare는 결합한다는 뜻이고 한자 中(仲)間처럼 '안과 밖'의 이미지는 프랑스어에 없다. Association은 근대 이후 여러 전문 영역에서 사용되었다. 권리론에서는 결사(의 자유), 인식론에서는 관념연합, 심리학에서는 연상, 생태학에서는 식물 군집, 신경생리학에서는 연합, 화학에서는 분자의 회합, 천문학에서는 항성의 연휴집단, 사회학이나 사회운동에서는 통상 어소시에이션이라는 뜻으로 쓰였다.

19세기에 들어서서 어소시에이션은 사회주의와 사회운동의 기본축이 된다. 사회변혁의 특정한 구상을 나타내는 말로서는 프랑스에서 1808년에 샤를르 푸리에가 처음 사용하였다. 1820년대 말 생시몽주의자들에 의하여 이기주의 · 개인적 이해 · 경쟁 원리에 대치되는 인간의 통일과 조화의 궁극적인 조직을 나타낼 때 사용되었고 사회주의에 합치하는 언어로서 널리 보급되었다.

마르크스는 『경철 수고』에서 처음으로 '토지에 적용되는 어소시에이션'이라는 말을 사용했고 『공산당 선언』에서는 어소시에이션이야말로 고대 시민사회 및 그 모든 계급과 계급대립을 대신해 나타나는 장래의 사회의 조직원리이고 공산주의자의 실현 목표라고 공식 선언했다. 1863-1865년의 『자본론』 제 3 부 초고에서 마르크스는 '자본주의적인 생산양식으로부터 어소시에이션을 형성한 노동의 생산양식으로의 이행', '사회의 자본주의적인 형태가 폐지되고 사회가 의식적으로 계획적인 어소시에이션으로서 조직되는 것'이라는 말을 반복한다. 이 시기에 마르크스는 협동조합공장, 농업생산협동조합이라는 복수의 각각의 어소시에이션이 성립하기 전에 국민적 규모로 사회가 하나의 어소시에이션이 되는 전망을 거의 확립한다.

그러나 마르크스는 『자본론』 이후, 어소시에이션이라는 외국어 대신에 독일어로는 Verein/Genossenschaft, 영어로는 cooperative society라는 '협동조합'을 지칭하는 용어를 사용하기 시작한다. 그러나 그 의미 내용이 변한 것은 아니다. 『자본론』에서는 공공생산 수단으로 노동하고 그들의 개체적인 노동의 모든 힘들을 스스로 의식하여 하나의 사회적 노동력으로 지출하는, 자유로운 인간의 협동체Verein를 어소시에이션으로 보고, 『프랑스 내전』에서는 하나의 공동계획에 바탕을 두고 전국의 생산을 조정하는 모든 협동조합의 연합체united cooperative societies, 『고타강령 비판』에서는 협동조합적이고genossenschaftlich, 생산수단들의 공유에 바탕을 둔 사회로 어소시에이션이 표현된다.

이것은 모든 개인들의 자발성과 국민적 규모에서의 계획성, 분권과 집권의 미묘한 균형 위에 선 구상이고 더욱이 그 근저에는 가치와 화폐의 매개 없는 직접적으로 사회적이고 공동체적인 생산양식을 희구하는 유토피아적인 의식이 있다. 중요한 것은 그것이 자본주의에 대한 비판적 이념이라는 것을 잊지 않는 것이다.

•참고문헌

강 수돌 · 하이데 공저, 『자본을 넘어, 노동을 넘어』, 이후, 2009.

김 세건, 「새로운 시장 그리고 농민공동체운동 : 멕시코 UCIRI를 중심으로」 (2007), 국제문화인류학회.

고 미숙, 『들뢰즈와 문학기계』, 소명출판, 2002.

니꼴라이 체르니셰프스끼 장편소설 서 정록 옮김, 『무엇을 할 것인가』, 열린 책들, 1989.

V. I. 레닌 저/김 영철 옮김, 『국가와 혁명』, 논장, 1988,

마이크 데이비스 지음 | 김 정아 옮김, 『슬럼, 지구를 뒤덮다』, 돌베개, 2007.

박 주원, 「오웬과 푸리에, 19세기 사회주의의 또 다른 길과 꿈」, 제 2회 맑스 코뮤날레 조직위원회 엮음, 『맑스, 왜 희망인가』, 메이데이, 2005.

심 광현, 「감정의 정치학 : '자기-통치적' 주체의 창조를 위한 새로운 문화 정치적 프레임」, 〈문화과학〉, 제 59호.

심 광현, 「68혁명의 문화 정치적 모순과 이행의 문제」, 〈마르크스주의연구〉, 2008년 제 5권 제 2호.

심 광현 · 이 득재, 「코뮌주의적 생태문화사회구성체 요강」, 제 3회 맑스 코뮤날레 조직위원회 편,『21세기 자본주의와 대안적 세계화』, 문화과학사, 2007.

심 광현, 「코뮌적 생태문화사회의 필요조건」. 제 3회 맑스 코뮤날레 조직위원회 편,『21세기 자본주의와 대안적 세계화』, 문화과학사, 2007.

심 광현, 「맑스적 코뮌주의의 문화사회적 성격과 이행의 쟁점」, 〈문화과학〉, 50호.

심 광현,「21세기 코뮌주의와 문화혁명」〈문화과학〉, 53호.
앨빈 토플러 · 하이디 토플러 지음 · 김 중웅 올김,『부의 미래』, 청림출판, 2006.
에티엔 발리바르 지음/윤 소영 역,『마르크스의 철학, 마르크스의 정치』, 문화과학사, 1995.
오 광호,「파리 코뮨 : 민중 민주혁명」,〈인문학지〉충북대 인문과학연구소, 2003.
이 동연,「생태주의 대안운동의 가능성과 한계」,〈문화과학〉56호.
정 성진 지음,『마르크스와 트로츠키』, 한울 아카데미, 2006.
칼 마르크스 지음, 임 지현 · 이 종훈 옮김,『개정판 프랑스 혁명사 3 부작』, 소나무, 1987.
폴 애브리치 지음 하 승우 옮김,『아나키스트의 초상』, 갈무리, 2004.
피트르 알렉세이비치 크로포트킨 지음 · 구 자옥 김 휘천 옮김,『상호부조 진화론』, 한국학술정보, 2008.
현 재열,『빠리 꼬뮈나르의 정체성과 이데올로기』, 현 재열, 부산대학교 박사학위논문, 2000.
《문화과학》, 제 32 호.
사회실천연구소,『실천』, 2007/9월 호.
《진보평론》.
《마르크스주의연구》.
〈경향신문〉, 2009/10/7.
〈경향신문〉 2009/12/2.
〈경향신문〉 2009/12/14.
〈한겨레〉 2009/11/13.

안 드 케로강, '사회적 기업, 고삐풀린 자본주의의 대안일 수 있는가'. 〈르몽드 디플로마티크〉, 2009년.

D. J. Male, Russian Peasant Organization before Collectivisation, Cambridge UP, 1971.

Dorothy Atkinson, The End of the Russian Land Commune 1905-1930, Stanford UP, 1983.

Gorsen & Knodler-Bunte, 『Proletkult 1』, Friedrich Frommann, 1974.

Mally Lynn, 『Culture of the Future : The Proletkult Movement in Revolutionary Russia』, California UP, 1990.

Richard Stites, 『Revolutionary Dreams ; Utopian Vision and Experimental Life in the Russian Revolution』, Oxford Up, 1989.

Robert G. Wesson, Soviet Communes, Rutgers UP, 1963.

Zenovia A. Sochor, 『Revolution and Culture The Bogdanov —Lenin Controversy』, Cornell UP, 1988.

Theodor Shanin, Late Marx and the Russian Road, Monthly Review Press, 1983.

Michael Davod Fox, 「What is Cultural Revolution?」, 《Russian Review》 vol 58/number 2, 1999/4.

Richard Sakwa, The Commune State in Moscow in 1918, 《Slavic Review》, Vol. 46, No. 3/4,(Autumn-Winter, 1987).

田畑稔 外, 『アソシエション革命へ 理論・構想・實踐』, 社會評論社 , 2003,.

植村邦彦, 『シュルツとマルクス』, 新評論, 1990,

田畑稔가 『マルクスとアソシエ-ション - マルクス再讀の試み』, 新泉社, 1994.

植村邦彦, 『マルクスを讀む』, 青土社, 2001.

村上俊介 外 編著,『市民社會とアソシ-エション 構想と實踐』, 社會評論社, 2004.
國分 幸,『デスポティズムとアソシアシオン』, 世界書院, 1998.
М. Ковалевский, Общинное ЗемлевладѣIE Ⅰ Ⅱ, Москва, 1879.
Пётр Кропоткин,『Анархия, её философия её идеал』, Эсмо 2004.
http://www.wikipedia.org
살라몬 홈페이지 http://www.jhu.edu/ips/maps/faculty/salamon.html